52週マーチャンダイジング

重点商品を中心にした営業力強化と組織風土改革

鈴木哲男

コープ出版

まえがき

今の時代に問われているのは、アイデアを探すことより、そのアイデアを継続する仕組みづくりであると考えています。また、今、必要なのは、技術というより、考え方であり、組織風土であると、痛感しています。技術は考え方によって活かされ、考え方は組織風土によって育つと信じています。

毎年のように繰り返される新技術の導入、毎年のように話題になる欧米流の経営手法ですが、どれだけ、組織に根付き、定着しているでしょうか。それらを否定する気持ちは、さらさらありませんが、何かにすがるように、わっと飛びつき、線香花火のようにぱっと消えていくのが気がかりです。そのつど、組織では、プロジェクトやタスクフォースをつくり、対応するのですが、膨大な報告書とメンバーの知識量は、確かに成果物ですが、経営にとって余計な仕事を増やしている場合もないとは言えません。それ以上に、お客様に喜ばれるような現場改革につながっているのでしょうか。いろいろなことに興味を持つのはよいのですが、現場がおろそかになっていくのが心配です。くれぐれも、技術（勉強）熱心で、商売不熱心な組織にならないよう、気をつけたいものです。

「52週MD（マーチャンダイジング）」も技術といえば、技術の分野に属するのでしょうが、名前は一見、格好良くても、何も、初めてとか珍しい技術ではありません。「重点商品」という言葉も、業界では、何気なく使われていました。小売業界には、新しいアイデアや技術はＩＴ以外には、すでに出尽くしていると思っています。ただ、残念なことに、各自の勝手な解釈がまかりとおり、言葉が一人歩きをして、共通言語になっていないのです。定義あるいは定義らしきものはあっても、実際には、各自が自由気ままに使っているのが実態です。皆、知ったつもりで話をして、お互いに伝わっていないのは、とても悲しいことです。

個人で動く時は、問題は生じないのですが、組織全体になると、人の数だけ、店の数だけ、知恵が回らないのです。こんな、もったいないことはありません。個人技から組織技にしなければ、良さや強さを当たり前に継続することはできないでしょう。単独店であろうが、チェーンストアであろうが、総合力やチェーンメリット（私は知恵んメリットと呼びます）をいかに発揮するかが大切になります。

そのためには、共通言語で組織の誰でもが、意味を理解し納得して、同じように話せることが最低条件です。「52週ＭＤ」や「重点商品」は、今まで多くの先輩たちが言ってきたこと、実践してきたことをベースに、自分なりにアレンジし、実務のなかで体系化したものです。しかし、まだ、現在進行形ですし、これからも未来進行形であるべきです。一回、作ったからといって「これが全て」と思えば、それは「化石」になり（自分自身も）、使う人にとって有害なものになりかねません。標準化は、形ではなく、考え方や手順の標準化であり、事実やお客様の期待が変われば、修正し続けないと、実務では使えません。くれぐれも「昔の名前で出ています」的技術や理論に終わらせたくないと考えています。

この本を出すにあたっては、諸先輩の汗と涙と知恵の結晶である経験から、多くを学びました。さらに、㈱コープ出版の上野雅樹常務取締役からの積極的なおすすめと、清水編集工房の清水和美さんのバックアップ、多くの知人・友人からの励ましがなければ、出版にまでこぎつけることはなかったと思います。

ここに感謝申し上げます。ありがとうございました。

二〇〇四年四月吉日　事務所にて

㈱リテイル・エンジニアリング・アソシエイツ　鈴木哲男

52週マーチャンダイジング　目次

第2章　52週MDの考え方

第3章　52週MDの仕組みづくり

第4章　52週MDの技術

第5章　重点商品とパート社員の戦力化

第6章　52週ＭＤの今後の課題

序章　52週MDとは何か

組織的仕組みづくりとしての52週MD

まず、この「52週MD」とは52週マーチャンダイジングのことです。ほかの業態の方も名前ぐらいは知っていると思います。この意味、52週MDの定義は、毎週の重点商品を中心に、商品計画と販売計画、販促計画を連動する組織的仕組みづくりです。これを52週マーチャンダイジングと呼んでいます。これは私の作ったとりあえずの定義ですが、ほかの人が決めていないものですから、この定義が今のところは生きています。

今週の「売り場づくり情報」を見て、それを売り場で実現するだけでなく、自分はさらに陳列の工夫を加えたとか、自分は単品管理をやって、いくつ発注した、いくら売った、ということはもちろん、ふだんの売り場で行なわれていることです。そのうえで、なぜ52週MDなのか。本書で順次、説明していきますが、全体がうまく回る組織的仕組みづくり、つまり、知恵を共有するきちんとしたチェーンストアを作る、そのような意味を含んでいます。単に店の数が多ければいいのではなくて、組織内の一人一人が自分の役割を分担して、人の数だけ、店の数だけ知恵が回るかどうかです。このようなことを確認する仕事の仕方、これも52週マーチャンダイジングです。全て関係があると思ってください。

重点商品を中心にした「店舗活性化」

リニューアルは「店舗活性化」の一つの方法です。ただ、リニューアルというのは、レイアウトを変えるだけのことではありません。重要なことはソフト・リニューアルです。ハードは後からついてくるのです。ソフトというのは、コンセプト、商品計画、品揃え、サービス、見せ方、売り方、伝え方、そのようなものをソフトといいます。ハードは設備です。レイアウト、什器、内装、そのようなものをハードといいます。ともすると、店舗活性化というと、すぐレイアウトの変更をします。ハードはソフトの結果なのです。重点商品を中心に売り場をチェックしていくという毎週の行為が、実は店舗活性化につながるのです。

また、重点商品を中心にした52週ＭＤは、組織風土改革の一手法としても役に立つのです。ところが残念ながら、「重点商品」という言葉は、わかりやすいだけに、まだ誤解が多いようですし、過小評価されているように思います。

「52週ＭＤと重点商品計画の正しい理解と推進」というテーマについて述べていますけれども、実は皆さん方にお話をしたいのは、「なぜ、重点商品を中心にした52週ＭＤをやっているのか？」ということです。52週ＭＤという考え方は自分自身コンサルタントの仕事をしていくうえで大きな武器にしています。コンサルタントというのは、たんに理屈をいうのではなくて、成果を上げ、結果を出さなければなりません。そのため調査をし、きちんと体系化させてきました。この一〇年間、自分なりにまとめてきています。いろいろな店や企業で実践していますが、52週MDは非常に有効だということがわかっています。

では、今、この重点商品について、どのようなことが起きているかということをお話しします。一番目、重点商品に対する誤解。二番目、重点商品を始めたきっかけ。三番目、その目的。

この業界で新しいアイデアだとか、新しい技術というのはないのです。だからといって、衰退産業というのではなく、もうほとんどアイデアらしきものは出尽くしており、いま問われているのは、アイデア探しではなくて、アイデアを継続する仕組みづくりの競争に入ったのです。

もうアイデアは出ているのですが、残念ながら、そのアイデアが「わかる段階」でとどまっていて、「できる段階」になっていません。だから、たんなるひらめきではなく、もちろんひらめきも大事ですが、その前にきちんとしたデータ分析などのおぜん立てが必要です。役に立つ、あるいは自分にとって納得できる仕事をするために、それをきちんと押さえていかないと、ほとんどアイデア段階で終わってしまいます。いまは、アイデア探しから、アイデアを継続する仕組みづくり競争に入ったのだということを、きちんと受け止めていかないといけないでしょう。

重点商品の選定の方法に誤解があります。どのような誤解かというと、その定義があいまいなまま、自分の好き勝手に重点商品を決めてしまう誤解です。重点商品というのは、別に新しい言葉ではありません。私が三〇年前にこの業界に飛び込んだ時にも、重点商品というような言葉は使われていたように思います。また、今でも定義らしいものがないので、重点商品という言葉を使うわりにみんなが別の意味で話をしていることがあるのです。これではまとまるものもまとまりません。重点商品を中心にした52週ＭＤというのは、その当時の重点商品の扱いを今に発展させたものといえるかもしれません。けっして単なるアイデアや一過性の技術ではないと思ってください。

二番目の誤解は、まだ体系化されていないことです。まだアイデア段階でとどまっています。なんでもそうですが体系化しないと、知恵の共有化、チェーン（知恵ん）メリットにはならないのだと思っています。それでどうしても体系化する必要があるのです。

誤解の三番目、「やっているけど、うまくいきません」という声を時々聞きます。反対に、「これをやったら、本当に数字が上がるのですか」という疑問の声も聞きます。それに対して、私はこう答えています。何が一番問題かというと、やり切っていないわけなのです。決めたけれど守っていない。やっているけれども、徹底していない。作業しているけれども、売っていない。これが企業の差、店間格差だと思います。やっているけれども徹底していないのは、大きな差につながります。その繰り返しが、実は一年間の「営業力」の差なのです。このことに気がついていない人が多いことにガク然とします。今まで、いろいろやりかけて虫食い状態で放り出していることはありませんか。

なぜ重点商品をことさら、強調するのか

重点商品を体系化しようと思って始めたきっかけは、三つあります。

一番目、多様化か多様化でないかの議論。

二番目、あるコンビニエンスストアの値入れ。

三番目、本部と店の信頼関係。

一番目、皆さんは、今の時代を、多様化だと思いますか。集中化だと思いますか。セミナーで「今は多様化と思うか集中化と思うか」と参加者に聞きますと、ほとんどの人が多様化のほうに手を挙げ、集中化は全く手が挙がりません。私の意見は「多様化の中の集中化」です。多様化は間違いないのですが、データをとったり、事実を拾っていきますと、かなり、売れる商品は集中化しているのです。例えば一〇〇店舗ある企業で、各店ごとに

売れ筋商品を上位五品目、リストアップすると、九〇～九五％は共通です。

衣料の場合でも、夏物、冬物商品などを売り場に出しますが、気温や湿度によって、売れはじめや終息の時期は変わってくるけれども、売れ筋商品はほとんど同じです（細かくは、サイズごとやデザインごとに多少違いがありますが）。沖縄でも十二月の中旬ぐらいになると、やはり寒くなります。最高気温は二〇度くらいですが、風が強ければ体感温度は、寒いと感じます。だから、沖縄でもレジポケット（レジの前の小さな什器）には懐炉を置いています。そのような意味では日本全国ほとんど売れるものは共通しています。売れ筋はかなり集中しているのです。

その現象は、多様化の中の集中化と考えたほうが自然だと思います。つまりどこの店も同じようなものを売っている、どこの店も同じようなサービスをしているのだったら、その商品、そのサービスで競争に勝つかどうかなのです。それがいわゆる重点商品（重点テーマ）という発想なのです。多様化と考えれば「これも入れよう、あれも並べよう」、と何でもみんな頑張ろうとするのです。その状態で新たに重点商品といっても、さらにあれもこれもとやるのでは売り場は混乱すると思います。多様化の中の集中化と考えれば、「いろいろあるけれども、まず今週はこれをしっかりやろう」と対象を絞ることができます。

最近、『バカの壁』（養老孟司著・新潮新書）という本を読みました。一人一人に、自分で気がつかないけれども壁があるのです。自分はこれだと思い込み、ほかは認めない。ほかのものについては目をつぶり、耳をふさぐのです。このような状態をバカの壁と言うのだそうです。だから、自分が品揃えは多様化だと思い込んだ途端に、重点商品といわれても、まったく頭に入らないし、耳を傾けようともしなくなる。事実に素直な気持ちになって、もし本当にいまは「多様化の中の集中化」だと思えたら「やってみよう」と思うに違いありません。意外と私たちの周りには、目に見えないバカの壁がいっぱいあるのではないでしょうか。

勝手な思い込みに陥らないためには、全て事実から入ることです。私たちは今まで理屈、理論を勉強してきました。理論というのは、その時の事実を積み上げて体系化して作られたものなのですから、理論の独り歩きを許しては、ダメなのです。つまり理論というのは、その時の事実を積み上げて体系化したその時にしか使えない理論と考えるべきでしょう。事実が変わり、理論で説明ができなくなったら、その理論も変わらなければおかしいのですが、二〇年前、三〇年前に勉強したことがそのまま通用すると思っていませんか。そういう人は、事実を正しく見ていないのではないかといつも思うのです。理論を否定するのではなくて、理論は変わるものなのです。理論はつくっていくものなのです。初めからあるものではないのです。

二番目、あるコンビニエンスストアのコーラの値入れを聞いたときに驚きました。確か、四〇％以上あるのです。売価が高いですから、当然かもしれませんが、きっと原価も低いのでしょう。これはマスメリットの産物です。あれもこれもは売れないけれど何かに集中して売ることで、売り上げが上がり、仕入れ量が増え、マスメリットが生じるのです。だから重点商品なのです。これが重点商品を体系化しようと思ったきっかけの一つなのです。

それから三番目、本部と店の信頼関係が築かれていない。これはチェーンストアにとって大きな問題です。簡単にいえば仲が悪いということです。「やってくれよ、これ。きちんと売ってくれよ」と言っても、やってくれない店（担当者）が多い。自分が店にいたときには、「本部、何やってるんだ」と言いました。わたしも本部の職が長かったし、店の仕事に常に関わっていましたから確かです。自分の仕事はいわゆる、串ざしセクション（店舗企画）にいましたので、その点では、立場がよくわかります。

店の担当者はいつも思うのです。「本部は、なんにもやってくれない」と。ところがその人が本部に着任すると反対に、「店は言うことをやってくれない」と思うようになります。チェーン（知恵ん）ストアになっていないのです。店の数や人の数は多いけれども、本当の意味で、知恵の共有化になっていないのです。

倒産企業や過去の人気企業がうまくいかなくなったのもお店と本部の意思疎通の悪さが引き金になっていると考えています。うまくいかない原因を価格が安くなくなったからとか、時代の流れに対応できなくなったからという人もいますが、本部と店の信頼関係が築かれていないことが問題なのです。というより、本部の指示をやっている店もあれば、やっていない店もあり、店間格差が大きすぎるのです。

本部と店は仲が悪いのは、はっきりしています。それではもったいないと思って、みんなで寄ってたかって、同じ目線、同じ言葉、同じ基準で話ができないだろうかと考えています。同じ目線、同じ言葉、同じ基準で話ができたら、本部と店はもっと信頼関係ができるのではないでしょうか。今の時代は本部と店は上下関係ではありません。今は役割分担で、横の関係になります。そのようなことで、「重点商品を合言葉に本部と店の信頼関係を築こうではないか」と、思っています。これが組織風土改革につながるのです。

52週MDの目的は何か

なぜこのようなことをやるのか、目的は三つあります。

一番目、重点商品を中心にした営業力強化です。

二番目、本部と店の信頼関係づくりです。

三番目、チェーンメリットの追求です。

ただ、私がいうところの「チェーン」というのは、商品のメリットもあるけれども、知恵の共有化もチェーン（知恵ん）メリットだと思います。

このような目的で、この52週マーチャンダイジングにこれまで取り組んできました。一定の成果は出ていると思いますが、まだ十分ではないと考えています。今後、ますます、改善工夫を加え、一層の体系化を目指したいと思っています。

第1章　重点商品を軸に店づくりをすすめる

1　重点商品（重点テーマ）とは何か

(1)　三つの定義

重点商品の定義を紹介します。いまのところその定義をつくったのは私だけのようです。もしほかの人がもっと良いことを言っているのであれば、それに学ぼうと思っています。ただ、今のところ誰もそのようなことをしていないようです。

一番目、「いま一番売れている商品および去年の今ごろよく売れていた商品」です。これも言葉が非常に抽象的なので、後で補足します。パート社員にもわかる言葉をいつも心掛けていますので、このように言っています。一応パートさんにもわかる定義にしています。

二番目、「テレビや雑誌などのマスコミで宣伝され、人気のある商品」です。

三番目は「旬の商品（新商品）および商品のライフサイクル上、今紹介をしなければいけない商品」です。

この三つの定義に当てはまるものの中から、売上高構成比の高いもの、あるいは荒利益高構成比の高いものを重点商品（重点テーマ）と認定して、決めていきます。ですから、重点商品は自分の好きな方法で好き勝手に決まるわけではありません。会社の意思なのです。現状では、このようにして重点商品（重点テーマ）が決められているのだと考えてください。ただ、多くの企業が決めている重点商品（重点テーマ）を知り、正直言って、「えっ、これが」というのがよくあります。特に本部の担当者が代わったときの重点商品（重点テーマ）を聞いて、「えっ、どうして、これなの」と納得がいかないものがよくあります。定義がきちんと伝えられて、守られていないのです。これでは、店担当者は納得できません。

先ほど、売れているとか、売れていたという言葉は抽象的だと言いました。だから、売れているとか、売れていないという言い方はやめようと思っています。たとえば売り場に店長が回ってきて「売れてる？」と聞かれたら、「ええ、売れてます。絶好調です」などと言うでしょう。ところが、具体的に数字を聞くと、「なんだ、それは絶好調とは言わないんだ」ということがよくあります。五個売れたのも、売れただし、五〇個売れたのも売れたということに違いはないのですが、目標に対して、予定に対して、平均より売れたのか売れなかったのかを知りたいのです。数字を使った言葉でなければ、全員の共通語になりません。

小売業界では、抽象的な言葉、例えば、「売り込む（販売）」「ボリュームを出す（陳列）」「品切れしないように発注する」などが平気でまかり通っています。では同じ言葉、同じ目線、同じ基準で話すにはどのようにしたらいいか。できる限り数字で話すことなのです。前述した例でいうなら、「消化率が五〇％に満たない商品は、夕方の五時にAさんが声を出しておすすめする」とか「四フェイス以上、二段陳列で展開する」、「PI値五〇を目安にして発注する」などと、なるのでしょう。

小売業界で多くの人が知っていて納得する言葉があります。「八〇対二〇」あるいは、「二〇対八〇」の法則です。別な言葉で言うと、「重点管理の法則」と言います。これは簡単にいうとわずか二〇％の商品で全体の八〇％の売り上げを上げるとか、二〇％の人で八〇％の仕事を達成するというように使います（ただ現実には、商品によっても違いますが三〇対七〇ぐらいではないかと私は思っています）。であればこのような数字で話をすればみんな納得するのではないでしょうか。何も小売業だけではなくて、メーカーでも卸でも同じでしょう。だったら、まずその二〇％に着目し、重点にしようというわけです。

一年間は五二週です。五二ウイークです。去年の売上実績を、毎週、各週ごとに集計し、それで一番売れた週を一位、一番売れなかった週を五二位というように、順位をつけていきます。そうすると一位から五二位まで順位が決まっていきます。その次に上位二〇％を選ぶ（五二週×上位二〇％を掛ける）と、約一〇位が境目になります。つまり一位から一〇位までの週の商品は、「去年売れた、売れていた商品」というように設定します。要は決まり事ですから、一一位でも一二位でも売り上げがほぼ同じであれば、売れた商品に加えてかまいません。ただ共通の言葉がないと、全ての人が納得しません。「えっ、これが重点商品なの？」「別の商品の方が良いのに、こっちだろう」などと売り場で混乱が生じます。やらされ感ではなく、お互いに納得ずくで仕事をするためには、みんなが共通の言葉、共通の基準で話ができなければならないのです。組織のなかで有効な仕事をするためには重要なことです。

(2) 商品が売れるには、きっと売れる理由がある

商品が売れるには、きっと売れる理由があります。だから一所懸命、売れる理由を探すのです。世の中には売れない商品などはないのだと信じています。日本には作るプロはいても、売るプロはいないのだと思ったのです。私は店で家庭用品を担当していた時があり、東京の足立区にあるやかん工場とか、金物工場へ行ったことがあります。また輪島の漆器

塗りの工房、奈良のビニール工場などへも行きましたけれども、皆さん苦心して、しっかりした製品をつくっています。

私たちは売れないとすぐ値引きしたり、売れないとすぐ本部のせいにしがちです。反対に売れると自分たちの売り方が良かったと思い込みがちです。すこしおかしくはないでしょうか。私は絶対に、売れない商品はないと思っています。売れないのは店の売り方、見せ方、伝え方の工夫が不足していると考えるべきです。売るためには、売れる理由をいっぱい探し、意味づけをするのです。これがとても大事なことだと思っています。

売れるには、売れる理由がきっとあるのです。例えば、二月のバレンタインデーのときに、なぜ板チョコが売れるかご存じでしょうか？　メーカーによると、板チョコはここ毎年一・三倍ずつ伸びているのだそうです。しかし、チョコレート全体のマーケットの規模は毎年ほとんど変わっていないそうです。でも、板チョコだけは一・三倍ずつ毎年伸ばしています。なぜでしょうか？　答えは手作りチョコです。手作りチョコを作って贈ることを「友チョコ」というのです。これは何人かの友達に贈るチョコなので、板チョコは一枚、二枚ではなくもっと使います。五、六枚まとめて買って、それを家で溶かして型に入れて作って、友達に贈っているというわけです。友チョコを贈る人は何人いると思いますか？　私は数字を見てびっくりしました。中学生がなんと二人に一人です、五三％が贈っています。高校生で四六％。小学生で二〇％、中学生予備軍ですね。二人に一人が友チョコを贈る習慣が定着しそうです。

実際にあるスーパーマーケットで、店長と一緒に売り場を回ったことがあります。そのとき店長が、板チョコが品切れになっていたので、担当者に「だめじゃないか、板チョコ品切れさせちゃあ。売れ筋商品なのだからたくさん発注しなさい」と。それでそのとき、「あ、店長は、きちんと事実をつかんでいないな」と思いました。「品切れさせるな」というのは、だれでも言えますが、担当者はその原因を知りたいわけです。「いつもより多めに発注したのに売れてしまった。なぜなのだろう」と悩んでいるときに、その事実を知っていないと、「だめじゃないか、品切れさせては」とか、今度は来年になって、「なぜ、こんなにいっぱい発注したの」となるわけです。

まず、どうなっているのか事実をつかむことです。売れる理由が少しでもわかったら、例えば通常より一・五倍の発注をかけるというのは良いと思います。仮に余っても、それは評価するべきだと思います。そのようなことがわからないで、「品切れしないように発注しなさい」と言うのは、これはおかしな話です。このようなことが日常茶飯になっていませんか。だから一所懸命、売れる理由を探してほしいのです。

(3) 商品力＝仕入力＋販売力＋支援力の総和

「商品力＝仕入力＋販売力＋支援力の総和」というのは、どのような意味でしょうか。まず仕入力はバイヤーの仕入力、調達力のことです。それから販売力というのは店の販売力です。店（売り場）の売り方、見せ方、伝え方などの工夫のことを言います。支援力は本部スタッフの支援力のこと。販売促進部や営業企画部がその中心です。つまり商品力というのは、売れていた時代（経済成長の時代）はまさに、バイヤーの仕入力がものを言いました。商品をいかに調達するかが重要な役割でした。しかし、今の売れにくい時代（経済成熟の時代）は、商品が揃っているだけでは駄目で、いかに店で売り方を工夫するか、本部の情報システムを有効に活用し、お客にＰＯＰやチラシ広告などでタイムリーに伝えるかが必要になっています。

数年前に広告代理店の営業マン研修をやっていた時のことです。店の見方や調べ方を説明したあと、参加者をバス一台に乗せ、ジャスコ、ヨーカドー、ダイエーなどに見学に行きました。それで帰ってきてから、参加者に感想をまとめてもらい、発表してもらいました。

そのときに、ほとんどの人が「なぜ同じ商品が店によって違って見えるのか」と言うのです。それが、彼らにはショックなのです。机の上で、商品のパッケージがどうだこうだと話したり、プレゼンテーションの方法について計画を練るのですが、売り場に行ったら、同じ商品がなぜ違って見えるのか不思議に感じたそうです。価格も違えば、ＰＯＰの種類も違うし、フェイス数も違う、陳列位置も違う。フェイスアウト陳列、ショルダーアウト陳列、いろいろな陳列の仕方がある。商品が全然違って見えるのです。つまりどんなに良い商品（パッケージ含む）を作ったと思っても、売れないとしたら、商品そのものの問題だけでなく、価格が高い、タイミングが悪い、売り場で目立たないなど、売り方、見せ方の工夫が足りないとわかります。

ある評判の良いスーパーマーケット（ＳＭ）へ、ある専門雑誌の取材で行ったときのことです。取材する場合は事前にいろいろ情報を集めます。その企業では「死に筋商品はすぐにカットしない」という情報をつかんで、抜き打ち的に売り場へ行って、そこにいた日配部門のパート社員に質問をしました。死に筋商品――売れない商品いわゆるＡＢＣ分析で言うところのＣランク商品です。

「死に筋商品はすぐにカットしないというけど、本当？」と聞いたら、「そうです」というのです。それで何と言ったか。多少の私の脚色があるけれども、次のように言いました。

確か三つありました。

一番目、「お客様はその商品の場所がわからないから、買わないのではないでしょうか」、二番目、「その商品の特徴がわからないから、買わないのではないでしょうか」、三番目は、「その商品の価格が高いから、買わないのではないでしょうか」と言ったのです。

「それで、あなたはどうしたの?」と聞くと、「場所がわからないから、場所を変えてみました。四段目から一段目に下ろしました」「二フェイスを四フェイスに広げてみました」。さらに「もう一カ所、ダブル陳列しました」というのです。二番目、「商品の特徴がわからないから、どうしたのですか?」「一所懸命、声をかけてお薦めしました。食べてもらいました。メニュー提案をしました。POPにいろいろな説明を書きました」。

三番目、「価格が高いから、上司と相談して、一週間限定で五〇円下げました。大きなPOPをつけました。安くなりましたと声をかけました」。その結果、どうなったのか聞きますと、「今まで売れない、売れないと思っていた商品(死に筋商品)が、いまは売れるようになりました」というのです。これはとてもいい話です。

世の中に売れない商品などはありません。すぐ「バイヤーが悪い」とか、「価格が高い、何々が悪い」と言いますが、売り方、見せ方、伝え方の工夫が十分ではないと思ったほう

商品力

＝

仕入力＋販売力＋支援力の総和

が正解です。動線調査を定期的にやっていると、ショックを受けることがあります。ワンフロア四五〇坪（一五〇〇㎡）ぐらいのＳＭで、お客様は何分ぐらいかけて店を回っているかといえば（どこでも商品は三万から四万単品あると思いますが）平均約一〇分くらいで回ります。

全単品を見ると仮定すると一単品当たりわずか〇・〇二〜〇・〇一五秒ぐらいで見ることになるわけですから、容易に商品に気がつかないでしょう。だから商品が売れないのではなくて、本当に売っていないのだろうというのが私の考えなのです。つまり商品が同じであったら、売り方、見せ方で差をつけよう。売り方、見せ方が同じだったら、支援力で差をつけよう。これが今の時代の商品力の意味なのです。

売る人がいて、売る体制があってはじめて売れるのです。以前、私が売り場にいたときのいい時代、売れていた時代というのは、商品力＝仕入力だったのです。商品力＝仕入力あるいは調達力。いかに物を集めるか。それでバイヤーの評価が決まったのです。今は違います。どこでも、似たような商品が並んでいます。意外と、多様化というより、多様化の中の集中化と考えたほうが今の時代を言い表わしています。

たとえバイヤーであっても、売り方、見せ方の話ができない人は、やはり今はだめなバイヤーだと思ってください。時代が変わったのです。商品開発でも、売り方、見せ方が伴わないと良い商品にはならないのです。商品力というのはバイヤーの力が全てではなく、バイヤーの力は三分の一だと思ってください。あとの三分の一は店の販売力です。あとの三分の一が本部スタッフのバックアップ力です。そのように思ってください。

2　なぜ今、重点商品（重点テーマ）なのか

(1)　お客様にとって今、何を買ってよいかわからない

家の中、タンスの中は商品でほとんど満杯になっているでしょう。ネクタイは何本ありますか。シャツやセーターは何枚ありますか。もう無理に買わなくても生活できる時代なのです。おそらく、だから売り場へ行くのも何かを買おうという目的が半分で、あとの半分は、何かいいものがあったら買おうと思って行く、という時代なのかもしれません。であれば店は、「この商品、いかがですか」というように、五メートルくらい離れてもお客様が気がつくような売り場づくりをしないと、買っていただけないと思ってください。

特にこれからはどの店（企業）でも問題になってくるのは、パート社員の活かし方についてです。単にパート社員を増やす「パート化」でとどまるのか、「パート戦力化」にするのかの違いは大きいと思っています。

(2) パート社員には重点商品の教育をする

今は、どの店（企業）でもパート化を進めています。なぜかというと、人件費は正社員の三分の一から四分の一ですから。もし正社員で年収五〇〇万円の人が二〇〇〇時間働くと、一時間で二五〇〇円です。パート社員は平均七〇〇円ぐらいでしょうか。経営数値をよくするためには、簡単に言えばコストの中で人件費を減らすことを考えます。残念ながら今はパート化の段階でとどまっています。これから必要なことは、パート化ではなくて、パートの戦力化です。優秀なパート社員がたくさんいます。パートのおばさんと思ってはだめです。

私はある企業へ行ったとき、パート社員で、正社員以上に非常にわかりやすく具体的に説明してくれる人がいたので、「あの、失礼ですが、元、どこにお勤めですか」と聞いたら、一部上場企業の「〇〇です」という。また、ある所では、商社で経験を積んだ方が子育てが一応済んで、パート社員として職場に入っているのです。そのような人はとてもしっかりした仕事ぶりです。パート化ではなくて、まさにパートの戦力化なのです。

パートの戦力化の前提条件は、企業内に共通言語があり、しかもわかりやすい言葉で話ができることです。横文字を使うとか、難しい言葉を使うからいいのではなくて、いま問われているのは、「わかる」、「わかったつもり」から「できる」「動く」言葉です。

商品知識教育の際に、パート社員には、まず重点商品について教育するのがいちばんいいと思うのです。例えば、「来週、自分の売り場の重点商品について説明してください」と言います。一所懸命それについて集中して勉強します。重点商品はお客様が買われる率が高い商品だからです。ですから、売り場の経験が少ない人でも、重点商品が何かを知り、食べてみる、使ってみる、着てみる、触ってみる、あるいは売り方を勉強してみたら、一つの商品について十分な商品知識を持ち、自信を持った仕事が短期間でできるようになります。

3　なぜ52週なのか

食品を扱っている方は毎週のように売り場を変化させているので、52週といっても特に疑問はないと思います。ただ、衣料を担当している方は、「なぜ52週なのか、よくわからない」、あるいは、「上旬、中旬、下旬でもいいのではないか」と思うかもしれません。また、ホームファッション担当の方は「月度単位で十分」、と言うでしょう。でも、なぜ52

週にこだわるのでしょうか。

(1) 買い物頻度を上げるため(客数を上げるため)

なぜ52週なのか。買い物頻度を上げ、客数をさらに上げるためです。例えばコンビニエンスストア(CVS)であれば、家から二〇〇メートル以内に必ず一店はあるでしょうから週四回ぐらい買い物に来ます。あるいはSMには平均週二回来ています。衣料の買い物では月一回来ています。なかには、SMであっても月に一回しか買い物しない人もいるかもしれません。もっと毎日のように売り場へ来てもらえるようにしたい。ですから、私の理想は一年三六五MD、三六五日デイ・マーチャンダイジングです。だが現実は働いている人の休みも、店の休みもあるし、そうはできません。お客様や店で働く人の生活スタイルは一週間サイクルです。月曜日から日曜日までの一週間です。それなら、52週単位で考えたほうが自然ではないかと思ったのです。

何回も何回も足しげく店に通っていただきたい。月に一回しか来ていない人を、もっと毎週、店に来てもらえるように売り場の魅力を高めるのです。だから52週で運営するのです。

(2) 買上点数を上げるため（チラシ広告と連動するため）

多くの企業では基本的には週に一回チラシ広告を出しているでしょう。重点商品は基本的にはチラシ広告商品とイコール。チラシ広告の目的とは何かといえば、集客のためだけではなくて、企業の商品計画、販売計画、販売促進計画をお客様に伝えるための手段なのです。今週これを売ろうと思ったら、当然それをチラシ広告に載せます。だから、チラシ広告＝ロスリーダーとか、チラシ広告商品＝低価格品だと決めつけてほしくないのです。重点商品、重点テーマ＝チラシ広告商品、チラシ広告テーマなのです。

お客様は企業の商品計画情報なり販売計画情報を見て買いにくるわけではありません。チラシ広告を見て店に行き、売り場へ来ます。だったら、それらの情報とチラシ広告が連動し、売り場とも連動しなければ企業の思いは伝わらないのです。店ではそれらの情報を見て目立つように陳列し、レイアウトも工夫して、チラシ広告を見て買いに来るお客様が、その商品を売り場で簡単に見つけられることが大切です。

その結果、チラシ広告商品の消化率が上がるのです（つまり、売れる）。あるドラッグストアでチラシ広告に載っている商品の、その期間内の陳列量（在庫高）と販売数量（売上高）をチェックしたら、平均二〇％の消化率でした。つまり八〇％は売れていないということです。ただ、チラシ広告に載る品目数が多ければ多いほど、消化率は減る傾向にはあります。お客様はくまなく売り場を回っていないし、仮に売り場を回っているとしても、商品に気がつかないことがあるのです。

ある企業が「チラシ広告商品が当たらないのはなぜか」というアンケート調査を実施しました。当たらない理由の一番目は、魅力ある商品が載っていない。二番目、価格が特に安くないと続きますが、五番目に、ＰＯＰを付け替えるだけだからと答えているのです。さらに六番目に、売っている販売員がその商品を知らない、などと出てくるのです。これではチラシ広告を出せば出すほどに、売れない商品が滞留し、それらを処分したり、移動する手間（後始末作業）が増えていきます。

(3) 全ての商品に売れる機会を作るため

動線調査を定期的にやっていますが、いつもショックを受けます。お客様はくまなく売り場を回っていないのです。バイヤーが自信を持って仕入れた商品もお客様に気がつかれなければ、売れないのです（当たり前のことですが）。売り場でお客様に、「この商品どこ

お客様動線調査例

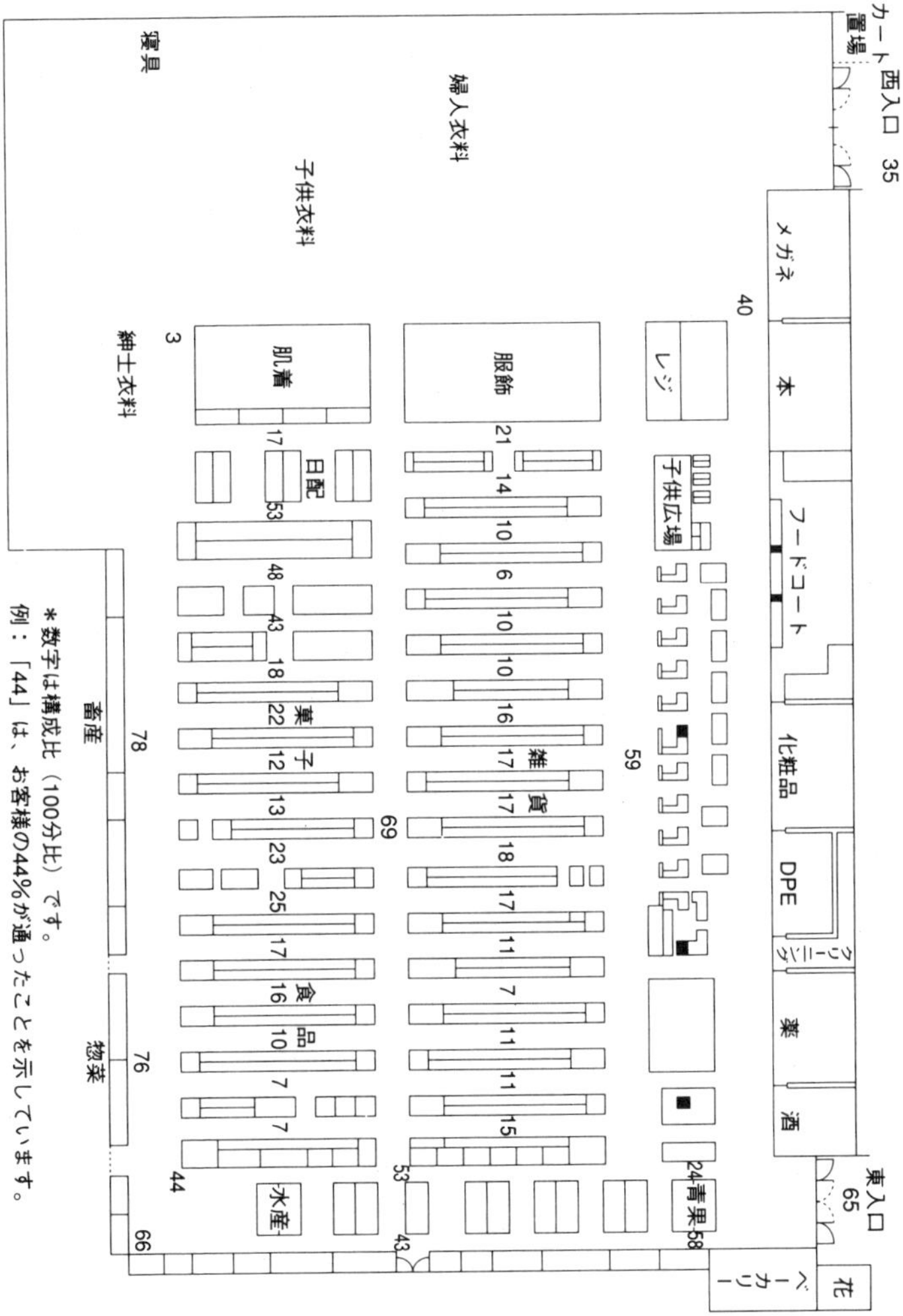

＊数字は構成比（100分比）です。
例：「44」は、お客様の44％が通ったことを示しています。

にありますか」と聞かれることがあります。一緒に商品を探すのですが、あんがいと探しにくいものです。特にエンド以外は。商品がないのではなくて、商品があっても見つからないのです。このようなことが、今、売り場で起きているのではないでしょうか。その問題は結構大きいのだと思います。そのためには定期的に計画に基づいて陳列位置やレイアウトを変える必要があります。売れないからレイアウトを変えるのではなくて、全ての商品に売れる機会を作るため、お客様に全ての商品に気がついてもらうために行なうのです。

資料の「お客様動線調査例」を見てください。これはあるＳＭでの調査ですが、主通路は多くのお客様が歩いていることがわかります。例えば、青果売り場では八二％の人が、惣菜では七六％の人が売り場の前を通っています。しかし、食品や菓子、雑貨の前の通路（副通路）は二〇％くらいしか歩いていないのです。これでは売れないのも当然かもしれません。

また、資料「オーラルケアのエンド陳列」も見てください。これはある企業の日用品のオーラルケア（歯みがき、ハブラシなど）コーナーです。右の「改善前」のときは、品目数も単品数も多くて、それぞれのフェイス数が一フェイスとか二フェイスで狭くなっています。左のほうの「改善後」では、売れている商品のフェイス数を広げて、売れない商品や類似商品をカットしています。扱い品目数を二〇～三〇％、カットしたのですが、売上

オーラルケアのエンド陳列（フェイスの変化）

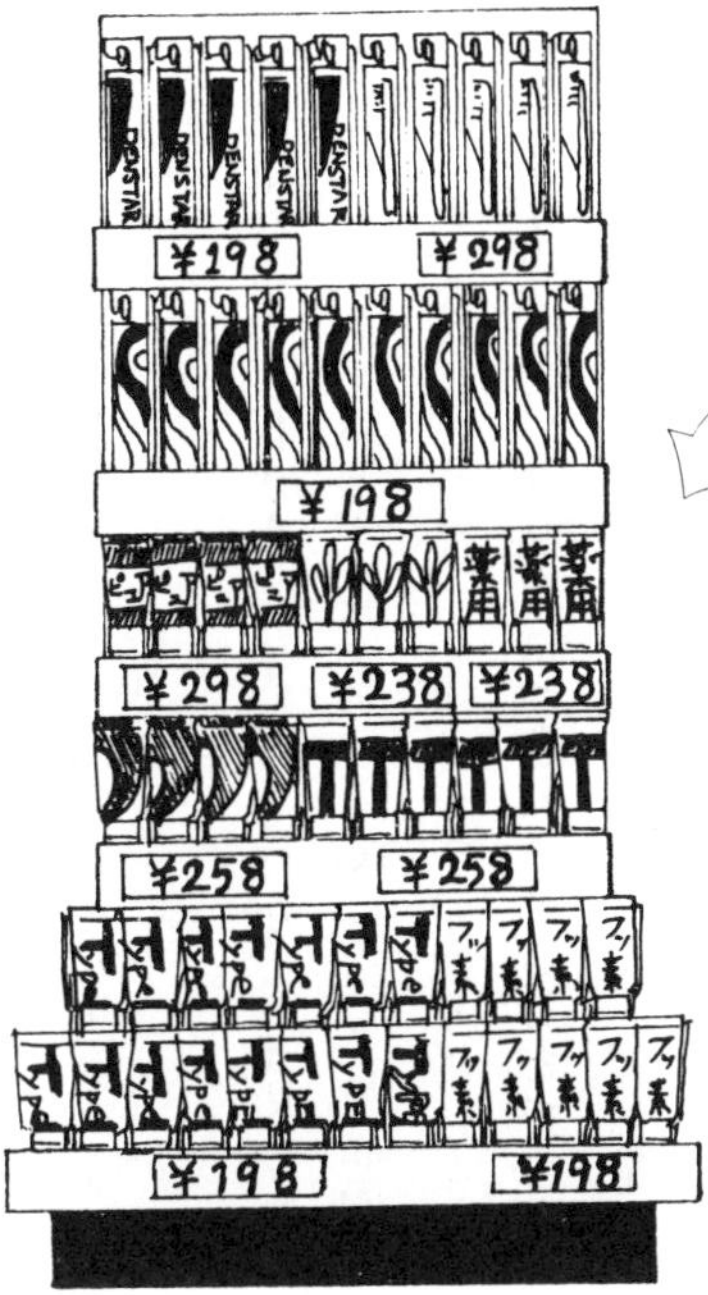

〈改善後〉

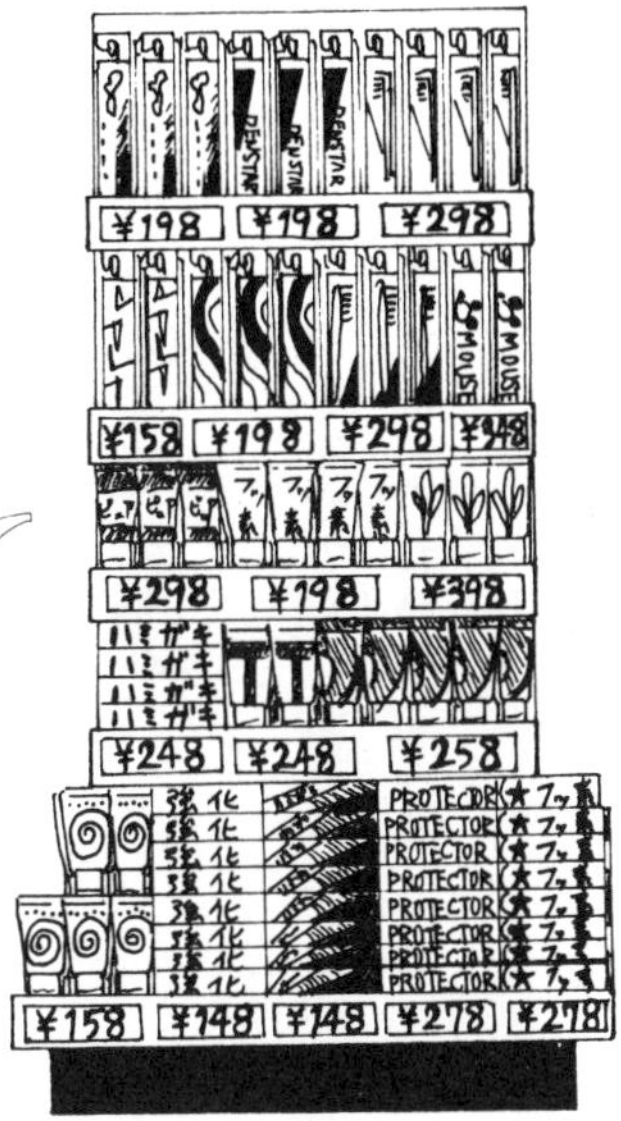

〈改善前〉

従来は1台に20〜30アイテムがびっしり詰まって陳列されていたエンドも、アイテムを絞り込み、売れ筋を3倍、4倍に拡大し、売りたい商品を強調したエンドに変更。全体の売り上げも向上した。

イラスト／今福治冬

高は、全体の売り場面積、陳列量は変えずに二〇％増えたのです。当然、何かのフェイス数を広げようと思えば、限られたスペースの中で何かを縮めないとできませんが。そこで陳列する商品を絞り込んだのです。

週に何度も来店されるお客様から「〇〇はどこにありますか」といった質問を受けます。たくさんあれもこれも商品を陳列すれば良いのではなく、単品のフェイス数を大きく取り、目立たせることは、お客様にとって、わかりやすい売り場になるのです。

大切なことは、まず売りたい商品をはっきりさせることです。はっきりさせるという意味は、商品を決定するだけでなくフェイス数を広げる、陳列量を持つ、売りたい場所に陳列する。つまり、商品に意思を込める、売り方に意思を込めるということです。

4　重点商品と販売力強化

重点商品になぜ、取り組むのか。簡単にいえば、手っ取り早く、売上高を上げるためです。売れていない店では、売れ筋商品と見せ筋商品、あるいは、死に筋商品のフェイス数の差が大きくないので（メリハリがない）、何を売りたいのかわからない傾向があります。売りたい商品であれば、フェイス数を拡げ、陳列量を増やし、倉庫に在庫を十分に持ち、場合によっては、陳列場所を変えることもあるでしょう。売るものを決めると、仕事の仕方が変わるはずです。売るものを決めることがどれだけ重要かをある企業の商品開発の手順から学んでみましょう。

(1) 売るものを決めることで売上高アップ

五つのステップがあります。一番目、開発する商品は、主力商品あるいは重点商品に限定します。主力商品は簡単にいうと、一年間を通して常にいつでも売れている商品。定義は、一年間を通して毎週の売上高構成比が高い商品です。企業によっては売上高構成比ベストテンとか、上位ベスト5というように言っています。このような商品に的を絞ります。

二番目、その商品についてのお客様の声、特に不満や要望を集めます。

三番目、お客様の声の不満を解消するために（負の解消）、いろいろな角度から分析し、あるべき商品はどのようなものが良いかを考えます。負の解消に向けた手を打ちます。

四番目、商品のネーミング、名前を工夫します。お客様にわかりやすい名前、あるいはその商品の特徴がわかりやすい名前、ネーミングはとても大切です。開発の苦労や製造の手順を難しく言わずに、一言で言い表します（商品の特徴が目に浮かぶように）。ここまでは、そんなに変わっているわけではなく、当たり前のことかも知れません。

五番目、ここが商品部の人には気づかない。販売する人にきちんと商品の説明をして、食べてもらって、試してみて、好きになってもらうのです。さらに、店にたいして徹底的にフォローをするのです。だから、商品が売れるのです。

残念なのは、売り場で商品について聞いても、売り場の人が知らないことがあります。ＰＯＰをつけてもその商品についてきちんと味わったり、着たり、触ったり、話し合う機会が少ないように思います。ある企業では、本部のトップ幹部の人が、店を巡回するときに、「今度、開発したサバのみりん干しは売れている？」「ＰＢ商品の衣料洗剤はどうなっている」と、売り場の人に聞くそうです。そこまで言われたら、「なぜ、多くの幹部の人が聞くのだろう」と、初めのうちは不思議に思うでしょう。それが入れ替わり立ち替わり皆がいえば、「これ、頑張って売らなければいけない」と思うようになるのです。「品切れは絶対に起こしてはいけない」というように、気にしはじめます。

自分で本当に気にしたら、誰がいつ、いくつ買うのか、量目は？　サイズは何が売れているのかなどに注目し、数量をチェックしたり、後に引っ込んでいる商品を前に出したり（前進陳列）、良い売り場をつくるようになります。掃除したりします。そうすると面白いもので売れるのです。バイヤーの仕事は、商品調達や開発だけにあると思ってはダメです。

「このようにしたらもっと売れる」というようにきちんと話をして伝えなければいけません。多くの人時をかけて作った販売計画は、一回程度の簡単な説明では理解されるわけがないのです。売り場にきちんと伝わらなくては、販売力の強化などできません。

ある企業で八月のお盆商戦の大味見会兼商品検討会というのがありました。今までは本部の人が来て一人一五分くらいで、「はい、今年のお盆商戦はこうやってください」と言って終わっていたのです。ところが、商品をどのようにして売ったらいいかを一応言ってはいるのですけれども、ほとんど伝わっていないようでした。売り場の人からブーイングが出て、もっとじっくり話を聞きたいというのです。

そこで、商品を並べて、「この洗剤ギフトはこれが特長です」「オードブルセットはこれが売れ筋になります」などと具体的に、商品を目の前にして見てもらい、使ってもらい、食べてもらい、フェイス・トゥ・フェイスで話したのです。その後、それがよく売れるのです。お店からしてみれば、商品がわからないから十分に説明できない。わからないから売れるのかどうか自信が持てない。当然、発注が消極的になりがちです。だから仕入れること、商品を作ることで終わりではない。売ることが伴ってはじめて良い商品が開発できたと思うべきです。今はそのような時代なのです。

(2) 売り切ることで荒利益率アップ

売るものを決め、売り切ることができれば、売上高UPだけでなく、荒利益率UPも可能です。商品（在庫）を残すことで、商品の鮮度劣化が起こり、売り場の魅力もなくなってきます。それによって発生する値下げロス、生鮮食品の廃棄ロスほど、ムダなことはありません。売る場所、売り方・見せ方を変えてまで売り切ろうとすることは、多少の手間はかかるでしょう。しかし、売らない（売れない）で、商品を残すことの方がやっかいな後始末作業を増やすことになるのです。商品の陳列替え、商品の移動（場合によってはセンターへの返品）、POPの取り外し、取り付け、伝票処理などなどの作業が増えます。売り切ることで、あと一円、もう一%でも値下げロス、廃棄ロスが減れば、反対に荒利益率は上がるのです。

今、問題となっていることに、チラシ広告商品の消化率の悪化があります。消化率とは期間内の売上数量（売上高）を期間内の陳列量（在庫高）や生産数量（生産金額）で割り、一〇〇%を掛けた指標です。これが年々、落ちているのです。チラシ広告を週に一回ではなく、週に二回も三回も出していることも原因の一つでしょうが、売っている場所がわからない、商品が見つからないということにも原因があります。売れなければ値下げ、売れなければ移動、こんなことを繰り返していないでしょうか。

(3) 集中することで作業の重点管理ができる

売り場の仕事は、販売だけでなく、在庫チェックや発注、補充・陳列、ＰＯＰの取り付けや演出、売り場手直し、清掃など多岐にわたります。このような中で、重点商品を販売することは、仕事を増やすことにならないかという危惧があるかも知れません。確かに販売するという行為は作業を増やすことになるでしょう。もっとも、セルフサービスだから、何もしないというのではなく、売れるようにするため、お客様が買いやすいようにするため、接客販売以上に、陳列場所、位置やフェイス数の検討、量目やサイズごとの陳列量を時期、時間、曜日、祝日ごとに細かく工夫する必要があります。そういう意味では、売れようが売れまいが作業は増えます。ただ前述した販売以外の全ての作業は、売れて利益を上げるためにやっている、つまり、販売するための手段であると考えます。

であれば、作業をスマート（効果的）に、スムーズ（効率的）に進めるためには、何を重点に販売するかを決めることは、とても大切なことです。重点商品を定義に基づいて決定し、その売れる理由である重点テーマを考え、お客様にそれを伝えるために、チラシ広告やＰＯＰなどを検討し、売り場で見せ方、売り方を工夫することが、作業を重点管理することになるのです。あれも売り、これも売り、何でも頑張ることが良いのではなく、結果的に余計な作業を増やしていることに気がついてほしいのです。

5　52週ＭＤと店舗活性化

52週ＭＤは、販売力強化だけでなく、店舗活性化にも関係します。店舗活性化というと、すぐレイアウトの変更や設備の取り替えなどの話になりがちです。しかし、コンセプト（経営方針）を商圏の変化やお客様の意識変化を知り修正し、商品構成を変更し、店の人の動機づけを行なうことも店舗活性化です。前者をハードの店舗活性化、後者をソフトの店舗活性化と呼んでいます。今どちらが重要かといえばソフトのほうです。ハードはソフトの結果でなければならず、ソフトを伴わないハードの店舗活性化ではうまくいきません。

そのためには、ふだんから商品や売り場を見続け、必要に応じて変わり続ける必要があります。かといって、あれもこれも全てのものを見ることには限界があります。ではどういうふうにすればいいのか、見ていきます。

(1) 基本棚割りのチェック

基本棚割りをチェックせよといっても、なかなかチェックしません。売るべきテーマ、売るべき商品を決めて、それを中心に、基本棚割りがきちんとできているかどうかをチェックしたほうが、具体的でやりやすいです。

毎週の重点商品を中心に基本棚割りがきちんと守られ、維持されているかをまずチェックすることから始めます。基本棚割りはバイヤーがシーズン初めに作成し、店でその通りに実施してもらうわけですが、守られていなかったり、故意に売り場で変更した場合、売れ筋商品を売り逃がすことになります。店で必要に応じて（地域特性上、個店特性上で）変更してもかまいませんが、理由があいまいであっては困ります。バイヤーがデータ（実需マトリックスなど）や商品動向を分析し、作成したものですから、それが一般的、平均的ではあっても、まず維持することをやりきらなくてはなりません。

(2) 52週ごとに重点売り場の見直し

52週MDでは、毎週、重点商品（重点テーマ）が変わります。もっとも必要であれば、二週、三週続けて同一商品を選ぶことがあってもかまいません（ただし、見せ方や売り方を少し変えるとか、テーマを変える工夫は必要です。例えば、「鍋」テーマをしゃぶしゃぶ鍋からすきやき鍋に変えるとか）。重点商品をより多く売るためには、隣接する商品や関連する商品も含めて、まとめる、くくることを考えます。かたまりや群れ、コーナー化という言葉が使われますが、目立つから、気がついてもらえるから、商品が売れるのです。また、関連する商品もついでに買ってもらえるのです。

基本棚割りや陳列指示書は、確かにバイヤーが最初につくりますが、売り場での工夫によりさらに精度が高くなるはずです。当然、自分勝手に自分の好き嫌いで変えてもらっては困りますが、毎週、重点商品を中心に売り場を見続けると、不具合を発見するものです。バイヤーは、全単品の知識はあるかもしれませんが、重点商品と決めた商品をどのように売るのかを集中して検討してないと思います。バイヤーは売り場の好事例（ベスト・プラクティス）を採用し、全店で活かせるように検討を加え、各店に再発信すべきです。

(3) フェイスの拡縮による適正スペース設定

基本棚割りどおり、一定期間、変更しないでも、売れて品切れがなければこんな良いことはありません。しかし地域特性やお客様特性、競合状況により売れる商品、売れない商品の差が生じるのは自然のことでしょう。基本棚割りの変更を嫌うバイヤーもいるようですが、現場の事実から発想してもらいたいものです。売り場では、売れる商品は多くの数量を発注しますが、棚に陳列しきれない場合、倉庫に一時保管するのが普通です。発注担当者としては、倉庫に置くより、売り場に陳列したいので、フェイスが拡大できたらよいと思っています。

多くの企業や店を見ていると、最初の棚割りは比較的、均等割り（例えば二フェイス、三フェイス、二フェイスのように）が多く、おとなしく、きれいに見えます。しかし、売上実態から考えると、もっとダイナミックに変更したほうがよいのにと思うことがしばしばあります。さらに平日と休日、給料日前と給料日後、ハレの日と紋日（記念日）の当日と前後の日、朝、昼、夕方、夜などで、違ってくるでしょう。売れている商品の色、量目、サイズは拡げ、売れるときには、さらに拡げれば（反対に売れないものは縮める）、売り上げは上がるのに、硬直した考え（バカの壁）がじゃまをしていないでしょうか。

フェイスを拡げたり、縮めることを拡縮といっていますが、これを定期的に繰り返していくと、棚の本数や什器、ゴンドラの本数が変わっていかざるを得なくなります。さらに繰り返していくと、コーナーや部門のスペース（売り場面積）の拡縮につながり、レイアウト（売り場配置）を変更することになるでしょう。これは正しい店舗活性化の手順です。

資料の「店舗活性化の正しい手順」を見てください。店舗活性化の手順を改めて説明しています。活性化するときの注意点は、ハードはソフトの結果であって、絶対にレイアウト先にありきではないということです。ソフトの活性化とは次のようです。①商品マッサージ、②商品群マッサージ、③部門マッサージ、④売り方・見せ方・陳列の工夫。ここまでがソフトです。次の⑤レイアウト及び設備の変更、⑥増床・S&B（スクラップ・アンド・ビルド）がハードの活性化になります。

今は売れない、売れにくい時代ですから、多くの企業、店、売り場では、解決のために（もっと売れるようにするために）しばしば、レイアウト変更をします。そのたびにお金と手間がかかり、お客様にとって商品のある場所がわかりにくくなったというようなことも起きます。いまだレイアウトを決める際には勘と経験と大きな声がものをいうようです。事実に基づいて、例えば動線調査をする、あるいは棚割り分析をするなどの調査を事前に

店舗活性化の正しい手順

1．活性化の意味

○　ハードはソフトの結果
×　レイアウト、先にありき

2．活性化の正しい手順

① 商品マッサージ
- 基本棚割りを守る
- 新商品の投入
- 売れない商品の面出し
- フェイスの拡大・縮小

② 商品群マッサージ
- 棚の拡大・縮小
- 関連陳列（くくりの見直し）

③ 部門マッサージ
- 部門の拡大・縮小
- 部門のカット
- 新規部門の投入

④ 売り方・見せ方・陳列の工夫
- エンド
- ケース下段
- レジ前
- 定番
- POPなど

⑤ レイアウト及び設備の変更
- 商品の配列
- 関連陳列の配列
- 部門の配列

⑥ 増床・S&B
- 適正規模
- 適正駐車台数
- 適正人員

きちんと行なわないと目標数字（投資対効果）には到達しません。

大切なことは、①商品マッサージです。基本棚割りは守っているのかどうか。始めから守らないで、勝手に変えていく店もあるようですが、変えては困ります。ただし、前述したように、事実に沿って変わるのは大いに結構です。

個店発想という言葉があります。個店の都合、売り場の勝手とは違います。各店の現場・現実・現物から発想して得た事実に基づいて行動を起こすことを個店発想と言います。温度が違い、習慣が違い、お客様の生活行事も違うのです。どこの店でも、午前中は六〇歳代以上の方が多く、お昼は幼稚園帰りの若いお母さんが多いです。しかし、お昼にはOLやサラリーマンの男性が増える店もあります。また、駅前の店であれば六時以降は若い人が多くなります。それを「同じようにやってください」と押し付けるのでは納得しないでしょう。お客様によってSMでは、お昼は惣菜のいなり、巻きものを増やし、夕方は生寿司を多く出す場合もあります。やはり立地する店によってお客様の買い物の仕方は違うのです。

本部の仕事はある意味で平均的な（標準的な）仕事のレベルを上げることですが、かといって、地域の事情を無視したら店はうまく運営できません。店はまず基本棚割りを認めたその上で、地域特性を考えて対応する、これは組織風土としても非常に大事なことです。

ただ個店発想を言い過ぎると、自分たちの都合ばかりで本部の良い提案が見えなくなるのです。鳥の目で見ないで虫の目ばかりで見るから、売れ筋があるのに売っていないということが結構あります。そのようなときには、ぜひ最初の基本棚割りをもう一度見直して、守ってください。

それから、新商品の投入を積極的に行ないます。新商品や話題商品は、値入率が高く、売り場の鮮度を高めるためにも大切な商品です。何かワクワクするような目新しい商品をいち早く導入するために、拡縮をするといってもよいくらいです。売れない商品（と思った）の面出しとは、押し出しともいい、目立つところで陳列したり、目立つようにフェイスを拡げたり、陳列位置・場所を変更したりすることです。いつも思うのですが、売れないのではなく、目立っていない、お客様が気づいていないと考えるほうが正解です。

次は②商品群マッサージの段階に移ります。群やコーナー全体を①の手段と同じように実施するのです。

それができたら、③部門マッサージに行きます。手順は②と同じです。

④「売り方・見せ方・陳列の工夫」は、四番目というよりも、①にも②にも③にも関係します。これを手順通りにやっていくうちに、もっと売り場面積を広く取りたいとか、ゴンドラをもう少し減らしたい（例えばラーメンのゴンドラ本数を七本から九本にしたいと

か、あるいは肌着・靴下を二〇本から一七本に縮めたいなど）となるでしょう。それによって黙っていてもレイアウトは変わらざるを得なくなるのです。それが正しい本来やらなければならない店舗活性化なのです。

重点商品を中心にした52週ＭＤは、このような考えを持ってすすめていきます。なんでも全ての商品を見ようとしても、大変な作業がかかり、継続できないでしょう。それよりも、今売らなければいけない商品（重点商品）を中心に見たら、商品の動きがよく見え、関連する周りの商品もよく見えてきます。

第2章　52週MDの考え方

1　重点商品（重点テーマ）をどのように決めるのか

大枠の流れは次のようになります。①実需マトリックスを作成する。②商品別に売れる週を把握する。③週別重点商品を決める。④重点商品が売れる背景をつかむ。⑤重点テーマを決める。⑥週別ＶＭＤ（ビジュアル・マーチャンダイジング）計画を作成する。⑦四半期計画（13週分）を作成する。⑧年間（52週分）商品計画、販売計画、販促計画を作成する、などです。しかし多くの企業は、①から⑧の順ではありません。多くの企業では、まず年間の商品計画を作ります。これを商品カレンダーといいますが、昨年の実績や反省と今年のマーケット動向（予測）に基づき、実施六カ月ほど前にラフ案に近い計画を作ります。次に四カ月ほど前に、四半期計画（13週分）をもう少し細かく作っていきます。三カ月前に除々に月間計画を詳細に決めていきます。二カ月前に週間計画を具体的に決めます。具体的とは、販促テーマ、目玉商品、ＰＯＰなど媒体計画、売り場の展開方法まで含みます。

このような順番で作られていくのが普通です。精度を上げていくのです。この方法だと年間、四半期、月間、週間ごとに資料を作ることになります。十一月の忙しくなる時期から、来年度の資料づくりが始まるのです。ゆううつになる気持ちもわかります。また⑧の年間計画から入ると、ほとんど日本全国、テーマは同じになります。二月のバレンタインデー、三月のホワイトデー、七月のお中元、十二月のお歳暮、あるいは行楽、帰省、盛夏、リゾートなどテーマが同じで（時期は多少違う）、したがって売るべき商品も同じになりますから、競争店と差をつけるためには、価格と品揃えをどうするかに絞られます。前者は体力勝負でしょうし、後者は店舗規模でほとんど、決まってしまうのです。

このような計画の立て方でいいのだろうかといつも疑問に思っています。立地も違えば、お客様も違えば、地域の事情も違うのだから、その企業、その店の現場の事実がわかり、データが揃うのであれば、①から入ったほうがいいのではないでしょうか。もちろん①から順番に⑧までまとめて、また確認のために、世の中の動向などから考えて⑧から①へ戻る作業はやるべきですが。その場合のポイントは、実需マトリックスがどれだけできるかということです。例えば去年の今ごろ、部門の中でこのカテゴリーは八番目に売れたとか、店によって、売れた週が違うとか、同一週でも売っていない店と売っている店の格差が大きいなどがわかると重点商品、重点テーマも変わってくるからです。

年間52週の商品別売上高及び売上高順位表（実需マトリックス）

	27W	28W	29W	30W	31W	32W	33W	34W	35W	36W	37W	38W	39W	40W
商品分類	9/25	10/2	10/9	10/16	10/23	10/30	11/6	11/13	11/20	11/27	12/4	12/11	12/18	12/25
腸詰めウインナー	43	26	21	1	27	4	34	29	2	35	50	47	46	5
ロースハム　スライス	30	36	32	37	34	45	38	44	43	4	46	7	33	5
ベーコン	19	2	33	22	30	39	31	37	38	36	43	50	49	48
ミートボール	5	13	14	9	10	30	15	20	19	22	35	40	49	51
畜肉タレ・ソース	27	31	20	35	25	32	21	37	7	17	9	10	4	1
魚肉ハム・ソーセージ	5	24	23	27	30	37	32	44	31	42	48	49	50	51
ロースハム　ブロック	41	29	43	35	44	37	40	33	28	17	9	7	2	1
ラム肉	21	22	32	16	2	34	25	19	30	23	9	35	14	1

＊▒は年間の売上高１位から10位の週を表わします。

(1) 実需マトリックスとは何か

資料は、「年間52週の商品別売上高及び売上高順位表」です。これが私の言うところの実需マトリックスです。ある企業のハム・ソーセージなど加工肉の売上高分析資料が載っています。

実需というのは、去年発生した、あるいは以前発生した事実。特に売上高の実需データのことです。ただ、新発売商品の場合、去年のデータはありませんが、九割ぐらいはほとんど去年の実績が今年の計画の参考になりそうです。計画を立てる場合は、今年のＭＤ動向を加えて検討しますが、商品は多少変わっても、大きな流れは変わらないと思います。

一番左側に商品分類があり、腸詰めウインナー、ロースハムスライスなどが並んでいます。次は各週ごとの売上順位です。27Wとは、27週目で9月25日から始まる週のことです。企業の新年度のスタートから第一週と数えはじめます。この企業の場合は3月21日から第一週が始まります。各週の順位は一年間の各週ごとの売上高を集計して一番売れた週を1位、一番売れなかった週を52位というように決めます。そして、年間の売上高順位の上位20％、1位から10位までは網かけしています。例えば腸詰めウインナーであれば30Wが1位、32Wが4位、35Wが2位のところに網かけしています。

実需マトリックスを見ていると商品寿命（ライフサイクル）がわかります。表にミートボールがありますが、27Wが5位、以下13、9、10、30、15、20、19位などと続いています。27Wの9月25日が5位で、なぜ10月16日が9位で、なぜ10月23日が10位なのでしょうか。行楽やお弁当、秋の運動会という理由で売れていると考えられます。つまり、売れる商品には売れる理由がきっとあるのです。なかにはチラシ広告を入れたから、TVで紹介されたから売れたという商品もありますが。このように順位だけ見ているだけでも、売れる理由が面白いように浮かんできます。だから、売れる理由をもっと探すべきです。もし売れないのだったら、売れない理由もきっとあるはずです。

ミートボールの下に畜肉タレ・ソースがありますが、35Wが7位で、37Wが9位、39Wは4位になっています。これはすき焼きだとか、しゃぶしゃぶ、焼肉メニューで売れていると思われます。40Wは1位ですが、この週はピークであり、年末需要です。同じ週を今度は縦に見ていくと、売上高順位で1位はほかにもあります。例えば40Wの一番下のラム肉も1位です（37Wは9位）。このラム肉とタレ・ソースはおそらく焼肉メニューで連動していると考えられます。このように、縦と横を見ていくと、関連して売れる商品がわかり、売れる理由も見えてきます。

反対に売り逃がしている商品を見つけることもできます。例えば魚肉ハム・ソーセージの27Wは、5位（ミートボールと同じ）ですが、28W以降は順位が上がっていません。ミートボールと同じように動く商品と思いますが。さらに、他部門とも比較するといろいろな発見があります。野菜部門のジャガイモ、ニンジンが売れるときには、加工食品部門のカレールーが売れ、日配部門のらっきょうや福神漬も売れているのです。

このように実需マトリックスを見ていると売れないのではなくて、売っていない、といつも思います。私たちの仕事は売れる理由を一所懸命、探すことです。売れる理由は何だろうと、情報ネットを張りめぐらせてください。売れない商品なんて世の中にはないと思うべきです。売れないとしたら、売れる理由を探し出していないし、お客様に商品の良さや買ってもらう理由を伝えていないと考えます。この取り組みによりバイヤーが仕入れる商品がもっと売れるようになるのです。

(2)　商品別に売れる週を把握する

資料「年間52週MDの手順」「同②」は、ある家電メーカーのリテールサポートプロジェクトに参加したときに作ったものです。なぜこのようなものを作ったかというと、今までの家電業界は（今でも、まだそうかもしれませんが）、販促テーマが月に一回くらい、年一二回が普通でした。七月は夏のボーナス、十一月は冬のボーナス、十二月クリスマス、一月お正月というように月度テーマしかなかったと言っていいでしょう。

つまり月に一回ぐらいしかテーマがないから売り場が変わらないのです。なんとかこれを毎週（年52回）ごとに変えてみたら、お客様は毎週のように来店してくれるのではないかと。ところが一週間ごとにデータを取ろうと思っても取れないのです。データは月ごとに集計するのが当たり前で、一週間ごとの区切りでデータを取っていなかったのです。それで、本当に原始的ですけれども、ともかく手計算でやっていきました（今では、簡単に数字が見えるようになっていますが）。しかし、データを自分で集計すると機械が打ち出した数字を見るときよりも、売れる（売れない）背景がわかるものです。本当に手計算でやると問題点がわかります。このようなことが、52週MDの仕組みを作ろうとしたきっか

2．年間52週重点商品を決める
（週別に一番売れる商品、売りたい商品を決める）

週別重点商品の
目安（候補）をつける

→商品ごとの、売れる週の上位20％（約10週）にマーカーで色を塗る

→注目される新商品・話題商品の発売予定を確認する
（メーカー情報の確認）

▶

週別重点商品を決める

・これこそ店の経営方針の反映であり、他店との差異化のポイントになる

→候補商品の中から、1週1品または複数品目を選ぶ

▶

週別重点商品一覧表

月及び週番号	3月					4月				5月					6月				7月			
項目	1	2	3	4	5	6	7	8	9	10	11	12	13	14	15	16	17	18	19	20	21	22
テレビ	—	19	31	17	⑭	⑪	18	33	42	⑬	48	50	⑨	③								
ビデオ																						

①週別に売れる順位を記入
②上位10週にマーカーで色をつける。
あるいは○印をつける

注　週別重点商品のえらび方
1．上位10週をリストアップの目安とし、部門やカテゴリーによって増減する。
2．販売貢献度の高い商品、話題商品、戦略的に取り組んでいる商品などは、その重要度に応じて上位10週に限らず多くの週で重点商品としてリストアップしても構わない。

年間52週ＭＤの手順

１．実需マトリックスづくり

（お店の実需データに基づき、商品別に週ごとの販売実績をつかむ）

実需マトリックスをつくる

〔つくり方は簡単です〕

→基本フォーマットを使って、空欄に商品ごとの週別売り上げ数量または金額を記入

→商品別の週別データがない場合は「実需マトリックス」の全国平均値を参考にする

▶

商品別に売れる週をつかむ

→左記の「実需マトリックス」を基に、商品別に売れている週の順位をつける

▶

実需マトリックス例

月及び週番号	3月					4月				5月					6月				7月			
項　　目	1	2	3	4	5	6	7	8	9	10	11	12	13	14	15	16	17	18	19	20	21	22
テ　レ　ビ	0	44	39	51	58	67	48	38	33	60	30	27	71	90								
ビ　デ　オ																						

週別売り上げ数量または金額を記入

けなのです。

まず実需マトリックス作成から、年間計画を立てるまでの大きな流れを見ていきましょう。①実需マトリックスをつくる。②商品別に売れる週をつかむ。③重点商品候補（目安）を見つける。④週別重点商品を決める。⑤重点商品が売れる背景をつかむ（重点テーマ候補）。⑥重点テーマを決める。⑦ＶＭＤ展開時期を決める。⑧年間52週（四半期計画など含む）のＶＭＤ計画をつくる、という流れになります。

実需マトリックスについては前述しましたが、この資料で再確認してみます。売上高を集計し、そして順位を入れて、商品別に売れる週をつかんでいきます。六八頁下の「週別重点商品一覧表」で、○がついているのは上位20％（1位から10位まで）の印です。テレビのところで19、31、17、14、11となっているのは順位ですが、ここでは11、13、14にも○がついているのは、売上高を比べると、10位も11位も13位も14位も、ほとんど同じだったので、○印をつけたのです。これが重点商品になるのではなく、あくまで重点商品候補なのです。重点商品を決める目安の段階です。目安をつけると、何が売れているかが全体の中でよく見えてくるからです。

年間52週ＭＤの手順 ②

3．週別重点テーマを決める
販促のテーマ〔ＶＭＤ展開を決める〕

重点商品が売れる背景をつかむ
→売れるにはきっと理由があるはず。思いつくものをリストアップ
社会行事：クリスマス、お正月、ブライダル
学校行事：運動会、入学式、発表会
地域行事：祭り、老人会
自店行事：創業祭、セール、etc

重点テーマを決める
→売れる背景＝お客様の思いをベースに重点テーマを決める
重点テーマが販促テーマになるので、お客様にとってわかりやすいテーマを選ぶ
→テーマは複数でもよい
その時はメインテーマとサブテーマに分ける

（例）３月１～２週
メインテーマ：
入進学
サブテーマ：
春のブライダル

4．週別ＶＭＤ計画を作成する

ＶＭＤ展開時期を決める
→ＶＭＤ展開開始時期の判断基準は、

ピーク時の４週間前～６週間前

なぜなら、お客様はこの頃から下見や比較検討をしているから（家庭用品、ホームファッション、アウター衣料などの場合）

(3) 週別に重点商品を決める

その次に週別に重点商品を決めていきます。これこそ店や企業の経営方針の反映であり、まさに他店、他企業との差異化のポイントになるからです。商品をただ売るのではなく、意思を込めて皆で寄ってたかって売るべき商品を決めるのです。このようにして売れた事実からさかのぼっていくと、ひょっとして売れたのは、別な理由かもしれないのです。例えば売れたのは、国内の帰省ではなくて、海外旅行かもしれないし、ホワイトデーではなく、春休みで需要が高まったのかも知れないのです。ここに小売業の面白さがあります。

このようなことをきちんと現場の事実からさかのぼってすすめたら店や企業の販売力だけでなく、自分の力もつくと思います。勘と経験だけではなく、データに基づいて勇気を持って決めるのです。また自分が納得しないと、これも売ります、あれも売りますになり、何を重点に売りたいのかわからなくなるので、結果、売り場も特徴がなくなります。

もちろん、重点商品以外の商品を売ってはいけないというのではありません。重点商品というのは一つではありませんから、いくつあっても構いません。「ほかの商品は売らなくていいのですか」という質問がかえってきそうですが、限られた時間、限られた売り場、限られた人員の中で、あれもこれもはできないでしょう。まず今売らなければいけない（売ったほうがいい）優先順位の高い商品を大切にしましょうということです。それができたら、第二優先の重点商品をしっかりやりましょう。もっとやりたければ第三優先も。もっとできるのでしたら、三〇〇も四〇〇もあってもいいのです。

前述したように、売り場にある全ての商品は、みな重点商品候補になり得るのです。バイヤーは売れると思って仕入れています。売れないと思って仕入れるような人は、一人もいません。だから、売れる理由があれば、全ての商品が重点商品候補になるのです。しかし、売り場面積も時間も、人員も限られているのですから、私たちは効率的、効果的に仕事をするべきです。したがって多くを重点商品とするのは、多分無理でしょう。仕組みができてきたら、増やしていくようにしたらどうでしょうか。

(4) 重点商品が売れる背景をつかむ

重点商品が決まりました。次に、なぜ売れたのだろうかと、あれこれ発想する段階です。売れるには、売れる理由がきっとあるはずです（資料「52週ＶＭＤ計画一覧表」）。重点商品を決めたら、なぜ売れたのだろうか、どのような理由で売れたのかを考えます。売れる理由はいっぱいあるはずですから、思いつくものを挙げてみます。この段階ではまだ重点テーマ候補であって重点テーマではありません。

売れる理由には、お正月（お年玉需要）や成人の日、バレンタインデーや母の日などの

52週ＶＭＤ計画一覧表

３月の入進学関連セール（家電商品）の例

項目＼月・週	3月					4月			
	1週	2週	3週	4週	5週	6週	7週	8週	9週
社会行事	ひな祭	ホワイトデー	彼岸						
地域行事 学校行事	・高校入試	・卒業式	・合格発表						
重点商品	ミニコン →	ラジカセ →	デジカメ	携帯電話 →					
重点テーマ	入進学セール →		合格おめでとうセール →	入学式ムービー大会 →	ひとり立ちセール →				
主な客層	中・高校生			ヤングミセス 新社会人・大学生					
ＳＰ・販促	・入進学セール　チラシ・ＰＯＰ ・合格祈願　お守りプレゼント		・合格おめでとう チラシ・ＰＯＰ						
重点商品の販売目標	ミニコン50台								

社会行事があります。あるいは入園・入学や卒業式、運動会や修学旅行などの学校行事、お祭りや老人会などの地域行事もあります。お盆は社会行事であると同時に、地域により大きな需要をもたらします（新盆と旧盆地域の違い）。さらに、自店（自企業）行事、創業祭や新店の開店（改装オープン含む）、通常のセールなどもあります。また、気温の変化（地域差が大きい）により、売れる時期、売れる商品も変わってきます。

既存のテーマ（特に販促テーマ）を最初から当てはめてしまうと、売れた理由が固定し、機会ロスを起こしかねません。今までの私たちの仕事はこの繰り返しのように思います。ただ、既存のテーマが一〇〇％、変わることはありませんが、地域により、店（企業）により、チャンスが増すことは確かです。このような手順こそ、機械的作業、ともするとマンネリ化に陥りやすい作業を改善することにつながるのです。

(5) 重点テーマを決める

重点商品が売れる背景を探り出し、重点テーマをきめます。数ある重点テーマ候補の中から、売上高に大きく影響する、部門の数値に影響を及ぼすお客様が関心を持っているようなテーマを選びます。この時点でも勇気を持って、意思を込めて決めつけてください。

的を絞ることにいろいろ不安はあるでしょうが、まず優先すべき一つを決めます。これが重点テーマなのです。聞いてみれば、何のことはないでしょう。テーマを決めるときは、いつも、やっていると言われそうです。しかし、組織の仕組みとして恒常的に行なっていますか。アイデア程度で終わっていませんか。アイデアや技術はほとんど出尽くしているのです。いま問われているのは、アイデアを継続する仕組みづくりをどう作るかなのです。

ただ、重点テーマは何が何でも一つに絞らなくてはいけないということではありません。「週別に重点商品を決める」のところでも話したように、売り場できちんとできるのであれば、三テーマでも一〇テーマでもよいのです。企画も商品も魅力があり、売り場でもお客様に伝えられるような工夫ができるのであれば、やってみてください。その時には、メインとサブ、サブサブテーマというように優先順位をつけるとよいでしょう（例えばメインテーマは入進学、サブテーマは春のブライダルというように）。

チラシ広告に掲載される場合、表面と裏面、一番目立つ上段と下段のどこに位置づけられるかは、テーマがメインかサブか、サブサブかで決まります。メインテーマは、売上高や荒利益高（あるいは構成比）が一番多くとれるもの（あるいは高いもの）になるのが普通です。もちろん、まだ売れないけれど政策的に紹介すべきテーマ、例えば、十一月十五日の七五三のあとにいち早く「○○店のクリスマス」というように打ち出す場合もあります。いずれにしても重点テーマとは重点商品が売れるもっとも大きな理由ですから、商品部も販売部も、販売促進部（営業企画部）もここに集中します。

(6)　ＶＭＤ展開時期を決める

この段階では、いかにお客様に売り場で店（企業）の意思を伝えるかが大切になります。いつから商品を陳列し（展開時期）、どこで展開し（場所）、どのように見せるか（展開方法、企画、仕掛けなど）、どのように伝えるか（媒体、販促など）を考えます。このようなことを総称して、ＶＭＤといいます。ＶＭＤというのは、ビジュアル・マーチャンダイジングのことです。

ＶＭＤというのは、決して新しい言葉ではなくて、米国で認知され、米国から上陸し三〇年ぐらい前に日本の百貨店で使われ始めたようです。特に衣料部門やホームファッション部門では、このことを知っていると思います。ＶＭＤを分解すると、「ＭＤをＶＰすること」になります。ＭＤはマーチャンダイジング、ＶＰはビジュアル・プレゼンテーションの略です。

ＭＤは商品にかかわる全てのことです。商品そのもの、その特徴、商品構成（品揃え）

しかり、価格、商品の見せ方・売り方・伝え方、大きくは商品計画、商品政策、仕入れ政策のことです。

ＶＰは「目に見せる」ということです。ですから簡単に言うと「商品を目に見せる」というのがＶＭＤです。私は「商品の持ち味を、来店するお客様の五感を通して伝えること」と訳しており、ふだん、このような意味で使っています。

五感とは、目・耳・鼻・口・手足です。視覚・聴覚・嗅覚・味覚・触覚のことです。こう考えると、試食は舌で味わうＶＭＤです。ＢＧＭは耳で聞くＶＭＤになります。店内に流れるＢＧＭは、たんに自分の好みをかけるのではいけないのです。自分が好きだからポップスや演歌をかけたりしては困るのです。やはりその店（企業）のイメージだけでなく、その週の重点テーマにふさわしいようなＢＧＭにすべきです（もちろん、そう簡単にはそれに合った音楽などないかもしれませんが）、自分の好き嫌いではなくて、それに沿った音楽さえもこだわるのです。

重点商品（重点テーマ）の展開時期はどのように決めるのでしょうか。生鮮食品の場合、特に魚や野菜・果物では、出荷され、店頭に並ぶときが展開時期になりますから、前年度の実需データと比べて気温などの影響で多少、ずれることはあります。また、菓子、食品や日用品では、メーカーの新商品発売時期が展開時期になりますし、ＴＶなどのマスコミで紹介された商品はいち早くタイムリーに店頭に並べなくてはなりません。

その他、それらより、商品回転率の低い商品（家庭用品、ホームファッション、アウター衣料など）では、基本は、お客様が買い物するピーク時に、売上高がもっとも上がるように、立ち上がり日を決めます。早すぎるとお客様は買う気を起こしませんし、ほかに重点商品がある場合、それらの重点商品の陳列スペースが減り、目立たなくなるからです。

ギフト（家庭用品）の
52週別売上高推移例

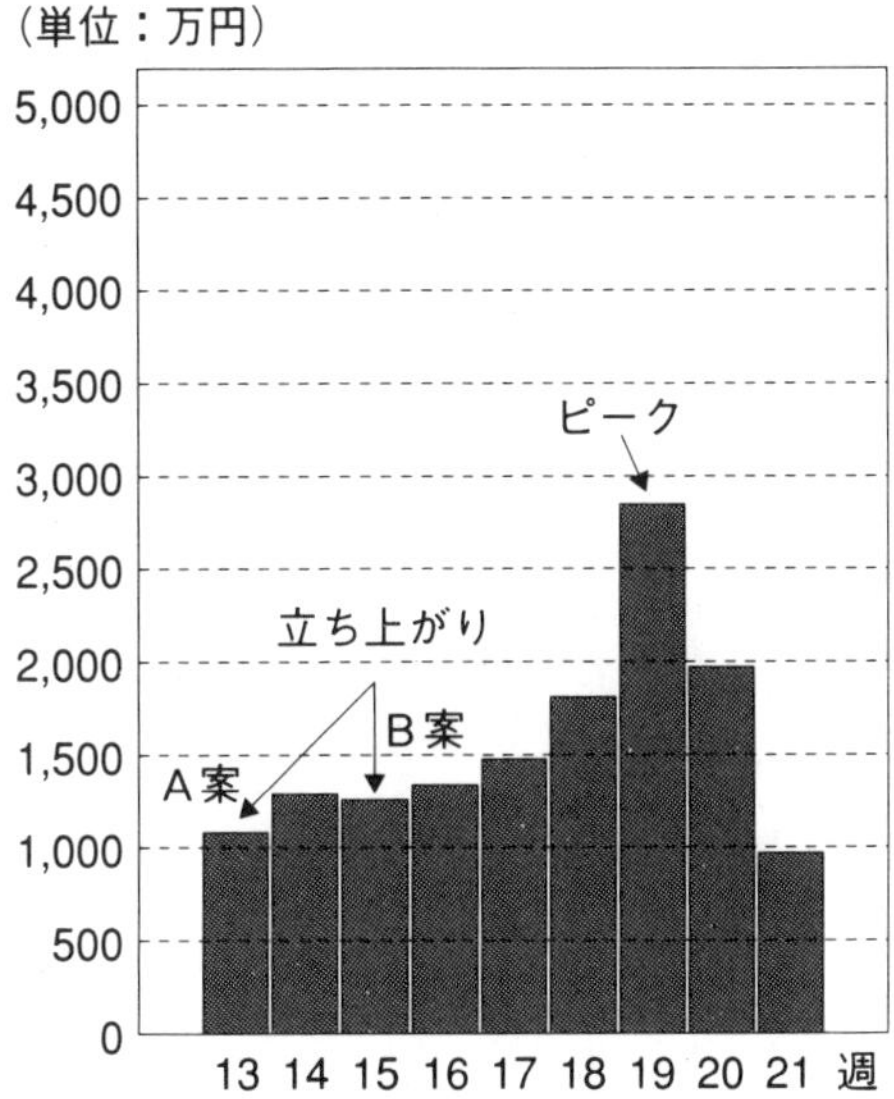

また、反対に売り場の効率を考えすぎて、ピーク間際ぎりぎりにすると、お客様は商品がないものと思って競合店に行ってしまう可能性があります。

最近の傾向として、どこの店でも立ち上がりが早くなるようですが、ピークの四週間前が適当だと考えています。前年度の52週の実需データをグラフ化し、ピークまでの売り上げ推移を見ると商品の動きがよく見えます。資料「ギフト（家庭用品）の52週別売上高推移例」を見ますと、ピークの六週間前と四週間前から上昇する傾向が見えます。A案の六週間前から立ち上げるか、B案の四週間前から立ち上げるか迷うところですが、他重点商品との兼ね合いで決定します。

お客様の心理面だけでなく、売り場スペースに制約があることを考えなければいけません（紹介期間が長ければ、他の商品の売上高を減少させることになるからです）。また、競合店の動向も無視できませんから、例えば、ピークの五週間前から立ち上げると決めればよいでしょう。

全部門の重点商品が、一ヵ所に集まったら、大きな売り場はいらないことになります。それよりも、売り場をくまなく回っていただいて（無理なく）、全ての売り場が魅力あるように考える必要があります。

資料「VMDフォーメーションの役割」を見てください。売り場は、各目的により大きく三つに分かれます。VP（ビジュアル・プレゼンテーション）、PP（ポイント・オブ・プレゼンテーション）、IP（アイテム・プレゼンテーション）です。わかりやすく言うとVPは「重点テーマを見せて売る所」、PPは「重点商品を見せて売る所」、IPは「一つ一つの商品を見せて売る所」になります。

VMDフォーメーションの役割

	フォーメーション	目　　的	表現方法	レイアウトの場所
VMD	VP ビジュアル・ プレゼンテーション	・実需期の商品（重点商品）を重点テーマに基づきビジュアルに 表現	・売り場でいちばん目立つ場所で展開 ・顧客の関心をとらえた商品を、関連商品との組み合わせや、生活提案のある演出、POPによる情報提供でアピール	ショーウインドー（店全体） ステージ（衣料） テーブル（住関連） 平台・トップエンド（食品）など
	PP ポイント・オブ・ プレゼンテーション	・新商品、CM放映商品、話題商品、店長おすすめ商品の価値をアピールし話題づくり	・その商品を使った生活の便利さや楽しさ（価値）がよくわかる演出 ・その商品の特徴を引き立てるPOPや展示・演出	エンドステージ（衣料） エンドテーブル（住関連） トップエンドあるいはエンド什器（食品） 柱回り、壁面など
	IP アイテム・ プレゼンテーション	・お客の比較購買の場 ・商品を見やすく、触りやすく、選びやすい陳列	・顧客ニーズに応える十分な品揃え ・他の商品との違いがよくわかるPOP・情報提供 ・商品の形状やお客の体に合わせた選びやすく触りやすい什器と陳列	プロパー売場（定番）

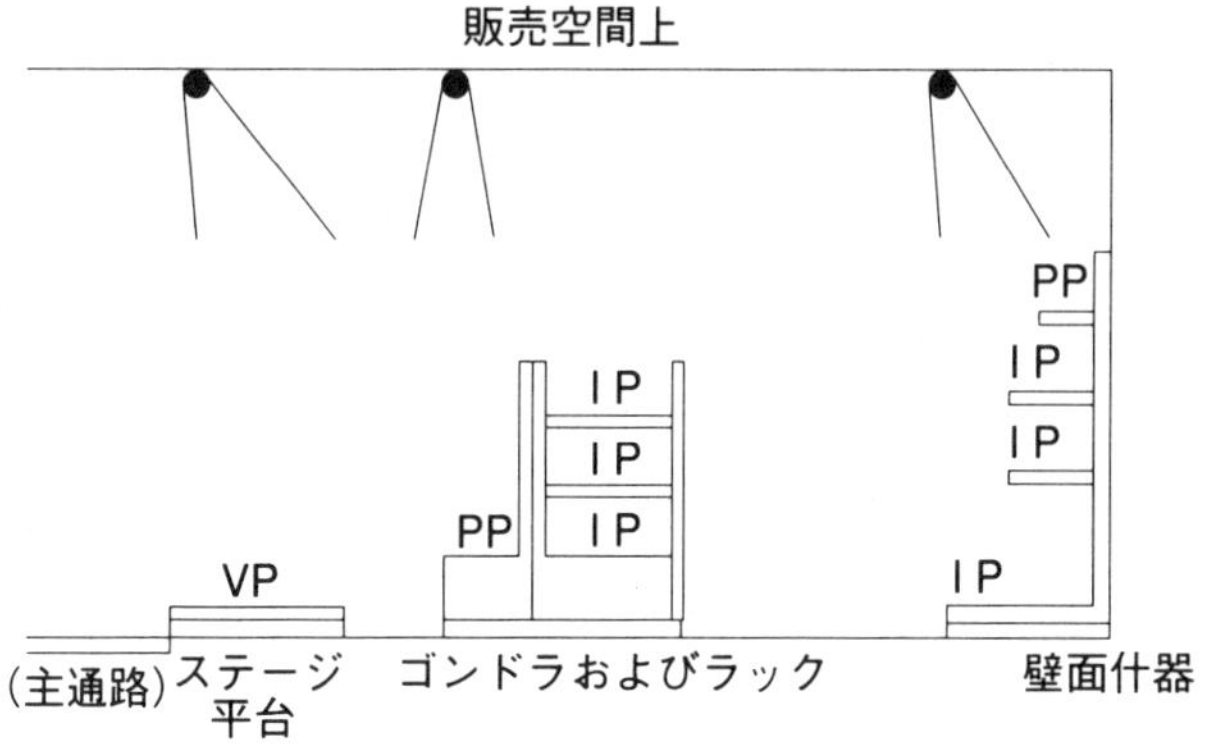

要するに目的により、どこにどのように商品を陳列するかが違ってきます。また商品が食品か、衣料か、住関連かによっても違います。例えばＶＰは重点テーマをビジュアルに表現するのが目的です。ＶＰの場所はステージ、平台、平ケース、特設コーナーなどがあげられます。ここは、展開スペースが広いので、一部門の重点商品だけでは陳列量が不足しますので、他部門と合同で陳列します（集合展開）。この場合、同一テーマでくる分類をするとよいでしょう。

ＰＰは、重点商品をアピールすることなので、食品や日用品ではエンドやミニテーブルなど、衣料でしたら一点掛け、ミニステージとか、またホームファッションでいうところのエンド平台などです。

それからＩＰは定番商品のある場所を意味します。商品を見やすく、触りやすく、選びやすく、取りやすく、返しやすく陳列することが求められます。ここでの目立つところは、ゴールデンラインです。お客様の背の高さにより、若干違ってきますが、床上六〇センチから一二〇センチまでの間を言います。メイン客層と同じくらいの背の高さの販売員に立ってもらい、大ざっぱに言えば肩の先からひざ上までの間がゴールデンラインと考えるとわかりやすくなります。

壁面では、手が届く所がＩＰ、手が届かない上の方はＰＰと区分します。ＩＰの中から、今、売りたい重点商品をＰＰに陳列し、遠くからでも目立つように、看板サイン代わりとしても使います。

ですから、重点商品と決めたら、ＶＰやＰＰなど、より目立つところだけでなく、まずＩＰで知恵を絞り、陳列位置はどうか、フェイスはどうしようかと考えます。もっと売りたいのであれば、エンドやミニテーブル、一点掛けにも陳列します。さらにもっと売りたいのであれば、周りを見ますと、ちょうどレジの脇に平台があります、特設コーナーにステージがあります、そこでも陳列しましょうとなります。ただし、重点商品だけでは売場が埋まらないから、ほかの部門と一緒になって合同展開テーマでやりましょうということです。本当に、売りたいのであれば、一カ所ではなく、二カ所、三カ所あって当然ではないでしょうか。個人プレーではなく、これを仕組みで運営することが大切です。だから売れにくい時代でも売れるのです。

別の言葉でいうと、衣料を担当している人は知っていると思いますが、陳列を計画的に変えるという意味のライジングがあります。太陽が昇るというあのライジングです。商品を見えない所から見える所へ出してやる。後ろから前面へ、下から上方へ出してやる。売れなければ、売れる所へ出してやる。これを計画的に行なうことが、52週ＭＤなのです。

週別ＶＭＤ計画書の内容

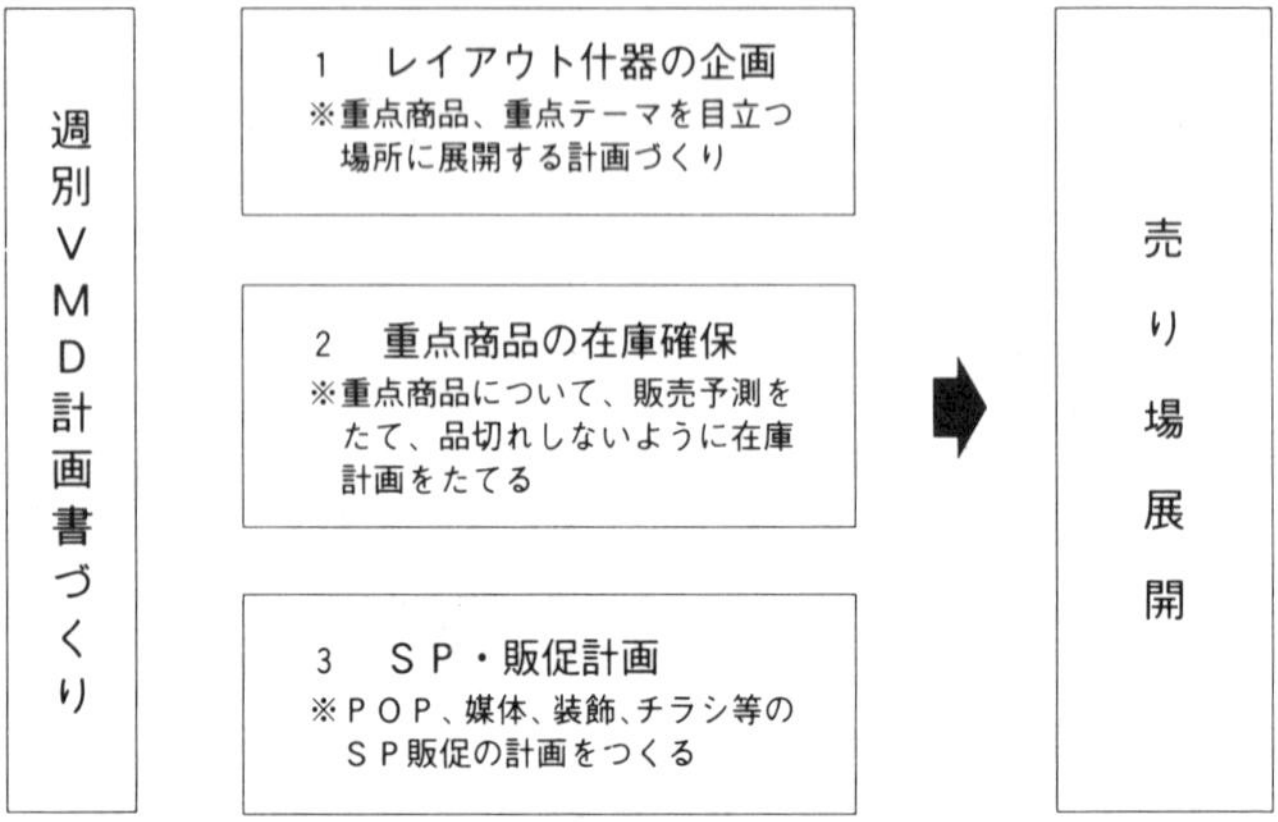

週別ＶＭＤ計画書づくり
1　レイアウト什器の企画
※重点商品、重点テーマを目立つ場所に展開する計画づくり
2　重点商品の在庫確保
※重点商品について、販売予測をたて、品切れしないように在庫計画をたてる
3　ＳＰ・販促計画
※ＰＯＰ、媒体、装飾、チラシ等のＳＰ販促の計画をつくる
売り場展開

(7) 週別ＶＭＤ計画書をつくる

週別ＶＭＤ計画書とは、重点商品の売り方、見せ方、伝え方を売り場で実施してもらうための提案書（指示書）のことです。企業によって、その呼び名は様々です。単純に「重点商品情報」であったり、売り場で徹底してもらうために「徹底情報」と呼んだり、ストアガイド、オペレーションガイド、週報などと呼んでいます。

詳細については後述しますが、資料「週別ＶＭＤ計画書の内容」を見てください。ＶＭＤ計画書は、①重点商品（重点テーマ）は何か、②なぜその商品、そのテーマを選んだのか（選定理由）、③重点商品の中では何を特に売りたいのか（単品、量目、サイズ、価格、色、デザインなど）、④いくつ売りたいのかという目標金額、目標数量（ＰＩ値・一〇五頁参照）、及び基準在庫数量、⑤どの場所でどんなレイアウトで展開するか、⑥どのような展開方法で見せるのか、売るのか、⑦どんな方法でお客様に伝えるのか（ＳＰ販促計画）などで構成されます。

企業によって、フォームや書き方は違って当然ですが、計画する人の意思や想いが、計画時に参加していない人にどこまで伝わるかが大切なことです。簡単に、ビジュアルに、翻訳しないでもすぐ手と足が動く計画書づくりを目指します。

2　重点商品と決めたからには何をするか

今までは、いわゆる「重点商品というのはこうやって決める（商品の選択方法）」という話をしてきました。どんなに選び方、作り方が良くても、売り場で実施され演じられて、お客様に伝わらなければ、意味がありません。では「重点商品と決めたからには何をするか」。これも、店で演じる担当者の工夫だけに任せるのではなくて、本部から「今売れています。積極的に売ってください」、「Ａ店の成功事例です。真似してみてください」というように、必ずお店に対して売り方、見せ方、伝え方までを提案しなければいけません。

商品を並べるだけでは売れない時代になったのですから。本部は各店からの情報を集めて、見られる立場にあります。売り方、見せ方、伝え方の提案がきちんとしていないと、売り場としては、計画した人の意図がわからず、したがってどのように売ってよいかわからず、売る元気も出ません。

何度でもいいますが、商品力＝仕入力＋販売力＋支援力の総合計なのです。これはまさに企業力そのものです。ですから、商品をもっと売るためには、売り方、見せ方、伝え方の工夫を皆で寄ってたかって出し合うのです。

(1) 販売はどうするか

販売面では、①目立つところで、②目立つように、③商品のバラエティさを増やすようにしてください。商品のバラエティさを増やす方法には二つあって、一つはＳＫＵを増やす。もう一つは、同じもの、似たようなもの、関連するものは一カ所に集めることです。これが、重点商品と決めたら売り場でやることです。以下、細かく説明をします。

①目立つところで

目立つところとは、どこの場所のことでしょうか。出入り口周辺、主通路沿いのエンド、平台、テーブル、特設コーナー、催事場、レジポケット什器などが思い浮かびます。このことは事実ですが、これだけを考えると重点商品は全て、以上の場所だけに、並ばなければならないことになります。

簡単なチェックポイントを説明します。やってみてください。売り場に行って、五メートルくらい離れて「あそこで何かやってる」と気がついたら「合格」の一つの評価基準だと思います。約五メートルの距離の目安は、天井が九〇センチのジプトーン天井になっていますから、五枚、六枚分です。あるいは、床のＰタイルは一辺三〇センチですから一六、一七枚分が約五メートルです。五メートルは絶対ではありません。さしたる根拠があるわけでないのですが、売り場に行ったときの感覚で、結構です。

私たちが五メートル離れて気がついても、お客様は五メートルからは気がつかないものなのです。どうしても近くの商品売り場のほうに気をとられていますから。

つまり、お店の人が五メートル離れて気がついていても、お客様は、その半分の二、三メートル近づいてやっと気がつく。あるいは、お店の人が二、三メートル離れて「そこで何かやってるぞ」と思ったら、お客様は一、二メートル近づいてしか気がつかないのです。お店の人が一、二メートルで、「ここで何かやってるぞ」と思っても、お客様は全く誰も気がつかないのです。このようなことが、実はしょっちゅうあるのです。自分でわかっているつもりでも、実はお客様はわかっていないのです。自分が思うほどには、売り場づくりができていないと思ってください。

店の人と、お客様の間には大きなギャップが常に存在すると考えて仕事をすべきです。お客様が悪いのではなく、私たちの売り方、見せ方、伝え方の工夫が不足していると素直に認めてください。だから、目立つところでという意識をすることが必要なのです。これができて初めて、お客様に重点商品として認知されるのです。だから、重点商品は二倍、三倍売れるのです。一・一倍とか一・三倍などと、そのようなもっともらしい数字を消極的に考えることではないのです。重点商品というのは、そこまで徹底して売れば、本当に二倍、三倍は夢でもなんでもありません。そのような実績はいくらでもあります。

「なんだ、そんなの当たり前」。当たり前だけれど、やっていますか？　もはや知っている、知らない、というのは大したことではありません。みんな知っているのですから。わかっているか、わかっていないか。みんな大体わかっています。今問われているのは、やっているか、やり続けられるシステムになっているかどうかです。やり続けるしかないのです。やるか、やらないかの段階ではなく、やり続けるシステムがあるかどうかで差がつきます。「やってますか？　やってなければ、わからないのと同じですよ」といつも言っています。

お客様の動線調査を実施すると、本当に小さい店でも、お客様はくまなく売り場を回っていないのだなと、ショックを受けます。売り場はどこでも全て家賃が発生していますから、お客様が通らないとか、行かないというのはとんでもない話です。だから、大きい店を作ることが良いわけではなくて、きちんとお客様が奥まで入って回ってくれる売り場を作りたいと思います。そのためには、レイアウトの良し悪しだけではなくて、商品の売り方と見せ方、商品の価格、適量目、陳列する場所、陳列フェイス数などが、相互に関連し合っていることに気がつく必要があります。

②目立つように

目立つようにするためには色々な方法があります。ＰＯＰを付ける。ＰＯＰとは、ポイント・オブ・パーチャスの略で、購買時点広告のことです。「ポップ」と言っても、「ピーオーピー」と言っても意味は同じです。ただ、ＰＯＰは、お客さまが気がついているようで気がついていないことがあります。次に声を掛けること。声掛けはお金の掛からない販売促進と言われています。本当にそう思います。ＰＯＰで目立たせるよりも声を掛けたほうが、お客様が振り返ってくれた経験を多くお持ちでしょう。ＰＯＰも重要ですが、売り場担当者がいるのだったら、声を掛けたほうが目立つようになります。

あるスーパーマーケットでこんなことを実践しています。商品をカットする（売り場から外す）かどうかは、①場所、②商品の特徴、③価格の是非を確かめてから行なうそうです。つまり、①お客様はその商品の場所がわからないから買わないのではないか、②お客様はその商品の特徴がよくわからないから買わないのではないか、③お客様はその商品の価格が高いから買わないのではないか、と考えるとのこと。そのために何をやるかと言うと、①では、場所を変えてみる（上段から下段の手にとりやすい場所に移すなど）、複数の場所に陳列してみる、②では、声掛けや試食（無人ではなく、ピーク時間に限って有人での試食）、メニュー提案を実施する、③は期間を区切って価格を下げ、ＰＯＰで強調するというわけです。その結果、売れない（と思われた）商品が売れるようになるということです。

まさに、「目立つように」の実践です。少し余談になりますが、②の試食やメニュー提案は、どこでもやったりやってなかったりで、十分に定着していないように思います。なぜでしょうか。ルールがないからです。私は次のようなルールを作って説明しています。

●試食のルール

①商品の選定基準を決める

どんな商品でも試食に出せばよいのではなく、「旬」「新」「珍」「Cランク商品」に絞ります。旬とは今が旬の商品であり、新とは新商品、珍は珍しい商品です。「Cランク商品」は、ABC分析でCランクに位置付けされる、いわゆる売れない商品です。問題は、本当に売れないのかどうかであり、気がつかれなくて売れない場合が多いのです。試食に出して声掛けしたら売れたという報告も多数上がっています。

②提供時間を決める

開店から閉店まで（あるいは夕方のピークタイムが終わるまで）一日中、実施するか、ピークタイム（昼、夕方）のみか、お客様がおなかがちょっと空いたとき（昼前、三時ごろ、六時ごろなど）。なぜなら、おなかが空いたときは、食べ物がおいしく感じられるでしょう。開店から閉店までは無人の場合が多く、ほかは、人手の問題もありますが、有人で行なうようにしたらよいと思います。

③提供方法を考える

マネキン（メーカー、ベンダーより）や社員による有人か、無人かのどちらになります。有人は人件費はかかりますが、効果は無人の三倍以上といわれています。無人は人件費はかかりませんが（商品補充に作業がかかる程度）、メンテナンスを気にしないと、汚らしくなる恐れがあります。

●メニュー提案のルール

最近、キッチンサポートカウンターを設置して、メニュー提案を継続的に行なう店が増えつつあります。ただ、人件費や設備償却費などを含めて、年間五〇〇万円くらいかかるようです。大切なことは、無理なく継続できる程度のレベル、つまり各売り場で重点商品を使用したメニュー提案に絞ることでしょう。

①簡単な料理サンプルを作る

重点商品を使った一〇分間くらいで料理ができるメニューに限ったらどうでしょうか。TVで「三分間クッキング」という番組がありますが、来店するお客様の店内滞留時間が減少傾向にあるので（スーパーマーケットで平均約一〇分と言われています）、あまり複雑な、手間のかかる料理は敬遠されます。

②レシピを用意する

作り方の説明書を用意しておきます。料理本がたくさん出ていますし、料理研究家と契約している企業もあるでしょうから、既存のレシピを使用したほうが手間がかかりません。なかには、パート社員が自前のオリジナルレシピを作り、コピーしている場合もあります。

③関連する商品を陳列する

作ってみようと思わせるためにも、買い物の手間を省くためにも①と②と一緒に、関連する商品を陳列したほうが効果的です。メニュー提案を行なうことは、手間がかかります。最終的にメニュー提案が継続するかどうかは、売りにつながるかどうかです（費用対効果）。提案している商品とメニューに必要なその他の関連商品が売れれば、メニュー提案が支持されたと考えてもよいはずです。関連陳列については後述します。以上がメニュー提案を効果的に運用するための三点セットです。

●ＰＯＰの取り付け原則

ＰＯＰをつける場合、以下の原則を必ず守ることです。

まず、一番目、商品自身で語らせることです。これができればＰＯＰは必要ありません。ＰＯＰの取り付け原則なのに、おかしなことを言うと思うでしょうか。

二番目、商品自身で語り得ないもののみＰＯＰを付ける。

三番目、ＰＯＰを付けるときには、良い商品はより良く見せるＰＯＰを付ける。安い商品は、より安く見せるＰＯＰを付ける。良い商品とは、こだわりや今までと違う特徴がはっきりしているなど、価格以外に強みを持っている商品のことです。

これが、ＰＯＰの取り付け原則です。資料「ＰＯＰの基本的考え方」を参照してください。一番重要なのは一番目です。商品自身で語らせるというのは、商品そのものの特徴、姿、形をありのままに見せたり、商品のパッケージの表面を見せたりすることです。また前進陳列で商品がたくさんあるように見せたり、フェイス数を拡げると目立たなかった商品も目立つようになります。実際に二フェイスで商品を陳列し、売れないと、一フェイスに縮めることがありますが、反対に思い切って三フェイス以上に拡げたら、売れるようになった商品もあるのです。目立たなかったから、お客様に気がつかれないで、売れなかったのでしょう。衣料でもショルダーアウト陳列をフェイスアウト陳列に変えたら、売れ出したという経験もあります。このようなことがきちんとできた上でのPOP作成と取り付けであるなら、大いに結構です。そうでないと店内はPOP洪水になり、行き過ぎるとPOP公害になります。

何のためにPOPをつけているのでしょうか。いい商品でも、手書きのPOPを急に付けてみたり、POPが汚れていると、商品価値は落ちてしまいます。

安さを強調する場合は、数字を大きく、商品説明は最小にします。良さを強調する場合は、商品説明が数字より重要になるでしょう。

商品とPOPはワンセットだと思っています。POPを見たら、その商品の価値がお客様に伝わるようにしたいものです。大きいPOPを付ければ良いのではないのです。いつも、POPというのは商品とワンセットであると意識してください。遠くからお客様が見たときに、確かにPOPは目立ちます。POPの表現なり、POPの書体なり、POPの

ＰＯＰの基本的考え方

お客様に対し、商品そのものを効果的に見せ、商品に関する特性や情報を伝えることによって、共感を獲得し、購買動機を促進するための店内展開

訴求のしかた

(1)　商品そのもので訴求

◇情報訴求……ファッショナブル（デザイン、色合い、流行、シルエット）

注意点　・商品そのもので訴求しなければならないのにムードＰＯＰ（「今年の流行!!」等）で演出することにより、商品の良さが伝わらず、チープに見え逆効果になる。

(2)　商品自体では語り得ない特徴訴求

ＰＯＰ表示は、商品が商品自体では語りえない特徴を持つ時だけ必要な表示である。

◇価格特徴内容……
- ・シーズン当初より安い
- ・メーカー希望価格より安い
- ・当店通常価格より安い
- ・相場変動のため通常より安い

注意点　・セールではない商品にセールＰＯＰをつけることにより、お客様の信用をなくす。
・セールＰＯＰの過剰取付により、質の高い商品が埋もれてしまう。

◇価値特徴内容……
- ・商品の機能性・素材
- ・便利性
- ・産地・製造方法・食べ方・素材・輸入方法調理方法・その他

注意点　・抽象的表現、見ればわかるものの訴求をさける。

色が、ある面では商品の価値を表現しているのです。ですからPOPを機械的に取り付けるのではなく、「この大きさでよいのか。その位置でよいのか。商品の特徴が伝わるか」と確認をします。このような手順を踏んだ上でPOPを付けるのは、大いに結構なことです。これが、「目立つように」ということです。

③商品のバラエティさを増やす

商品のバラエティさを増やすとは、いっぱいある感じ、豊富感、ボリューム感ということです。ボリューム感があるから、安心して、買ってみようと思うでしょうし、多くのものの中から選べる満足感を感じるのでしょう。小売業界では、しばしばボリュームという言葉が使われますが、ボリューム感とボリュームに分けたほうがよいと思います。店長や本部、本社の幹部、経験豊富なベテランの人が店に来て、「ボリュームがないと売れない」という言い方をします。それによって、売り場では、商品の陳列量を増やし、作業を増やした結果、売れるどころか在庫回転率を悪くしているのです。ボリュームではなく、ボリューム感は必要です。一杯ある感じがないと、お客様は商品に気がつくことがないでしょうし、買う意欲もわきません。前進陳列も、立派なボリューム感を出す工夫です。

私は、このように分けています。ボリュームとは、「販売量（売上高）に見合わない陳列量（在庫高）のこと」であり、ボリューム感とは、「販売量（売上高）に見合う陳列量（在庫高）のこと」と訳します。このように定義を決めて、売り場で確認していく必要があります。「ボリュームがない。ボリュームがないから売れない」というのも一理あります。商品がたくさんないと、目立たないから売れないのも確かです。しかし、ボリュームがあるから売れるかというと、たとえ売れても、商品が残ったら何の意味もないのです。ところがボリューム感は違います。陳列の仕方で、ダミーやアンコをうまく使ったり、ショルダーアウト陳列をフェイスアウト陳列に変えたりして、一杯あるように見せることです。作業量は陳列量に比例します。作業をスマートにするためには、在庫を意識した仕事の仕方をすることです。ボリュームよりボリューム感を大切にして、楽に楽しく仕事ができるように工夫してみてください。

商品のバラエティさを増やす方法は二つあります。一つは、ＳＫＵを増やす。もう一つは、同じもの、似たようなもの、関連するものは一カ所に集めることです。

●ＳＫＵを増やす

ＳＫＵとはストック・キーピング・ユニットの略です。この定義は、「これ以上分割できない、商品の最小管理単位のこと」、いわゆる単品です。商品部の人や売り場で発注している人は、毎日、単品（商品）を扱っているから、当たり前のようにＳＫＵの話をしていると思います。パート社員の教育をしていると、この意味をよく聞かれます。「本部からの情報の中でSKUの言葉が多数出てきますが、どのような意味ですか」と。あるいは、知っていますという人もいますが、「では、説明してください」と聞くと、ほとんどの人は、きちんと説明できません。説明ができなければ、発注作業に役立たないのです。どれだけパート社員にわかりやすく説明できるかというのも、これからの重要な課題です。何度も言いますが、商品力とは仕入力だけではないのです。販売員の売り方、見せ方、伝え方、つまり、販売力も商品力を構成する一つなのです。

SKUを増やすとは、サイズや量目、色や柄、価格ラインやブランド、種類を増やすとです。なぜなら、重点商品を買ってもらうために、買ってもらいたい人（メイン客層）のご要望に全て対応したいからです。例えば、衣料は「サイズが命」ですから、「フレッシュマン」という重点テーマでカラーシャツを重点商品にする場合、ネックサイズが三六から四六まで品揃えするということです。このことは、確かに回転率が悪くなるかもしれませんが、今の売れにくい時代にどれだけサイズバラエティーを増やすかというのは、お客様の店の信頼性（ストアロイヤルティ）や競合店との違いを出すためにとても大切なことです。

食品でも「カレー」が重点商品（重点テーマ）の場合、家庭用サイズの甘口、中辛、辛口の味の三ＳＫＵをきちんと揃え、場合によっては、激辛があれば、加えて四ＳＫＵ、さらに、業務用サイズの甘口、中辛、辛口を加えて売り場で展開することもあるでしょう。生鮮食品でも、魚で平日一切れ、二切れ、三切れパック（三ＳＫＵ）、土、日曜の週末には、五切れ以上の大型サイズパックを加えます。肉でも豚ロース薄切りを小、中、大の三ＳＫＵ、チャンスがあれば特大を売り場で展開します。特にスーパーマーケットでは、足元の基礎商圏から確実に来店し、食生活を営む全ての人に買ってもらうために、ＳＫＵを増やします。生鮮食品の場合、値下げロスや廃棄ロスが生じる恐れもありますが、お客様が「絶対に買える」品揃えを実現したいものです。

ただし、ＳＫＵを増やすことは手段であって目的ではありません。ＳＫＵを増やしても売れない（人気のない）サイズ、量目、ブランド、色、柄、味などは、きっとあるでしょう。しかし、一度は増やしてみて、お客様の反応を見るという行為は必要なことです。もし、うまくいかなければ、その時カットしたり縮小してみてはどうでしょうか。それでも重点商品と決めたら、「一、二、三（一切れ、二切れ、三切れ）の原則」、「小、中、大（Ｓ、Ｍ、Ｌ）の原則」だけは守ってください。今や少量や小さいサイズ、バラ売り（生鮮食品の場合）などは、イレギュラーサイズと考えるより、「適量」サイズと理解すべきです。

●同じもの、似たようなもの、関連するものは一カ所に集める

ボリューム感は、①ＳＫＵを増やすことと、②同じもの、似たようなもの、関連するものを一カ所に集めることで実現します。部門内、カテゴリー分類内でくくったり、まとめたり、コーディネートするのです。あるいは、部門、カテゴリー分類を超えて、重点商品（重点テーマ）で集合、合同展開します。目的はさらに、もう一点買っていただき、売上高を上げるためです。このことは、買い物するお客様にとっても、利便性があり、買いたい商品をあちこち回って買う手間（場合によっては見つからない失望）を省くことになります。

売り場では、商品の関連性や隣接性を考え、例えば衣料洗剤と仕上げ剤、防寒小物とマスク、文房具と玩具など、当たり前のように陳列されています。しかし、買い物の仕方が変わり、買い物する時間まで変わると、売り場もそれに対応した陳列が必要になります。夜七時三〇分ごろあるスーパーマーケットで動線調査を実施しました。そこでわかったことは、売り場をくまなく回るお客様は少なく、かなり直線的に目的の売り場に向かっていることです（当然、滞留時間は短くなります）。一番多く立ち寄っている売り場は、惣菜・寿司、以下、パン（インストアベーカリー含む）、飲料、冷食（アイス含む）の順でした。ということは、このような各売り場は近くにあったほうがよいということになるで

しょう。レイアウト配置だけでなく、商品も同じもの、似たようなもの、関連するものは一カ所に集めたほうが売れることがわかります。

ところが部門が違ったり、担当者が違うと、縄張り意識が働き、お客様には必要なこととわかっていても、面倒くさがってやらないことがよくあります。ですから、重点商品（重点テーマ）が決まったら、この時こそ、関連する部門、商品が寄ってたかって集まるのです。お客様にとってよいことは、多少、手間がかかってもやってみて、喜んでもらい、結果、売上高を上げたほうが良いと思っています。

このようなことを、コーディネートや関連陳列と呼んでいますが、特別な新しい言葉や技術ではありません。ただ、確実に定着していないのです。やったり、やらなかったりが日常茶飯ではないでしょうか。そこには、ルールや原則がないから定着しないと考えています。私は関連陳列について以下のように原則を決めています。あくまでスーパーマーケットの生鮮食品中心の場合ですが。

●関連陳列の原則

一番目はまず、ＰＢ（プライベート・ブランド）を陳列する。価格が安くて、しかも値入率の高いＰＢ商品をきちんと陳列します。また、陳列スペースがあるのなら、二番目は、ＮＢ（ナショナル・ブランド）の中でトップシェアの商品、つまり、売れ筋商品や人気商品をその次に陳列します。三番目、もしスペースに余裕があるのなら、食べて無くなるもの、使って無くなるものを置きます。例えば、秋口のサンマでいうとポン酢を関連で陳列します。ＰＢ商品があれば、まず陳列しますが、もしなければＮＢ商品の人気商品を陳列します。さらにスペースに余裕があるのならレモンも置きます。大根も塩も置きます。これらは食べて無くなるもの、使って無くなるものです。もし、まだスペースに余裕があるのだったら四番目、食べて無くならないもの、使って無くならないものを陳列する。大根おろし器が代表的なものでしょう。このように原則を決めないと、いろいろな商品がゴチャゴチャと陳列され、かえって買いにくい売り場になります。

クロス・マーチャンダイジングと言う人もいますが、ようするに関連陳列のことです。この技術は以前からありますが、仕組みがないので継続できないでいるのです。なんでもかんでも陳列すればよいのではなく、原則を知り、順番を考えてやることです。

このような売り場が常にできれば、それこそ「今晩のおかずが目に浮かぶ売り場」になるでしょう。目立つところで、目立つように、商品のバラエティさを増やすこと。これが重点商品（重点テーマ）と決めたら店で売り場で販売側でやるべきことです。

(2) 重点商品の在庫確保

「重点商品を売ろう」と言っておきながら、ブツ（物）の準備ができていない、少ない、補充ができないのなら、まさに掛け声倒れです。大枠の年間販売計画、商品計画は、六カ月ほど前に作られることが普通です。特に衣料部門やスポーツアパレル、ホームファッションの分野では、この傾向が強いようですが、食品では、四カ月ほど前に作られるようです。

各商品部門では、カテゴリー別、単品ごとに販売計画（仕入計画）を組み立てたり、年間の生活や催事（季節商品）の展開スケジュールと単品計画を立案します。

この時に大切なのは「いくつ売れるか」という予測であり、さらに「いくつ売る」かという意思（方針）です。おそらく、昨年の実需マトリックスに基づき、いくつ、いくら売れたから「今年はこのくらいだろう」と考えるはずです。しかし、販売データの集計がおざっぱであれば、販売計画の精度は低くなります。また、売れた理由があいまいであったり、売り逃がしが多かったり、売ってなかったり（本当はもっと売れたはずなのに）であれば、自信を持って計画を作れないでしょう。たとえ、単品ごとにデータがとれても、売れた理由、売れなかった理由をきちんとつかんでいないと、予測も見当外れになるし、機会ロス（品切れ）と値下げロス（品余り）が生じることになります。もちろん、小売業は見込み発注ですから、ピタッと当たることはないと思いますが、あらゆる角度から商品の動向をつかまないと、積極的で確実な計画は立てられません。

そのためには、全単品ではなく週別に重点商品（重点テーマ）を中心に立案した計画を店（売り場）と確認会を実施し、売り場で展開していくつ売れた、なぜ売れた、売れなかったのかを追跡し続けることです。そうすれば、重点商品（重点テーマ）については、精度の高い情報が得られ、次年度の計画に活かすことが可能です。正しい計画は、正しい（と思われる）予測の前に、現場・現物・現実をきちんと見ることでしょう。また予測に基づく計画も、昨年の引き延ばしではなく、意思を持った計画が必要です。ですから、その時には、「絶対に今までの何倍も売るぞ、しっかりやるぞ」と言って、在庫を確保してください。一・〇二倍とか一・一五倍というように電卓でもっともらしく計算した数値を言わないで、重点商品は二倍、三倍売ろうと思ってください。

実際、あるスーパーマーケットでこういうことがあったのです。デリカ部門で、「おにぎりを重点商品にして売り上げを上げよう」という話になった。本部商品部が予測したのは昨年の二倍でした。ところが各店にそのガイドラインを出して、「店はいくつ売るか？」

とアンケート調査を実施し集計をしたら、三倍になった。実際に売ってみたら売上高は昨年の四倍にもなった。計画というと、「一・二一倍かな」とか、小数点まで細かくやるが、やってみたら三倍、四倍の世界なのです。「厳密に計画をつくるとはなんだろう」と思ってしまいます。いつも私たちの仕事は、見込み発注、ともすると、消極的な思い込み発注と反省すべきです。

また最近、特に食品部門ではPI値という指標を使います。パーチャス・インデックス、購買指数のことです。一〇〇〇人の客数当たりの売れる点数を点数PI値、一〇〇〇人の客数当たりいくら売れるのかというのは、金額PI値といいます。この指標はとても便利であり、店の規模や客数の違う店を比較する時にでも共通のモノサシになります。「PI値が五〇」とは、客数が一日一五〇〇人のところでは一〇〇〇分の一五〇〇×五〇＝七五、つまり、七五点が売れるということになります。資料「第30週水産部重点商品〈たらこ〉」を参照ください。

PI値の使い方によっては、「これしか売れない」という消極的な数値になりがちです。本部の計画では目標PI値を決めるときに、多分、売れた店も売れない店も数値を合計して、店数で割る、つまり各店ごとの平均を出します。そうすると、店によって、本当は五倍くらいの開きがあるのに、これしか売れないと思ったり、こんなに売らなければならないのかとつい考えてしまうのです。あるメーカーが発表しているのですが、ほぼ同じ店舗面積、ほぼ同じ売上高の二店舗で、同一商品が売り上げで五倍開きがあるというのです。なぜか。売る工夫を重ねている店がある一方で、せっかくテレビコマーシャルで流れているのに、売り場で展開していないところ、売り場にあるけれど、まるで目立たないところがあるからです。

本当は店ごとに、PI値で五倍も開きがあるのに、つい平均で話をしがちです。店によってPI値が二〇のところもあれば、PI値が一〇〇のところもあるのに、この場合平均PI値は六〇になります。これは間違いだと思うのです。なぜかというと、PI値というのは、頑張って売った事実もPI値だけれども、頑張らなくて売らなかった事実もPI値なのです。頑張って売った実績があるのだから、これが全店の目標PI値です。お互いの仲間の店の中で、同一商品、同一テーマで頑張って売った事実があるのだから、それがみんなの目標になるべきです。

頑張らなかったところが多いと、結果的にPI値は下がります。そうすると、「え、これしか売れないの」ということになります。違うのです。これは重点商品（重点テーマ）発想を組織に根付かせるためには、非常に重要なポイントです。店が多くなればなるほど頑張って売った店もあれば、頑張らなくて売らなかった店も出てきます。ですから売り場

第30週水産部重点商品〈たらこ〉

■PI値順位

順位	店舗名	PI値	順位	店舗名	PI値
1	T 店	16.1	31	⋮	5.9
2	O 店	12.7	32	⋮	5.8
3	S 店	11.7	33	⋮	5.8
4	I 店	11.5	34	⋮	5.7
5	⋮	10.7	35	⋮	5.6
6	⋮	10.5	36	⋮	5.6
7	⋮	10.4	37	⋮	5.3
8	⋮	9.4	38	⋮	5.1
9	⋮	8.8	39	⋮	4.8
10	⋮	8.6	40	⋮	4.7
11	⋮	7.9	41	⋮	4.6
12	⋮	7.7	42	⋮	4.4
13	⋮	7.3	43	⋮	4.2
14	⋮	7.2	44	⋮	4.1
15	⋮	7.1	45	⋮	4.1
16	⋮	7.0	46	⋮	4.1
17	⋮	6.9	47	⋮	4.0
18	⋮	6.9	48	⋮	3.9
19	⋮	6.8	49	⋮	3.8
20	⋮	6.7	50	⋮	3.7
21	⋮	6.5	51	⋮	3.7
22	⋮	6.4	52	⋮	3.6
23	⋮	6.2	53	⋮	3.6
24	⋮	6.2	54	⋮	3.5
25	⋮	6.1	55	⋮	3.5
26	⋮	6.0	56	⋮	3.3
27	⋮	6.0	57	Y 店	3.3
28	⋮	5.9	58	M 店	3.1
29	⋮	5.9	59	C 店	3.0
30	⋮	5.9	60	A 店	3.0

で常に売り方、見せ方、伝え方のチェックをして、結果である数値と照合してほしいのです。商品が良くても、価格が安くても、売り方、見せ方、伝え方が悪いとPI値は下がってしまいます。ぜひ、売れる事例をたくさん探してほしい、売れる理由を見つけてください。

(3) 販売促進部は串ざしセクション

重点商品、重点テーマのPOP作成と部門串ざし企画が必要になります。この仕事の中心的役割は販売促進部が担うべきです。単なるチラシ広告屋であったり、POP屋というより、販売促進部の仕事は、商品部の商品計画と販売部の立案する販売計画をチェックして、お互いの矛盾点、例えば、展開時期、重点テーマや重点商品の違いなどを調整し、修正、統合してより良い販促計画を作ることです。

つまり、販売促進部（企業により、営業企画部、SP部などと呼ばれる）は、本部と店舗をつなぐ、串ざしセクションになってほしいのです。

資料「販売促進部の役割Ⅰ（部門間の串ざし）」を見てください。これは、一般的に週別の重点商品や重点テーマが決まる過程、単品計画、ライフサイクル（展開時期、ピーク、

販売促進部の役割Ⅰ（部門間の串ざし）

計画情報	実施頻度	関連部門	内容
①年間商品計画（商品カレンダー）（52週）	6ヵ月前に立案	商品部	全ての計画の基礎となる計画。バイヤー別商品政策、重点商品の年間仕入、販売計画、年間催事に対する商品展開スケジュール。
②四半期商品計画（13週分）	6ヵ月前に立案	商品部	月間週別重点テーマ、クラス別重点商品の販売計画。年間生活催事は年間商品計画スケジュールに基づき単品計画、ライフサイクル、売り方、媒体まで立案。
③月間店舗運営計画（4週分）	2ヵ月前に立案	商品部 店	週間単位の重点商品の販売計画（3ヵ月前バイヤー作成後、店と確認会実施）
④月間商品計画（4週分）	3ヵ月前に立案	商品部	翌月の重点商品の仕入、販売計画の確認。（営業会議）
⑤反省と当週重点商品情報	毎週水曜日発信	商品部	前週の反省と重点商品の産地、売り場、メーカー情報を基に販売面での打つ手の提案。

収束期）、売り方、見せ方、販促媒体（チラシ広告、ＰＯＰなど）を立案する過程、商品部と店舗とのすり合わせ（確認会実施）、重点商品（テーマ）情報の提案と反省などの流れを表しています。組織は、もともとタテ割りが基本ですが、情報のスピードが早く、徹底しやすい長所があります。しかし、他部門の考え方、動きに無頓着であったり、あるいは、協力して総合力を発揮しにくい短所があります。売れにくい時代には専門力と総合力を発揮しなければ、勝ち残っていけないでしょう。調整する部門、コーディネートする部門がないと、総合力は発揮できません。商品部がやったのでは、商品寄りになりがちですし、販売部がやったのでは、店寄りになり、どちらも不満が残ります。

販売促進部の部門間の串ざしの役割は次のようです。

①年間商品計画（商品カレンダー）作成の段階で、商品部の説明を受けるだけでなく、マクロの動向（気温などの変化、昨年の行事、チラシ広告、商品の売れ筋、死に筋、今年の市場情報など）を調査し、積極的に伝えなくてはいけません。

②四半期商品計画（一三週分）作成の段階では、週別、月別、四半期別の重点テーマ、クラス別重点商品と売り方提案の説明を受け、投入（展開）計画時の見せ方、ピーク時の見せ方を知り、媒体などの伝え方を検討します。商品（せめて重点商品だけでも）がわからなければ、販売促進部はつとまらないと思ってください。

販売促進部の役割Ⅱ（効果的な媒体計画）

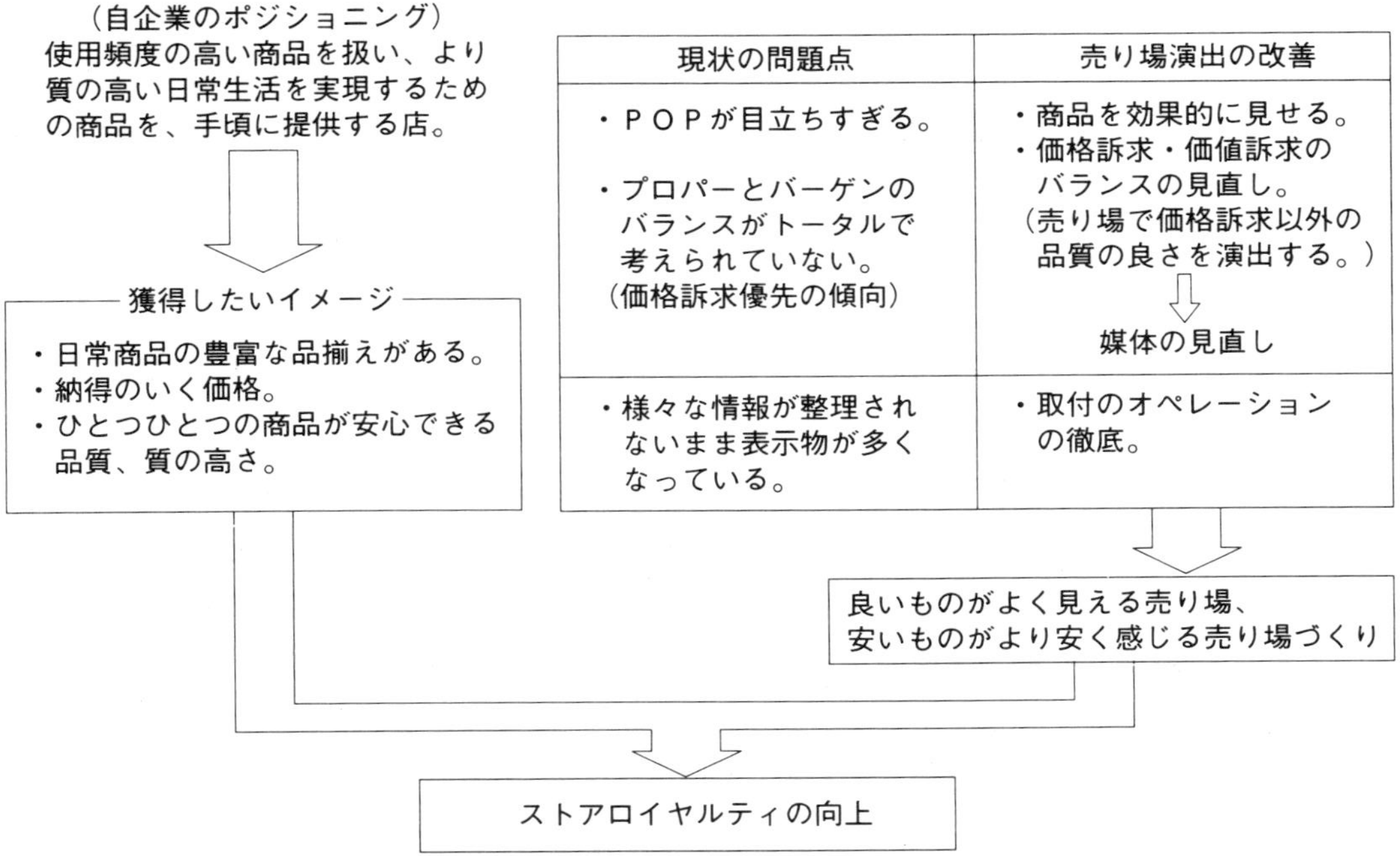
（自企業のポジショニング）
使用頻度の高い商品を扱い、より質の高い日常生活を実現するための商品を、手頃に提供する店。
獲得したいイメージ
・日常商品の豊富な品揃えがある。
・納得のいく価格。
・ひとつひとつの商品が安心できる品質、質の高さ。
現状の問題点
・ＰＯＰが目立ちすぎる。
・プロパーとバーゲンのバランスがトータルで考えられていない。
（価格訴求優先の傾向）
・様々な情報が整理されないまま表示物が多くなっている。
売り場演出の改善
・商品を効果的に見せる。
・価格訴求・価値訴求のバランスの見直し。
（売り場で価格訴求以外の品質の良さを演出する。）
媒体の見直し
・取付のオペレーションの徹底。
良いものがよく見える売り場、
安いものがより安く感じる売り場づくり
ストアロイヤルティの向上

③月間店舗運営計画（四週分）では、重点商品の売り方、レイアウト（展開位置）、使用什器などを知り、ＰＯＰの取り付け位置や使用数量を把握します。販売促進部では、昨年度、実際に売り場で展開してうまくいった好事例（ベスト・プラクティス）を写真に収めておいたり、同様に競合店の様子などを記録にしておきます。チラシ広告などもファイルしておき、販売テーマの違い、売りたい商品の紙面スペース、価格などを分析しておく必要があります。

④月間商品計画（四週分）の時点では、詳細の打ち合わせに立ち会い、変更点（特に生鮮食品は天候により重点商品が変わることがある）などを確認し、③と④のすり合わせ確認会（営業会議）にのぞみます。商品部の立場と販売部の立場、どちらにも偏らず、企業として売れて利益の上がる計画を推進します。

⑤当週の重点商品情報を基にモデル店舗を巡回し、情報がわかりやすく伝わっているか、売り場で実現されているか、競合店と比べて優れているか、テーマは、チラシ広告は的を射たものであったかなど（早すぎた、遅すぎた、内容は魅力的かなど）をチェックする。販売促進上の好事例については速やかに全店に流す。

以上の各過程において、販売促進部は重要な役割を果たし、企業力＝商品力＝組織力＝総合力のレベルアップに貢献してほしいのです。

　また、販売促進部は、効果的な媒体計画をより一層、推進しなくてはなりません。目的は、ストアロイヤルティの向上です。もちろん、POPだけの問題ではありませんが、現状はPOPが多すぎたり、少なすぎたりして、買いやすい売り場で商品を気持ちよく買ってもらう本来の売り場になっていません。正しい媒体のあり方を組織内に周知徹底しつづけ、商品中心に良いものがよく見える売り場、安いものがより安く感じる売り場づくりを目指すべきでしょう。すでにPOPなどについてはお話ししましたので、資料「販売促進部の役割Ⅱ（効果的な媒体計画）」を参考にしてください。

第3章　52週MDの仕組みづくり

1　重点商品（重点テーマ）を当たり前のものにするための前提条件

重点商品（重点テーマ）を当たり前のものにするための前提条件が整備されないと、52週MD（マーチャンダイジング）は効果が出ないと思ってください。いわゆるこれが組織風土です。このことは一朝一夕にはできませんし、ある面では我慢比べです。単発的に売上高を上げることは難しくありません。しかし、恒常的に売上高を上げ続けるのは、商品力＝企業力、ひとえに組織力によると考えます。特に組織が大きくなればなるほど、まとまりが悪くなります。本来なら、人の数だけ、店の数だけ、知恵が回らなくてはいけないのに（知恵んストア）、かえって大きい組織の弊害が目立ってきます。

私の好きな言葉に「変化の分水嶺《ぶんすいれい》」というのがあります。分水嶺とは、水の流れを分かつ山の峰のことです。例えば山の頂上に登って、水がどちらに流れるのかというと、どちらか傾いたほう（低いほう）に流れるはずです。その違いはたった一ミリ、一センチなのです。組織においても五一対四九なら流れが変わります。反対に四九対五一だったら、逆流するでしょう。たった一ポイント、一％が組織の中では大きいことなのです。

たとえば、店の中に一〇〇人が働いているとします。一〇〇人に、お客様からのクレームについて、今後見直すことを指示して、四九人は理解したのですが、五一人は理解していなかった。この場合五一人が多数派になり、理解した四九人は、いわゆる少数派になるのです。組織内では少数派（マイナー）は、だんだん減ってくるのです。なぜなら多数派でいたほうが住みやすいからです。強力なリーダーシップを発揮し、一気呵成に、自分の理解者を五一人（五一％）まで持っていくのです。そうすると、あとの四九人（四九％）はなだれを打って、理解者になってくれます。これが組織原則です。

(1)　作と演の信頼関係を築く

そのためにはまず、①作と演の信頼関係を築くことです。次に、②なぜできなかったのかを確認することです。この中には三つあって、作の問題、それから演の問題、そして調の問題です。作とか演とか調というように聴き慣れない言葉を使っていますが、組織内の役割分担がわかりやすいので、私は好んで使っています。

作とは、作る、Ｐｌａｎのこと。つまり、計画を立てる意味です。組織内では、本部、特に商品部がこの役割を担います。ここから転じて、バイヤーであり、バイヤーの立てる商品計画、あるいは重点商品情報も含みます。

演とは、演じる、行なう、Ｄｏのこと。つまり、実施する、実践する意味です。組織内では、販売部であり、店の店長以下、担当者になります。

調とは、調査する、調整する、コーディネートするという意味です。英語では、Ｐｌａｎ、Ｄｏに続くＳｅｅ（Ｃｈｅｃｋ）になります。本部スタッフ、特に販売促進部がこの役割を担います。重点商品（重点テーマ）を組織内に定着させ、効果を出すためには、作と演と調の信頼関係が欠かせません。

資料で「作、演、調の意味と役割分担」として図式化しましたが、レストランにたとえると、作は食材を揃える人（食材の仕入れ担当）、演は食材を調理して味付けする人（料理人）、調は料理を提供してお客様の反応を確かめる人（店長）になるでしょう。どんな素材を使っているのか、どのように料理しているのか、どのように、お客様におもてなしをするのか、どれか一つが欠けてもレストランの経営は成り立たないのです。

また、私は、言う人（作）、やる人（演）、やらせる土壌（調）というときにも、この言葉を当てはめます。優秀なリーダー（言う人）がいても、実践する人（やる人）がいなければ、優秀なリーダーは生まれないのです。また、優れた言う人とやる人が輩出する組織風土がなければ、優れた業績を残すことはないと思っています。

なぜ、調が三角形の上にあるのでしょうか。上下関係でもありませんし、仕事の重要度

作、演、調の意味と役割分担

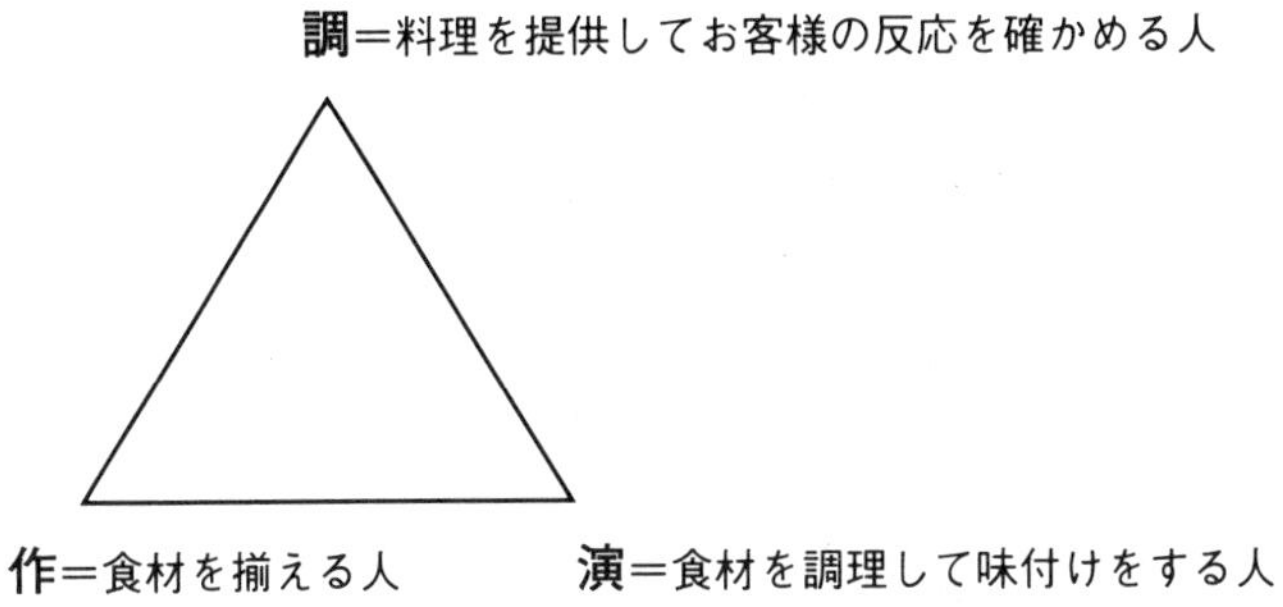
調＝料理を提供してお客様の反応を確かめる人
作＝食材を揃える人
演＝食材を調理して味付けをする人

合いでもありません。計画したことが（作）、できたのか、できなかったのか、守ったのか守らなかったのか（演）を知ることは、最低限の組織ルールです。しかし、なぜうまくいったのか、なぜうまくいかなかったのかの事実を調べないと（調）、原因と結果が結びつかず、結果オーライの世界になります。これでは何度やっても、知恵やノウハウは貯まっていかないのです。もっと簡単に楽に作業はできないか、もっと早くできないかなどは、多くの実践から好事例として抽出し、ルール化、法制化するのは、まさに調しかできないでしょう。これが調の役割です。さらに、良いことを全店、全員に早くわかりやすくフィードバックするのです。大きい組織になれば、なるほど「調」の存在は重要になります。販

調の重要性

・組織が大きい程「調」が大切。

チェーンストア＝知恵んストア（知恵を共有するストア）

↓

・知恵の共有化がはかれるためには、組織風土が大切。

↓

・組織風土を作るには、

同じ目線、同じ言葉、同じ基準で

話ができること。

↓

・組織全体を見られるのは「調」

売促進部は串ざしセクションになるべきであると話したのは、調の立場に立って、仕事ができるポジションだからです（資料「調の重要性」）。

多くの企業の各店舗を見ていると、良い企業と悪い企業の差がわかります。良い企業は店間格差の少ないのが特徴であり、悪い企業は反対に、良い店と悪い店の差が大きいのです。例えば重点商品を決めて、「全店で展開しよう」と提案したら、まずやってみるのが良い企業です。どの店に行っても同じようにできている、いわば良い意味の金太郎アメ企業です。しかし、やっている店とやっていない店があったり、やっていても言われたまで、店の工夫を加えていないなど、同じ企業でもまるで違うような店がたくさんあるのが悪い企業です。

個店特性や地域特性は大切なことですが、全店共通事項については、まず、やり切ることが組織ルールです。全店やってみて、はじめて計画が良かったのか、良くなかったのかがわかるのです。悪かったら、次に変えればよいわけですから。やりきらなければ、好事例も生まれないでしょう。なぜか良い企業は、調の機能が優れており、好事例をフィードバックし、定着させ、またフィードバックするという繰り返し、徹底がされているからだと思います。つまり、良い企業は調＞演＞作の順であり、悪い企業は、作＞演＞調の順であると言ってもいいでしょう。

作と演と調の関係の中で、組織内に不協和音が生まれやすいのは、作と演の間です。商品などの提案（作）があっても、店（演）は見ていない、やっていない。店長はチーフに十分に意図や内容の説明をしていない、だからチーフはパート社員に話すだけで、わかる、できるような言葉になっていない。なぜか。店は商品部が理屈ばかりで（現場のことを知らない）、自分の都合を押し付けるなどと思っていることはないでしょうか。反対に、商品部は、提案したことの半分くらいしか店はやらないのではないか、どうせ言ったって、無理かもしれないなどと思っていないでしょうか。これでは、52週MDなどと格好良いことを言っても、スタートラインからつまずいてしまいます。そのためには何をしなければならないでしょうか。

①パート社員が演じられる作づくり

商品部の提案、通達文書あるいは、重点商品情報（これらを総称して作と呼びます）は、むずかしい言葉が多く、翻訳が必要な横文字や業界特有の慣習語が使われています。まず、組織内でトップから幹部、パート社員、アルバイト社員に至るまで、同じ意味にとらえられる共通言語（同じ言葉）を使わなくてはなりません。難しい言葉を簡単に話せるようにしないと、経験の少ない人たちには理解できないのです。長い間、このことは改善されませんでしたが、近年のパート社員の急増をうけて、各企業ともわかりやすい言葉で話をするクセをつけようとしています。

私が常に意識しているのは、「知る」から「わかる」、「わかる」から「できる」言葉へということです。この意味は読んで字の如しと思われるでしょうが、仕事をしているとまるで違うことが実感できます。「知る」とは、「あなたの言うことはわかったよ」ということであり、数週間もすれば、「そういえば、聞いたことがあるな」程度の認識だと思ってください。ですから、「わかった」と言われたから「わかる、理解した」と、勝手に解釈してはいけないのです。コミュニケーションの難しさはここにあります。「言った」「聞いていない」という組織内でよく起こるコミュニケーショントラブルは、実際は言ったのだけれど、実際は聞いたのだけれど、忘れているのでしょう。

さらに「わかる」とは、「理解して納得して自分の回りにいる人たちに同じように説明ができる」ことです。相手に伝わるのは、知覚レベルで言うと、一段階、下のレベルと認めたほうがよいと思います。では、「できる」とは何か、「理解して、納得して自分の回りの人たちに同じように説明ができ、自分の手と足を動かして後姿を見せられる（自分がお手本）になる」ことです。このように考えると、組織内ではいかに消化不良の話し合いや説明が行なわれるかがわかります。自分の伝えようとしたことは、半分くらいしか伝わらないものです。これでは、決めることが全員に伝達されないし、根づかないし、浸透されないでしょう。

今は、個人技から組織技の時代になっています。個人の力は重要ですが、組織技（総合力）のほうがもっと重要だと思っています。組織技があって、初めて個人技が生きるのです。多くの人の知恵を借り、多くの人に理解してもらって、自分自身の仕事も円滑に進むのではないでしょうか。

ぜひ、できる言葉で話をしましょう。重点商品情報を出すときには、パート社員ができる、先週入ったアルバイト社員でもできるレベルをいつも意識してください。わかる言葉を言うのは簡単だけれども、できる言葉を言うのは非常に難しいのです。しかし、できる言葉にならないと、良い組織にはなりません。

②作を一〇〇%演じきる体制づくり

メーカーは売れない商品は作らない、バイヤーは売れない商品は仕入れないと思っています。また、そう考えようとつとめています。売れないとしたら店（売り場）の売り方、見せ方、伝え方が悪いからだと考えます。ところが、店では、売れないのは「メーカーが悪い」「こんな商品を店に送り込んだバイヤーが悪い」と考えがちです。ましてや自分より経験が浅い年下のバイヤーやスタッフに対しては、非協力的になるようです。

それでも、いつも店長や売り場の担当者に言っています。「言われたとおりにまずやってみてください」と。本部からきた提案をその通りにまずやる、ということが大切です。やってみて、おかしかったら文句を言えばよいのです。やる前から「こんなの売れない」と言わないことです。このことはどこの企業でも多く見られ、いつも気にかかっています。まずやってください。やってみなければわからないのではないでしょうか。うまくいくかも知れないのですから。

しかし、そのために大切なことは何かというと、本部からの重点商品情報が信頼性のある情報、納得のいくような情報を作ることです。ニワトリが先かタマゴが先かと言ったら、この場合はニワトリになります。店側にきちんとやるようにと言って、内容が悪ければ、強制、無理じいになり、長続きしないでしょう。その前にまず出す情報が本当に「なるほどな」という情報を出して初めて、売り場がやりきれるのです。情報が大したことないのに「やれ」といってもそれは正直、無理というものです。「おかしかったら文句を言いなさい」と言うけれども、何回か度重なれば、「現場で役に立つ情報をきちんと出せよ」と言いたくなります。それでも、売り場には、「まずやってください」といつも言っています。忙しいから、人がいないから、地域特性が違うからなどと、できない理由を探すより、できる理由を一所懸命探すようにと言っています。本部と店は上下関係ではなく、お客様に喜んでもらうための役割分担ですから、作に対して演ずることで自分の役割を果たしたことになるのです。

③不具合を調査する、調整する仕組みづくり

不具合を調査する、調整する仕組みづくりとは、作、演、調の調の部分です。言いっ放し、やりっ放しが多く、なぜ、うまくいったのか、いかなかったのかという事実を調べることが少ないのではないですか。また、良いとわかっても、一店舗とか一部で終わってい

ることはないでしょうか。どうもフィードバックが十分ではないように思います。良い企業は、作、演、調のうち、どちらかといったら調のほうが優れていると述べました。

一部の知恵が組織全体の知恵になるか、ならないかは、チェーンストアにとって大きな意味を持ちます。個人技は評価しますが、自分勝手という意味では毛頭ありません。店間格差がない、小さいのがいい企業です。店間格差がある、大きいのは悪い企業です。フィードバックが素早く、速やかに、隅々にまで伝わっていますか。伝わっていれば良い企業です。そうでなければ悪い企業です。良いことは、全店、全売り場で水平展開をし、良いことは本部まで垂直展開をしたいのです。

そのためには、同じ基準が必要です。予算は一〇〇%必達が基準でしょうし、重点商品は全店・全売り場で同じ商品を同じように展開することが基準になります。調は、販売促進部などの本部スタッフが中心になると述べましたが、複数の店を持つ、地区長（エリアマネージャー）や複数の地区長を持つ販売部長も調の役割を果たすべきと考えています。報告を受けたときだけでなく店を巡回するときにも、基準があれば、比較しやすいし、違いがよくわかります。同じことをやっていて、どうして差が出るのでしょうか。やっているのか、やっていないのか、徹底しているのか、していないのかの差と考えられます。店長は演の中心メンバーと述べましたが、店においては、最高責任者としてリーダーシップを発揮すると同時に、各部門、各売り場の担当者の実施計画やその内容について、調整する必要があります。まさに、店の中の串ざしセクション（調）です。

例えば、あるSMでは、チラシ広告に「ヨーロッパ食品フェア」が入ったならば、各部門の担当者を集め、展開計画を打ち合わせます。加工食品を中心に畜産、日配、農産でワインやチーズ、ジャム、パプリカなどのチラシ広告掲載商品のほかに、パスタやハム、ソーセージ、リキュール、ミネラルウォーターなどを関連商品として取り上げ、合同展開と各売り場での関連展開、有人試食を行ないます。合同展開は入り口を入ったところの催事コーナー（当初予定は、住居関連の収納品でした）、エンドは生鮮側二カ所、関連陳列は、生鮮売り場を中心に行ないました。おそらく、売り場担当者だけの打ち合わせでは、まとまらなかったでしょうし、展開規模も狭く、小さいのでお客様にインパクトを与えなかったでしょう。調の役割を店長が果たしたから、実現したのでしょう。このようなことが、店でも本部でも、日常的に行なわれたら、業績は変わるはずです。

作、演、調。これが組織の中でうまく回れば、いい企業です。どうでしょうか？　多分、調が作や演と比べて、弱かったり、不足しているのではないでしょうか。

(2) なぜ、できなかったのかを確認する

前段では、考え方の重要性や組織風土（作と演の信頼関係など）について、述べました。ここでは、技術に関わることを話していきます。

①作の問題

本部と売り場の意思をつなぐのは、電話や直接の打ち合わせ以外にメールであったり、書類などがあります。前者は手っ取り早いし、話し手の思いが、伝わりやすいのですが、その場の雰囲気で言ったつもり、わかったつもりになりがちです。後から振り返ってみると、よくわからない、実施に移せないことが多いのです。いわゆる以心伝心というものです。多くの人に伝えるには後者のほうがよいでしょう。ところが、話すときと同じように、言葉の意味があいまい、難しい言葉、提案がはっきりしないまま（情報の送り手はわかっているつもり）、店に提案していることはないでしょうか。

●重点商品情報

資料「重点商品情報のフォーム例」を見てください。このフォームは、基本型というよ

重点商品情報のフォーム例

○○部　14W(6/2(月)～8(日))　重点商品（テーマ）情報	㊞	㊞

①重点テーマ	『○○○』の拡販

②選定理由		③1日1店 目標売上高	千円
		売上（部門内） 構成比　　％	

〈④重点商品〉

商品名	売価	大型 (売上)(在庫)	標準	小型

［⑤徹底すべき内容・売り方アドバイス］

a．

b．

c．

［⑥売り場展開レイアウト］

写真

⑦棚割り（標準店モデルの場合）

			3段目
			2段目
S 2フェイス	M 4フェイス	L 3フェイス	1段目

⑧販促媒体物（○○迄に店着予定）

a. スタンドＰＯＰ　　重点テーマ名

b. Ａ５カードＰＯＰ　　重点商品名

c. 帯小ＰＯＰ

り、いくつかの企業でやっていることを、図式化したものです。重点商品（テーマ）情報は各部門から毎週発信されます。実施日の一週間前に店に着く（店着）のがちょうどよいタイミングのように思います。すでに約二カ月前（九週間前）に打ち合わせができていますから、よほどの変更（天気、気温などの自然要因や営業方針の修正など）がない限り、準備に支障をきたすことはないでしょう。あまり早すぎても店としては今（今週）の作業に集中していますので、各担当者の机の上に置いてあるだけになりそうだからです。

「重点商品（テーマ）情報」は、私が使っている名称で、重点商品と重点テーマの展開方法を伝える情報ですから、素直に表現しているだけです。前述したVMD計画書と同じ内容だと思ってください。呼称は、各企業で「想い」を込めて名づけても構いません。商品部の提案だから、単純に「商品情報」でもよいでしょうし、決めたことを徹底するために「徹底情報」、運営方法や展開方法に重きを置いているのなら、「売り場展開情報」など、覚えやすい親しみのある名前にしてはどうでしょうか。

フォームの「14W」の意味は、新年度のスタートから数えて第14番目の週（Week）ということです。一年間は52週ですから、1Wから52Wと順に番号が振られます。企業によって「月～日（月曜日から始まり、日曜日に終了）」パターン、チラシ広告が出る曜日に合わせて「金～木」とか、「木～水」パターンなどが考えられます。現状、すでにシステムとして一週間のサイクルを組み込んで（例えば「水～火」など）、売上集計日や会議日程を設定している企業があり、変更は面倒になりますが、私のおすすめは、「月～日」です。多くの店では、日曜日が一週間の中で最大のピークになるでしょうから、月曜日から立ち上がり（準備して）じょじょに体制を整えていくことが売り場の作業から考えて自然だと思います。日曜日から月曜日に移行するときに、客数は半分くらいに落ちるので、日曜日と月曜日は取り組みや企画を変えるべきでしょう。

客数から考えて月曜日から金曜日は平日、土・日曜日は週末といってよいでしょう。途中、水曜日や金曜日に「百円均一」などのイベントや「チラシ広告の掲載日」があっても、月曜日から日曜日のサイクルのほうがよいと思います。なぜなら、企画が変わったり、チラシ広告は毎週入れない場合もあるのですから。特にスーパーマーケットの生鮮食品では、平日と週末をはっきり分けないと、平日の値下げロスや廃棄ロス、休日の機会ロスが発生する原因となります。ホームセンターでも、ピークは週末ですから、月曜日から準備して、お客様の多い日曜日に売り切るようにしたほうがよいのではないでしょうか。

●情報に何を盛り込むのか

重点商品（テーマ）情報の中には、①重点テーマ、②選定理由、③一日一店当たり目標売上高、④重点商品、⑤徹底すべき内容・売り方アドバイス、⑥売り場展開レイアウト、

⑦棚割り、⑧販促媒体物などの提案が載っています。一枚に全て書かれていますが、一枚の中に全て押し込める必要はありません。内容によっては、二枚でも三枚でもかまいませんが、読みやすさを考えたら、ページがまたがったり、たくさんの提案が長々と書かれているよりは、必要最低限の内容が一枚に収まっていたほうがよいと思います。

また、一枚で簡潔に書くような工夫も必要です。言葉が長すぎると、読みにくいし、読む時間もかかります（当然、書く時間もかかります）。長い文章を書かないと伝わらないと考えるのは、自分の意思表示があいまいだからです。大きさは、A4サイズが適当な大きさです。なぜ、このサイズにこだわるかといえば、OHP（オーバーヘッドプロジェクター）で映しやすいので、プレゼンテーションしやすいし、何よりも持ち運び便利なハンディタイプであり、タテにファイルしやすいので（見出しが見やすい）、誰もが閲覧しやすいからです（本屋の陳列と同じ）。B4サイズ、A3サイズでは、大きすぎてファイルしにくくなります。この情報は商品部だけではできません。販売促進部、あるいは営業企画部（販促物など）や店舗運営部あるいは販売部（展開方法、陳列位置など）が参加して初めてわかりやすく、納得がいき、胸打つ情報になるのです。では資料のフォーム例を具体的に見ていきましょう。

①重点テーマは、重点商品が売れる理由、今までの売れた理由、今年売る理由の中から、

最も部門の数値（売上高構成比、荒利益高構成比が高い）に影響を及ぼすようなテーマを選びます。ほかにも実施したいテーマがあれば、第二重点テーマ、第三重点テーマなど、別紙で提案します。

②選定理由は、重点テーマを選んだ理由です。「昨年のこの週の売上高は、年間で第五位でした」「前週の三倍の売上高が見込めます」「今、TVや雑誌などで人気です」など、店の担当者が納得がいき、「頑張るぞ」と燃えるような事実に基づく理由が必要です。

③一日一店当たり目標売上高は、「このくらいは売れそう」という予測に、さらにもう少し上の数字を設定します。そのために、売る工夫、売る仕掛けを重点商品情報の中に織り込みます。企業によっては、部門内構成比で表現したり、全店の売上高あるいは、一〇〇〇人の客数当たりの買い上げ点数（金額）ＰＩ値を書くこともあります。

④重点商品は、数ある商品の中から「この商品を特に売りましょう」というものを選びます。全店（小型店、標準・中型店、大型店）どの店でも共通の商品です。店によって、地域特性や競合店特性などにより、商品を増やしたり、サイズ・量目を変えたり、価格を変えたりすることはかまいません。ただし、そのような事実をきちんと調べ上げてから、変更してください（決して個人の思いつきや自分の都合を優先することのないように）。

⑤徹底すべき内容・売り方アドバイスは、重点商品を売るときの工夫を書きます。例え

ば、エンドや平台などの陳列場所の指定、最低四フェイス以上とか最低二〇個以上という陳列量の指示、関連する商品をまとめて陳列するというような陳列方法の提案などがこの項目に入ります。

⑥売り場展開レイアウトは、売り場配置図であり、売り場の展開場所を示すものです。多くはイラストや写真で表現されます。写真を貼付するためには、モデル店舗を決め、その店のレイアウトを使うか、毎週の好事例店舗の取り組みを記録し続け、載せるようにします。

⑦棚割りは、棚の商品配置図やフェイシング表のことです。標準店や中型店モデルを参考例として載せますが、各店の規模が違いすぎる場合は、小型店の場合や大型店の場合というように三パターンを載せることもあります。それでも、日本の場合、米国と違って、各店の規模やレイアウトが違いすぎ、モデルを参考に微調整をかける必要が生じます（店の意思を加えます）。ここでも、イラストや写真で表現します。

⑧販促媒体物は、使用するＰＯＰや販促パネル、シールの種類、取り付け方法などを書きます。基本は、週ごとに本部から店への送り込みです。店でプリントアウトする方法が増えていますが、店での手書きには、作業が増えるだけでなく、汚い字で商品価値を損なうことがないように気をつけます。

以上が重点商品情報の内容ですが、この主旨をわかって理解して、毎週、発信してもらうと、店も自信を持って実施するのですが、まだそのレベルにまで達していないのです。作の問題を簡単にまとめると次のようになります。

●抽象的な言葉を使っていないか

①情報が具体的でない。

例えばレイアウトがわかりにくい、棚割りのフェイス数が書いていない。写真が暗くて見えないとか、小さいとか。そのような問題がたくさんあります。

②目標を示していない。

いくつ売るのかいくら売るのか、売上高や販売数量は一店当たり、どのくらいなのか。在庫数量（標準在庫）はいくつ持てばよいのかわからない。発注に活かせないなど。

③売る理由、売れる理由がはっきりしていない。

これが最も重要でしょう。店の担当者が自信を持って実施できるかどうかの納得感です。納得したら本当に売ります。しかし、「この商品でいいの？　このテーマでいいの？」と思ったら、発注も消極的になり、売り場づくりにも力が入らないでしょう。逆にいうと、どのような商品でも結構です。どのようなテーマでも結構です。根拠が必要なのです。根拠があいまいでは困るのです。ある意味ではデータや事実で話をするというのが確かな方法です。ですから、実需マトリックスを作成して分析すると、納得のいく話ができます。

資料「悪い例：重点商品情報」を見てください。ある企業のあまりよいとは言えない重点商品の情報です。展開方法・レイアウトのところで「④エンドにダミーを使ってボリューム陳列しましょう」と親切そうに書いてありますが、ボリューム陳列の意味が具体的ではありません。小売業では、当たり前のように簡単に使いますが、何フェイス、いくつ、何段積みなど具体的に数字で表現をしないものですから、人によって見方が違い、個人の勘に左右されます。どうしても、ボリュームという言葉を使いたいのなら、「フェイス数は四フェイスで三段積みでボリュームを出しましょう」と書けば、読み手に理解されるでしょう。エンドの図も、各商品のフェイス数が書かれておりませんので、陳列はできても置くだけの何の魅力もない売り場づくりになります。店の担当者に丸投げの状態であり、「店の主体性を活かす」などと言ってほしくないものです。

「③販売目標はPI値20以上」と書いてありますが、ホンヤクすると、「一〇〇〇人の客数当たり二〇個以上売ってください」ということです。PI値は売れる数量の目安ですから、店によっては、それ以上売れるかもしれませんし、その反対もあります。おそらく、過去のデータがあり、それに基づいた数値でしょうが、ポテトチップス四種類の合計なのか、各商品ごとなのかよくわかりません。これも具体的ではありません。店では「できな

悪い例：重点商品情報

<table>
<tr><th colspan="4">菓子部門重点商品（テーマ）情報</th></tr>
<tr><td>重点テーマ</td><td colspan="3">ポテトチップスまつり</td></tr>
<tr><td>仕掛ける理由</td><td colspan="3">①いろいろな味を紹介し、お客様に喜んでもらう。
②今、売れています。積極的に発注してください。</td></tr>
<tr><td rowspan="9">重点商品</td><td>品　名</td><td>販売価格</td><td>荒利益率</td></tr>
<tr><td>A社　ポテトチップス磯のかおり</td><td>98</td><td>21%</td></tr>
<tr><td>A社　ポテトチップス昆布しょうゆ</td><td>98</td><td>21%</td></tr>
<tr><td>B社　ポテトチップス塩味</td><td>108</td><td>26%</td></tr>
<tr><td>C社　ポテトチップス関西だし味</td><td>108</td><td>23%</td></tr>
<tr><td></td><td></td><td></td></tr>
<tr><td>③販売目標はPI値20以上</td><td></td><td></td></tr>
<tr><td></td><td></td><td></td></tr>
<tr><td></td><td></td><td></td></tr>
<tr><td>展開方法・レイアウト</td><td colspan="3">④エンドにダミーを使ってボリューム陳列しましょう。
⑤ポテトチップスまつりのパネルを取りつけます。
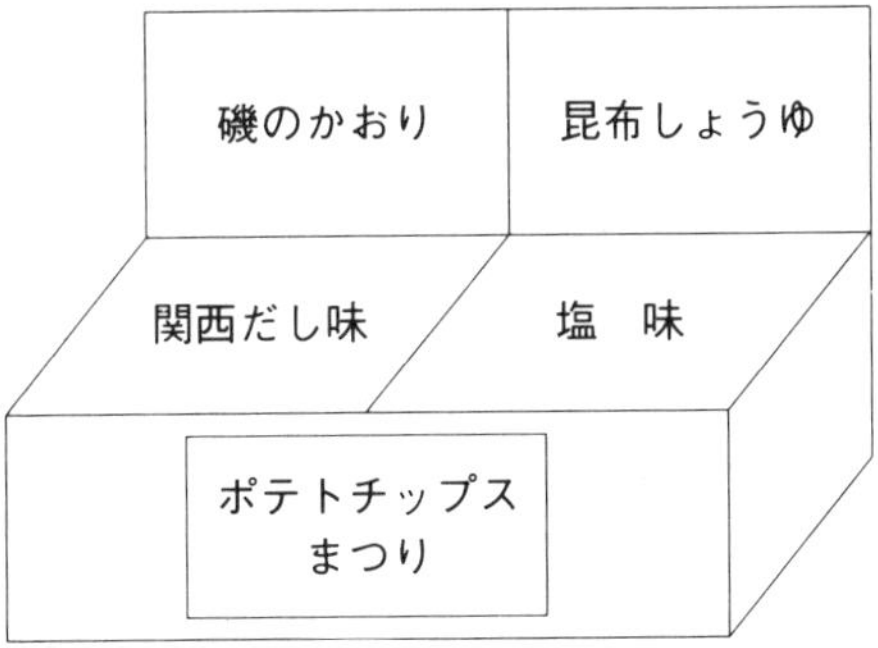</td></tr>
</table>

い情報」です。

仕掛ける理由（売る理由、売れる理由）のところで、「①いろいろな味を紹介し、お客様に喜んでもらう」とありますが、特別に重点テーマ「ポテトチップスまつり」を決めた理由にしては弱いし、あいまいです。喜んでもらうにしては、四種類（四ＳＫＵ）では少ないし、いろいろな味を紹介していることにはなっていません。バター味や激辛、しょうゆ味でもいろいろな種類があります。いっそのこと、「〇〇メーカー協賛フェア」と銘打ったほうが、商品の種類もＰＯＰやパネル、イベントも含め、もっと目立つ売り場、売れる売り場ができるでしょう。

また、「②今、売れています。積極的に発注してください」と書いてありますが、今、どのくらい（いくつくらい）、どの店で（業界で）、何枚、売れているのかがわかりません。「一週間で一店当たり平均一〇〇個、売れています」とか「今、ＴＶで宣伝中です。専門雑誌の売れ筋ランキングで第一位になっています」など、売れている理由をはっきり示してほしいのです。また、「②積極的に発注してください」と言われても、意味がわかるようでわかりません。後にも述べますが、私たちはこのような「抽象的な言葉」を平気で使っています。一人で仕事をしているのならともかく、組織の中で多くの人にとっての同じ言葉（同じ意味の共通言語）をつとめて使わなければ、総合力は発揮されないのです。

②演の問題

問題は何も作ばかりではありません。演ずるほうにも、問題があります。仮に作が優れていても、演が演じる役割を果たさなければ、組織は機能しません。演の問題は以下の通りです。

①作を見ようとしていない、あてにしていない。
②売れる楽しさ、働く楽しさを実感できていない。
③業績評価に反映されていない。

①は、今までの作についての不信感（意見を言っても受け入れてくれない。電話しても出てこない、店の実情をつかんでいないなど）に対しての素直な気持ちかもしれません。また、作（重点商品情報）の精度が上がっていないため、見ても役に立たないということもあるでしょう。あるいは、ベテラン担当者になると、「これについては自分のほうが詳しい」と思っているかもしれません。「作も一所懸命やっているから、演も作の言うとおりにまずやってみたら」ということもしばしばです。このようなときには、実態を調査して、やっている店は数字が伸びているという実績を示すしかないと思います。

次の資料は『「重点商品情報」活用率実態調査』というものです。情報がきちんと売り場に伝わって、売り場でそれを読んでくれて、やってくれるかどうかという調査です。一番左の青果を見てください。重点商品情報の導入一年目のときは、二五%、つまり四人中たった一人しか見てくれていなかったのです。二年目で一気に九〇%ぐらいになったのです。さらに三年目になって、やっと全員が見てくれたのです。このことで三年もかかるのが組織なのですね。根はずいぶんと深いのです。

おもしろいことに、最初、見てくれないときは売り上げもよくなかったのです。売上高前年比は一〇〇%を割っていたのですが、作を見るようになってくると、それに比例して売り上げが上がってきたのです。良い結果が出ると、売り場担当者は、「この情報はきっちりやらなきゃいけないのだ」と思うようになります。また本部の人も変わったのです。「どうせ、情報を送っても店は見ないだろう」と諦めに似た感じだったところが、店がそれを見てくれてやってくれるようになったら数字が上がった。週に一、二日かけて、重点商品情報を作った努力がむくわれたのです。そしたら本部商品部のバイヤーは、「店は見てくれた、やってくれた。もっと良い情報を作るぞ」と思うようになりました。そして、また数字が上がったのです。

つまり、いかに情報を見ていないことが多いかです。活用率九〇%にいくまでに一年半かかっているのです。組織というものは周知徹底するのに、本当に時間がかかります。店

「重点商品情報」活用率実態調査

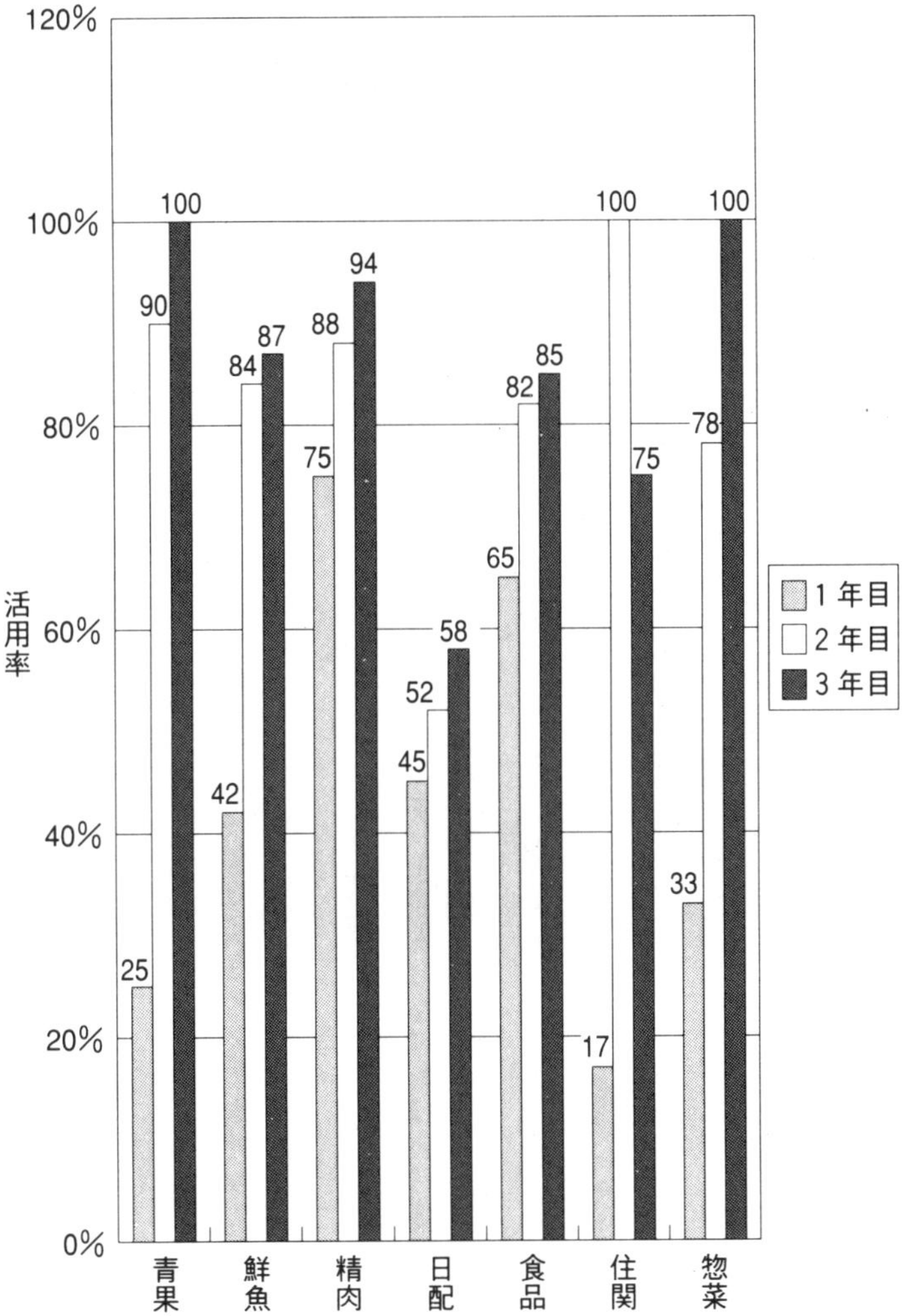

に対しては何がなんでも「必ず目を通すように、まずやるように」と、本部には「もっと情報をわかりやすくするように」と繰り返してきました。おそらく、変化の分水嶺を超えたときに数字が一気に上がったのでしょう。

また、「情報を見ていますか」と質問して「はい、見てます」と言われても、喜んではだめです。これも実態調査をしました。「見てます」というのは色々な意味があります。「壁に貼っている情報を見かけました」も「見てます」になるのです。三時間掛けて作った情報を、わずか二、三分で見てわかるわけがないのです。情報をしっかり伝えるためには、ミーティングを実施し「これはこういう意味なのです」と説明しなければいけません。たんに、「壁に貼ったものを見てます」ということを含めて、アンケート結果で活用率が一〇〇％になっても、すごいと喜んでいてはいけません。なぜなら「売り場でその通りにやっていますか」と聞いたら、「まだやっていません」という答えが、多数返ってきたのです。これでは、何にもなりません。それでも実現度チェックをしつこくやっていくと、実現度が一〇〇％に限りなく近づけば近づくほど、間違いなく売り上げが上がるのです。そこで、作と演の信頼関係ができてきたといえるのです。

②売れる楽しさ、働く楽しさを実感できていないというのは、本部からの全ての情報（通達含む）を読まなければいけない、決めたことをやらなければいけないというように、

やらされ感を持って仕事をすることがいかに多いかということです。本来は、情報は押しつけや強制ではなく、「このような工夫をしたら、もっと売れます」とか「このようにしたら、お客様にも喜んでもらい、働く人にとってもうれしくなります」という情報、つまり、お役に立つ情報（胸打つ情報）でありたいものです。

しかし、売れる楽しさ、働く楽しさを実感できていないということは、情報の送り手に問題があることは確かですが、演じる側にも問題があるのではないでしょうか。楽しくなければ店ではない、そのためには楽しく働かなければ仕事ではないと常々、言い続けています。やってみて、お客様の反応はどう変わったのか、ちょっと工夫を加えてみたら、数字は変わったのか。いつも、やったことがどうなったのかを現場で、現物で、現実に基づいて確認し続けたら、仕事が楽しくなるのではないでしょうか。あるいは、やったことが競合店に比べて、良かったのか良くなかったのかを知ることも、仕事の励みになります。

資料「重点商品プロモーション調査の実施例」を見てください。これは自店と競合店の見せ方・売り方・伝え方を比較する調査です。実際に家庭用品部門の今週の重点商品、学童ボトルを自店と競合店で調べたものです。まず、自店の定番（ゴンドラ）と非定番（エンド・平台など）のところに行き、プロモーションテーマ、プロモーション、使用媒体、訴求ポイントを確認しました。担当者は、重点商品情報通りにやってみましたが、われながら、うまくできたと思っていたそうです。今まででであれば、競合店へは気の向いたときや店が暇のときに出かけていたのですが、この調査フォームに沿って、競合店でも調査してみたところ、違いに驚かされました。

自店のほうが少ない在庫量で買い上げ点数の上がる売り場づくりと、自負していましたが、安さ感や遠くからでも目立つ演出では負けていました。さらに、学校の遠足や運動会の開催日を調べ、大きなPOPで表示していなかった点は、すぐ活かすべき課題でした。さっそく、店へ戻り、仲間に説明をして売り場を一部変更したところ、以前よりお客様の売り場立ち寄り率は確かに上がりました。まずやってみて（やらされ感でなく）、出来栄えにホッとするだけでなく、お客様の反応や競合店の取り組みを確認し、また一工夫する。組織が蓄積した知恵の上に、自分の知恵を加えたり、地域特性などを加味することで、商品も売り場も変わっていきます。

③業績評価に反映されていないのは、売る人がえらい、売った人が評価される組織風土にないからです。本来は誰がいくつ売った、という記録や個人の起案に基づく予算制度があって、業績評価が行なわれますが、その前提条件は、お題目でない現場第一主義が組織全体に行き渡っているかどうかです。本部の机で全て決めるのではなく、わからない、決まらないことがあったら、現場で確認する。現場のデータ、事実をきちんとつかんで決め

重点商品プロモーション調査の実施例

重点商品　学童ボトル

内容＼店舗名		自　店	競合店
定番（IP）	プロモーションテーマ	新学期好適品	エブリデーロープライス（EDLP）
	プロモーション（陳列の様子）	主通路側のゴンドラで展開	単品でフェイスを拡げて大量陳列
	使用媒体	スタンドPOP	黄色のコーナーパネルとフェイシングPOP
	訴求ポイント	価格強調と商品説明（価値強調）の両面	いつでもお値打ち価格
非定番［エンド・平台等（PP、VP）］	プロモーションテーマ	①新学期特集 ②秋の遠足・運動会	行楽＆運動会
	プロモーション	ランチBOXや弁当箱など遠足、運動会に関係するものを平台で合同展開	催事コーナーで秋の行楽と運動会関連を合同展開。 学校別開催日表示
	使用媒体	通常のPOPに品名、売価のみ	おすすめ品・行楽・EDLP　POP
	訴求ポイント	安さではなく、関連するものを一ヵ所にまとめて、買いやすさを訴求	学童ボトルの単品大量陳列で安さの訴求

るような組織風土です。

チェーンストアと呼ばれる企業ほど、理屈が増え、話が長くなり、現場から離れた議論をしがちです。小売業は「売って何ぼ」です（今の時代は売らなければメシが食えないのはメーカーや卸売業でも同じでしょう）。売りにくい時代だからこそ「売る意思を持って、売る工夫をほどこして売る」のです。ここでは、業績評価制度について、固定部分と成果部分の比率がどうのという話はしませんが、「売った人が報われる、売らなかった人は報われない（当然、敗者復活戦の準備はおこたりなく）」ということは、もっともっと演の問題にすべきです。

資料の「業績発表会の報告例」は、ある企業のパート社員が発表した内容です。①こうしようと思って（計画）、②こうしたら（実施）、③こうなった（結果）、④さらに、こうしたい（振り返りと計画）という手順でとてもわかりやすく、はつらつとした仕事ぶりが目に浮かんできます。

ここですごいのは、パート社員の売るという意識の強さです。正社員（フルタイマーと呼んだほうが正しいかもしれません）より、屋台骨を背負って奮闘しているのではないでしょうか。また、生活実感あふれるパート社員は、地域特性（お客様の年齢層、味の違い、買い物習慣など）をよく知っており、素直に売り場に活かそうとしていることです。パー

業績発表会の報告例

テーマ	家族みんなで焼肉料理（精肉売場）

①こうしようと思って	②こうしたら	③こうなった	④さらに、こうしたい
ⓐ地域柄、３人～５人の家族構成が多いので、今回の焼肉の企画では４～５人前600gの大型パックを品揃えしようと考えた。 ⓑ品揃えも豊富にしなければ、お客様の要望に対応できないと思い、メニュー提案や試食を平行して行う。	ⓐ普段は小パック（150g）・中パック（300g）・大パック（450g）の３ＳＫＵの品揃えで大型パックの特大サイズ（600～700g）は品揃えしていません。 ⓑ大パックを２つ購入されているお客様の姿が見かけられていました。主婦の立場からすると、トレーが２つより、１つの方がかさばらないし、ゴミも減るため、適量サイズが必要だと思いました。	ⓐ焼肉企画の中で特にＵＳ牛カルビ焼肉用に今回は絞って、取り組みをしました。 ⓑ結果、特大パックがいつもの週の２倍、大パックが1.5倍。小パックは半分でした。まとめてお買い得の訴求も効を奏したと思います。	ⓐ関連陳列や試食（12時・16時）を必ず実施して、お客様に商品の良さを味で知ってもらう。また、メニュー提案をして今晩のおかずが目に浮かぶように心掛ける。

ト社員（パートタイマー）は四時間の正社員、正社員（フルタイマー）は八時間のパート社員だと私は思っていますので、時間限定で販売コンクールや重点商品コンテストなどの業績評価ができるようになればよいと考えています。

私たちが、Ｐｌａｎ→Ｄｏ→Ｓｅｅとか、計画→実施→評価というような使い古された言葉（私は、古くて新しい言葉と思っていますが）を使って話すよりも、もっとわかりやすい言葉が、「こうしようと思って、こうしたら、こうなった、さらに、こうしたい」のほうで具体的です。私が使う、作→演→調よりわかりやすいと思います。

本部と店は上下関係ではなく、お客様に楽しく買い物してもらう目的を共有する役割分担関係なのですから、店は売るプロ、売る匠を目指してほしいと思います。

③調の問題

良い企業ほど、調が機能していると思います。言いっ放し、やりっ放しは、個々の部門の中では多少は許されても、組織全体では、個のメリットが全体のメリットにつながらず、デメリットにさえなっています。大きい企業の弊害とも言えますが、最近では、小さな企業の大企業もどき病も困ったものです。調の問題は、①総括できていない、②串ざしされていない、③知恵んメリットを活かしていない、の三つがあります。

①総括できていないのは、組織の知恵が発揮されない原因となっています。何ともったいないことでしょう。人の数だけ、頭の数だけ、知恵が回らなければいけないのに。

資料「重点商品情報」（行楽レジャー用品の売り方徹底）を見てください。ある企業の例です（好事例）。二週間前に一度、「行楽レジャー用品の拡販」という重点商品情報が出ましたが、そのあとに再度出た、同じ部門の情報です。

この情報は、「前回情報を出しましたが、売り場でやりましたか。やった店は売り上げが上がってます。やってない店は上がっていません」というものなのです。きちんとやっている店で成績の上がっている店の特徴は、この資料の囲みの部分に書いてあるように、「①平台・定番・ボトルが隣接されている店舗、②重点商品を売り込んでいる店舗、③フェイス数の拡大ができており、売り場前面に出ている店舗の数字は、先週比、昨年比ともに上がっています。」とまで書かれています。

実はこれで終わらないのです。資料は載せていませんが、このあとにまだ続くのです。「前回この情報を出しましたが、まだやっていない店があります。また数字を見ると、やっていないと思われる店があります。M店、O店、P店など」としつこいくらいに総括しつづけています。

そこまでやって初めて数字が変わるのです。本当は情報を読んでいると信じたいのですが、一回くらい情報を出して、読んでくれると思わないほうがいいかもしれません。それが組織というものでしょう。

今、売らなければいけない重点商品は、是非ここまで、しつこくやってもよいのではないでしょうか。四週間で終わる商品もあるでしょうが、多くは四週間以上の、ライフサイクルで回っているのですから、一週目の情報（導入期）、四週目の情報（成長期）、八週目の商品が収束期に向かった情報、というように何回も出して当然です。そのぐらいの徹底さがあってよいのではないでしょうか。ただ単に習慣として情報を出すのではなくて、何のために出すか。伝わっていないから出すのか、やっていないから出すのか、好事例を真似てほしいから出すのか。そのように考えたら、内容は変わってきます。

②串ざしされていないという意味は、ある店の売り場の良いことが他店に伝わっていない、本部にフィードバックされていないという意味です。店数が多ければ多いほど、個店ごとのレベル格差が広がっていきます。いち早く店間で良いことが伝わり（水平展開）、店と本部間に良いことが伝わる（垂直展開）組織にしたいものです。そのためには、定期的に事実確認と課題・反省が行なわれる必要があります。

資料「第21週重点商品の各地区取り組み状況一覧表」は、ある企業で店長が毎週の重点商品が売り場できちんと展開されているかどうかを店長用（あるいはSV用）チェックシ

重点商品情報

重点テーマ	行楽レジャー用品の売り方徹底

選定理由	・行楽レジャー用品の夏場最大ピークを迎える今週・来週に定番商品の売り方を大幅に変える事で隣接展開を実施し、売り上げ・利益を最大限に稼ぐ。 ・隣接店舗と分散店舗では売り上げに大きな差が発生しているため、必ず今週実施して下さい。

①先週の状況……１店舗当たり158千、先週比132％、既存昨年比102％、部門内構成６％。行楽用品全体では23％の構成です。

売上上位店舗		先週比	昨年比
1．Ａ店	441千	193.1％	110.7％
2．Ｂ店	427千	160.0％	——
3．Ｃ店	407千	135.8％	125.6％
4．Ｄ店	376千	185.2％	177.0％
5．Ｅ店	352千	135.4％	179.6％
6．Ｆ店	351千	127.9％	88.1％
7．Ｇ店	335千	125.0％	90.6％
8．Ｈ店	325千	150.4％	182.5％
9．Ｉ店	324千	152.3％	146.2％
10．Ｊ店	315千	177.0％	129.6％

先週の状況を店インタビューしますと、
①平台・定番・ボトルが隣接されている店舗
②重点商品を売り込んでいる店舗
③フェイス数の拡大ができており売り場前面に出ている店舗
の数字は先週比、昨年比ともに上がっています。

ートで自店の各売り場をチェックして、○できている（と思う）、△できているけれども不十分（と思う）、×できていない（と思う）の三段階評価を全店、エリアごとにまとめたものです。この一覧表を見るといろいろなことがわかります。

イ、東西南北の四エリアの中で、できているエリアとできていないエリアがあるという事実。東エリアは、ずば抜けて各店ともできているのに、北エリアでは、おしなべてできていない店が多いということがわかります。エリア長の重点商品情報に取り組む姿勢が見えてきますし、営業ミーティングでの内容がどのようになっているかを知りたいところです。営業幹部であるエリア長のマネジメントの差が店の差を大きくしているようです。

ロ、各エリアごとでできている店とできていない店の差が大きいという事実。北エリアは二一週ではできていない、あるいは不十分の店が多い中でV店は評価が高かったのです。ここの店長の仕事の仕方は参考にしたいと思いますが、エリア長と意見のぶつかり合いなどがあるのではと気にかかります。

ハ、立地ごと、客層ごとにできている店とできていない店の差があるという事実。南エリアのP店ではデリカ部門の三商品はいずれも×になっています。この店の商圏の特徴は、高齢の方が多い農村地域で、夜間の来店客が少なく、デリカが現状では売れていません。売れないので、売る量も売り方も消極的になっていることが原因と思われます。また、北

第21週重点商品の各地区取り組み状況一覧表

店　　名	A	B	C	D	E	F	G	H	I	J	K	L	M	N	O	P	Q	R	S	T	U	V	W	X	Y	Z
ハウスみかん	△	△	△	△	○	○	○	×	○	×	○	×	○	○	△	○	△	○	△	△	△	○	△	×	△	△
もも	○	△	○	○	○	○	○	×	△	○	○	△	△	△	○	△	△	○	△	△	△	△	△	○	△	×
きゅうり	○	○	△	○	△	○	×	△	△	△	○	○	△	○	○	×	○	△	○	△	△	○	△	×	△	△
鶏骨付き	△	○	△	○	△	○	○	△	×	○	△	△	×	△	×	×	△	×	△	△	△	○	△	×	△	△
フランクフルト	○	○	△	△	○	○	×	×	△	○	○	×	△	×	×	×	×	△	△	△	△	△	△	○	△	△
貝類	△	△	△	△	△	○	○	△	△	○	△	○	△	○	△	△	○	△	△	△	△	○	△	×	△	×
生いか	△	△	△	○	○	○	×	○	×	○	○	△	○	○	○	○	○	○	○	△	△	○	△	×	△	×
加熱えび	△	○	△	○	△	△	○	×	△	△	○	△	△	○	○	○	△	○	○	×	×	△	×	×	×	×
うなぎ	○	○	○	○	○	○	○	△	△	△	×	△	○	×	△	×	○	×	△	△	△	○	△	○	△	×
おにぎり	○	△	△	△	○	○	△	△	△	×	△	△	△	△	×	×	×	△	△	△	△	○	△	○	△	△
若鶏の竜田揚げ	△	△	△	△	△	△	×	×	△	△	△	×	×	×	×	×	△	×	×	△	×	△	×	△	△	△

串ざしするためのコメント	東エリア	西エリア	南エリア	北エリア
	平日のミカン600g展開無理 竜田揚げ320g量が多い。 貝類、平日は売れない。	デリカの展開が各店とも不足。重点商品のテーマの括りが弱い、集合展開について指導を強化する。	全体的には、農産、水産は良く展開されているが、畜産、デリカの取り組みが良くない。 重点商品の試食、見本、関連陳列は不足している。 重点商品のおにぎりがピーク時間帯に品切れしている事もあり行楽での展開時は要注意。	全体としての取り組みは良くない。 特にZ店の取り組み弱く、徹底するための指導を強化する。

評価基準
○重点商品情報通りにできている　△重点商品情報通りにできているが不十分
×重点商品情報通りにできていない

エリアのX店は、住宅地に近く大学生が多く住んでいる地域に立地していることもあり、デリカが売れています。売れているから、重点商品の販売にも力が入っていると考えられます。立地ごと、客層ごとに重点商品の地域性を変更してよいかもしれません。

ニ、同一週で重点商品情報のレベル及び実現度に差があるという事実。農産のもも、水産の貝類、生いかなどでは、できている店が多かったのに、畜産の鶏骨付きやフランクフルト、デリカのおにぎりや若鶏の竜田揚げなどでは実現度があまりよくなかったのです。情報がタイムリーなテーマだったのか（早すぎる、遅すぎる）、商品がSKU含めて多かったのか少なかったのか、売り場づくりの指示が弱かったのか、店の工夫が足りなかったのかなど確認する必要があります。

③知恵んメリットを活かしていないという意味は、チェーンのメリットを活かしていないということです。店数が増え、商品取り扱い量が増えれば、大量に仕入れることで、仕入れ原価が下がり、結果、値入率が上がります。さらには、本部に集中している各機能（商品部、販売促進部、人事部、開発部など）が効率よく運営され、結果、経費率が下がります。

このようなメリット（利点）が、チェーン展開によりもたらされるのは、周知のことでしょう。ただ、大量仕入れ大量販売のメリットだけでなく、小売業は人に関わるビジネス、人次第のビジネスの側面も無視できません。オーバーストア（店舗数過剰）時代では、今や商品をただ置くだけでは、他店と差がつかないし、売れにくくなっています。人手を増やさなくても「改善工夫」で売れる店、データや事実に基づいて、今までの経験の上に（多くの仲間の知恵を借りて）積極的に売る店が必要になってきます。

資料「売り場徹底チェックシート・フォーム例」は、重点商品情報と一緒に店に送られるチェックシートのフォームです。商品部は毎週の重点テーマと重点商品、仕掛ける理由、売り方・見せ方などの徹底すべき内容を事前に記載し、店に送るのです。店の各売り場は、重点商品情報に基づいて売り場をつくり、場合によっては、自分の工夫も加えます。そして、店長やＳＶが（週末にはバイヤーが）、売り場をチェックする時に使います。

情報通りにできていれば、その内容と○印を「自店評価」欄に、できていない場合は、その内容と×印を「自店評価」欄に記入します。さらに、競合店に行き、自店できちんとできていることが競合店に比べて負けていれば「競合評価」欄に×印を、勝っていれば○印、どちらとも言えなければ△印をつけます。ただ、自社の情報に基づくチェックですから、競合店と比べて、△印あるいは○印でなければ困るのです。×印がつくようなことがあったら、大問題だと思ってください。

○印が毎週続くようになって、競合店から客数を奪うことになるのです。週により、○

印になったり、×印になるのは、お客様の期待を裏切ります。瞬間芸では困ります。おそらく売り場担当者の商品に対する好き嫌いや、得手不得手もあると思われます。あるいは、マネジャーがいるときといないとき、パート社員中心でやるときと正社員が加わってやるときなどで、売り場づくりに差がついているのかもしれません。

このシートの大切な部分は、事実を確認しつづけることと、どう活かすか、どう手を打つかということです。一番右側に「出来ていない理由と対策」「負けている理由と対策」「さらに勝つための理由と対策」などと書かれていますが、各々自店評価でできていないことがある場合、競合評価で負けていることがある場合、勝っているのだけれど、さらに良くする、差をつけようとする場合に、問題点や課題は何か、どう対策を打つかを記入します。

それも、各々の役割ごとにつまり、作（重点商品情報はわかりやすいかなど）、演（店は情報を売り場内で確認し合ったのかなど）、調（販促物は目立つように取り付けられていたかなど）ごとに対策を書くのです。店長もこのシートを点検し、本部で回覧し、あるいは、該当部門はいつまでに対策を講じるかを決めていきます。

52週ＭＤ（毎週の重点商品を中心にした売り場づくり）そのものは、特別な技術ではありません。今まで、業界の先輩たちがやってきたことを体系化し、私流に味付けしたと考

売り場徹底チェックシート・フォーム例

部門　青果	期間：第36週11月3日(月)～11月9日(日)		記入日：2003年　月　日		記入者
重点商品及び重点テーマ：旬の青果物の拡販			評価方法：自店評価の場合○出来ている　×出来ていない ：競合評価の場合○出来ていることが競合店より良い △競合店と同じ、×競合店より悪い		
仕掛ける理由・売り方・見せ方など徹底内容	出来ている事は何か	自店評価	出来ていない事は何か	競合評価	出来ていない理由と対策 負けている理由と対策 さらに勝つための理由と対策 （作、演、調ごとに対策をまとめる）
1．みかん ①果物平台トップ前面と片そでをつかって展開してください。 ②陽だまりみかんを売りの中心にすえ、一番目立つところで展開してください。 ②´週末は5K箱をみかんの括りで展開してください。 ③各産地ごとに糖度表示と試食を実施してください。					
2．ながいも ①土長芋の1本売りは野菜の最後の平台・片そでを使用して展開してください。 ②洗い長芋のカット、1本売りは、土長芋の隣の平台で展開してください。					

えても構いません。「重点商品」と声高に叫んでも、システムにならなければ以前と何も変わりません。「52週ＭＤ」で毎週の重点商品情報が店に送られるようになってもやってなかったり、好事例が速やかにフィードバックされたり、修正・変更・微調整が加え続けられなければ、以前と何も変わらないのです。組織風土改革を伴わなければ、単なる一過性の技術論で終わります。

(3) 重点商品推進のための10カ条

資料「『重点商品』推進のための10カ条」を見てください。なぜこのようなものを作ったかというと、今まで、何百回となく重点商品の話をしてきましたが、質問が必ず出てきます。関心が高いのはとても良いことですが、中には自分の言ったこと、自分の意図が伝わっていないことを含め、自分が想定しないような質問がいくつもありました。それに対して、このような意味ですと一つずつ答えを出してきたら10カ条になったのです。もちろん、完成形ではなく、今も現在進行形だと思っていますから、今後15カ条になるかもしれませんが。

『重点商品』推進のための10カ条

1．**重点商品と経営との関係**
コスト削減と営業力強化

2．**重点商品とお客様との関係**
お客様の買い物の悩みを解決

3．**重点商品と従業員との関係**
売る意志と売りにつながる仕事の組み立て

4．**重点商品とパート社員戦力化との関係**
重点商品に集中した教育の実施

5．**重点商品と地域性との関係**
標準化と個性化は矛盾しない（95：５の理論）

6．**重点商品と商品分類との関係**
売上高構成比が高い場合と低い場合

7．**重点商品と52週との関係**
売り場にある全ての商品に売れる機会をつくる

8．**重点商品とチラシ広告との関係**
当週の販売計画・商品計画をお客様に伝える

9．**重点商品と幹部（店長・本部スタッフ）との関係**
共通の約束事（重点商品）を中心にした売り場チェック

10．**重点商品とチェーンストアとの関係**
重点商品を中心にしてチェーンストアのメリットを追求

①重点商品と経営との関係

重点商品を中心に52週MDを計画すると、「人手（手間）が掛かるのではないか」「コストアップにならないか」という質問が必ずあります。確かに、売り場をつくる、変更することがありますので、その部分だけで言われたらコストアップの要因につながるでしょう。

私たちは「ローコスト」という言葉を日常使っていますが、その意味は、経費額削減と経費率削減の二通りに分かれることをご存じでしょうか。前者は、作業の見直しを行ない、作業時間を減らすことにより人件費（額）を下げたり、チラシ広告を打つ回数を減らして、販促費（額）を下げたり、使われていない駐車場を返却して、家賃（額）を下げたりすることです。このことは多くの企業で行なわれています。なぜなら、コストの三大要素は、①人件費、②家賃、③販促費ですから、ローコストといったときには、以上の経費の見直しを行なうのが一般的です。いわゆるケチケチ作戦と言われる方法です。私は、これを守りのリストラと呼んでいます。リストラとは、リ・ストラクチャリングの略で構造改革という意味ですから、正しい使い方ではないかもしれません。ただ、これから話す、攻めのリストラと対比させたいのでこう使わせてもらいます。

経費率削減は重点商品をたくさん売る、売上高を上げることで、結果、経費率を下げる方法です。

こう言うと、大いに反論されるでしょう。「今の時代に売上高を上げるのは簡単ではない」「人手をかければ売り上げは上がるかもしれないが、人手は増やせない」など。本当にそうでしょうか。お客様が聞きたくても、店の人が売り場にいなかったり、夜七時ごろに買い物に行って品切れが頻発していることはないでしょうか。機会ロスが多くなっているのに売る工夫が不足していませんか。経費率削減を攻めのリストラと私は呼んでいます。売ったという実績を持ってベンダーやメーカーと値入れ交渉をしたら、お互いに納得ずくで値入率は上がりやすいのではないでしょうか。目指すのは攻めのリストラです。

人件費率を一ポイント下げるのは、並大抵ではないと思います。固定費そのものであり、かなりの荒療治をしないと下がらないでしょう（パート化だけでなくパート戦力化、本部機能の見直しと人員削減など）。かといって、値入率を一ポイント上げるのも並大抵ではないことは重々、承知しています。しかし、今やビジネスモデル（事業構造）を確立しなければ生き残れないのです。二倍売ったならば、それを基にベンダーやメーカーに働きかけ、「二倍売ったから勉強してください」と交渉する。これは許される交渉です。大して売ってもいないのに、「おい、まけろ」と言ったら、相手はしぶしぶ受け入れるかもしれませんが、それはフェアな取引ではないので長続きしないでしょう。

やはり、売らなければ交渉の土俵に上がってはいけないのです。お互いにウィン・ウィンの関係で行きたいものです。ですから、重点商品を積極的に売ることが、コスト削減と同時に営業力強化になるのです。

②重点商品とお客様との関係

お客様の買い物時の悩みは、店（売り場）に来て「何を買ってよいかわからない」ことです。「今晩のおかずを何にしたらよいか迷う」と言う主婦が調査で八〇％以上にも上ることは驚きです。また、店に来て探している商品がどこにあるかわからない、チラシ広告に載っていた商品が見つからないというのは、お客様の不満につながると同時に、店にとって機会ロスの発生になります。

前述したようにお客様の動線調査をし続けていると、お客様はくまなく売り場を回っていないことにショックを受けます。くまなく回ってもらうために、主通路を確保し、各コーナーに磁石になるような売り場や商品を配置するようにしているのですが、それでも、どこに何があるのかわかりにくいという不満が結構あるのです。

私たちは今まで、ショートタイムショッピングという言葉を当たり前に使ってきましたが、言葉だけが一人歩きして（わかりやすい言葉なので、わかったような気になって）、実際は、技術的にはフェイス数の拡大や、単品大量陳列以外の工夫がなかったように思います。レイアウトの工夫だけでなく、売り方・見せ方の工夫も加えないと、お客様の悩みが解決しないどころか、売り場（店）にとって、買い上げ点数の増加につながらないのです。また、中・長期的に見ても、「あの店は買いにくい」とか「あの店のチラシ広告はうそつきだ」というような悪い評価につながりかねません。

ですから、「今、買わなければいつ買うの」あるいは、「今、売らなければいつ売るの」という、すなわち重点商品を目立つところで、目立つように、商品のバラエティさを増やして展開する必要があるのです。

③重点商品と従業員との関係

「重点商品発想に基づいて作業をすると仕事量が増えるのではないか」と心配する人がいます。確かに①エンドや平台など目立つところで重点商品を展開すれば、移動や陳列などの時間はかかるでしょう。②フェイス数を拡げたり、ＰＯＰをつけたり、メニュー提案などで目立つようにしたら、これもコストがかかるでしょう。③ＳＫＵを増やしたり、関連陳列をして商品のバラエティさを増やしたら、人手が増えるでしょう。

しかし、私たちの売り場の作業は、棚卸し、発注、補充、陳列、手直し、ＰＯＰ取り付けなどが毎週のように規則正しく行なわれています。前記の①②③は多かれ少なかれ、毎日のように行なわれているのではないでしょうか。あるいは「重点商品」という言葉を使わなくても、例えばクリスマスギフト好適品を売るときには、目立つところで、目立つように、クリスマスツリーを使った演出、シャンメリーやクリスマスブーツなどと一緒に関連陳列をしたり、チーズフォンデュなどの試食提案をするのではありませんか。もし手間やコストがかかるからやらないというのであれば、こんなさびしい売り場（店）ではお客様に喜んでいただけないのではないでしょうか。オーバーストア時代（店舗数過剰）では、どこでも同じような商品が並んでおり、簡単にブランド・スウィッチどころか、ストア・スウィッチが起こるでしょう。今までの作業の仕方を52週ごとに重点商品を中心に（意識して）行なったら、もっと良い売り場、買いやすい売り場ができると思います。

また、「重点商品を売る」というときにフェイスを拡げる、SKUを増やすなど、拡大強化という意味のみにとらえられがちですが、限られた売り場の中で何かを拡大したら、何かを縮めないと、在庫量が増え、はみ出し陳列が増えてくるのは当然でしょう。売れるものをより多く売ろうとするときには、そのときに売れないものは縮めます（減らします）。欧米諸国と比べて家賃などのインフラコストが高い日本では、売り場を有効に活用するという考え方が必要だと思っています。作業量は在庫量（陳列量）に比例しますから、このように考えると、拡大して縮小したら、作業量はあまり変わらないのではないでしょうか。差し引きゼロと言ったら言い過ぎでしょうか。売る意志と売りにつながる仕事の組み立てをまず重点商品を中心に行なうのです。

④重点商品とパート社員戦力化との関係

パート社員のスキルアップはパート化比率を上げることと平行して行なわれなければ、売り場の魅力は落ち、営業力も低下し、売上高は上がらなくなります。パート社員に対する教育は、入社時研修のみ、それも、就業規則と店内ルール、あいさつ、身だしなみが中心という企業が多いのではないでしょうか。実務は、配属先の上長が自分流で教えていることが多いと思います。あれもこれもできないのであれば、重点商品についてだけは、きちんと目線合わせをして、商品知識や体験教育も含めて実施したら、重点商品についてだけはプロになるのです。

実際、ある店で、入ってきたばかりのアルバイト社員に担当マネージャーが、「これが今週の重点商品です」と教え、カロリーだとか成分などという難しい話はしないで、なぜ重点商品なのかを伝え、まず食べてもらったそうです（新発売された商品）。その日、売り場でお客様に「この新商品の味はどうなの」と聞かれ、「僕はとってもおいしいと思います。ちょうどよい甘さです」と答えたところ、「それなら買ってみようかな」と言って、二つ買っていったそうです。重点商品について話をしなかったら、もし食べなかったら、多分買ってもらえなかったでしょう。また、もし、「お客さんの好き好きですから」などと言ったら、クレームにつながったかもしれないのです。

重点商品は売れる確率の高い商品ですし、お客様から聞かれる確率の高い商品ですから、そのことを伝えるだけでも、立派な即戦力を育てる短期間の教育といえます。

私が、商品の専門家であるバイヤーに対し立ち向かえる、対等に話ができるのは、今週の重点商品（重点テーマ）の売り場づくりです。バイヤーはいつも商品を扱っていますから商品知識などでは、到底かないません。しかし、重点商品については、食べて試して、使ってみて、売り方・見せ方・伝え方を研究し、競合店の価格、品揃え、売り方などを調べたら、つまりその商品について徹底的に勉強したら、その部分では専門家になるのです。まさに、孫子の兵法で言うところの、戦略としては一をもって一〇に当たり、戦術としては一〇をもって一に当たることになるのでしょう。パート社員には、前週にミーティングを開いて、当週の重点商品が何か、選定理由は、どのような売り方をするか、生活実感のある主婦（パート社員）としてどんな売り方をしたらお客様は喜んでもらえるかを定期的に行なうと効果的です。

⑤重点商品と地域性との関係

重点商品が全店に浸透しない場合、いくつかの誤解が原因になっています。「本部が売りたい商品を店に強制する」「店で売りたい、売れている商品が重点商品になっていない」「重点商品しか売ってはいけないと言うのか（他の商品はどうなってもよいのか）」など。つまり、店は、規模も全店一律ではなく、競合店も違えば、客層も違う、味の好みも違うから、重点商品発想は、わが店では難しいと言いたいのでしょう。各店の事情は違うし、お客様のライフスタイルは違うのですから、「全店一律」という考え方は間違いです。いわゆる、重点商品と地域性との関係をどうとらえるのかという問題です。このことは、何も今起こったことではなく、個店重視か、チェーンストア論重視かは言い古された論争です。残念ながら、結論が出ないまま、中途半端に対立したままでいるように思っています。

ただ、理屈レベルでは、そのような状態であっても、実務レベルでは、そのどちらにも組しない考え方のほうが広がっているようです。すなわち全店同じでよいもの（かなり多いし、多くなっている）と個店の事情を活かすものの両方が、必要であるということです。

例えば、「運動会」という重点テーマは、全国一律でしょう。わが県では実施していないという事例はないでしょう。しかし期日は、北海道のように五月が多い地域もあれば、関東のように九月、十月が多いところもあります。「浴衣」という夏場の重点商品は全国一律でしょう。しかし、七月に花火大会や盆踊り（お盆）が行なわれる地域もあれば、八月に行なわれる地域（旧盆地域）もありますから重点テーマ（重点商品が売れる理由）は週によって違ってきます。このように明らかに事情が違うのに、全部同じ一律発想は間違いです。

反対に、クリスマスケーキの売れ筋商品、キャラクター（機関車トーマスなど）は全国どこでも同じように注文が多いのではないでしょうか。「ウチの店は全く売れない」というのは、余程の商圏の事情の違い（極端に子どもが少なく、六五歳以上の人が多く住む地域など）は別にして、売り逃がしているのではないかと思います。ＴＶで宣伝されている商品や雑誌で話題の商品は、メディアの発達した現在では、どこの地域にいても、同じように知っているでしょう。

店が地域性をきちんと調べた上で（勘や思い込みではなく）、本部に情報を伝えます。本部は各店のそれらの情報も参考にしながら、企業の重点商品と重点テーマを決めていき、全国一律の重点テーマと地域独自の重点テーマを計画化します。それでも、共通化できる重点テーマは九五％以上になるのではないでしょうか。ある情報データ会社の話では、「全国の売れ筋商品の九五％は同じ、違いはたった五％」だそうです。食品に限った話か

重点商品と商品分類との関係

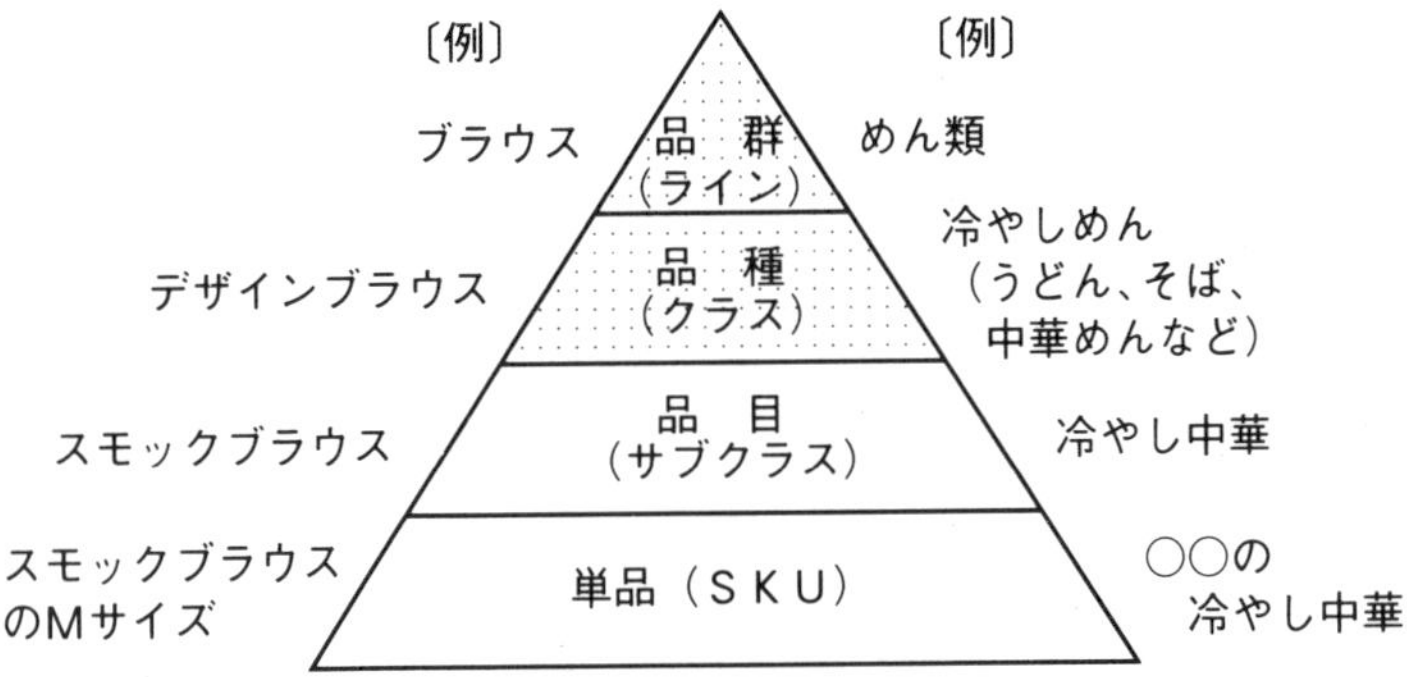

もしれませんし、衣料や住居関連も含めての話だったか忘れましたが。私はこのことを「九五対五の理論」と名づけて、標準化と個性化は矛盾しないと言っています。

本部の管理都合から考えた「全て一律発想（標準化）」も怠慢だと思いますし、「店が全て発想（個性化）」も自己都合のわがままが多いと思っています。ただ、最近、気になっていることは、店がきちんと本部の提案通りにやってみたら、もっと売れるのにという事例が数多くあるということです。ですから本部提案をまずやり切ってみてから、その次に店の工夫を加えるという順序のほうがよいと思うのです。

⑥重点商品と商品分類との関係

企業によっては、重点商品と重点単品を同じように、区別せず定義しないであいまいなままで使っている例を見ます。この業界は、せっかく定義があっても、使おうとしない悪いくせがあります。工場であれば、機械は決められたとおりしか動きませんから、あいまいな指示では絶対に動かないでしょう。これからパート社員がどんどん増えてきますから、きちんとした定義を決めて共通言語で話したいものです。

資料「重点商品と商品分類との関係」を見てください。私たちが発注するときやお客様が買い物するときの単位は、単品（ＳＫＵ）です。ＳＫＵはStock Keeping Unit（ストック・キーピング・ユニット）の略で、「これ以上分割できない商品の最小管理単位」を意味します。ただ、売り場づくりと言ったときには、その売場分類（くくり）は品目が基本になります。例えば、買い物するときには、冷やし中華（品目）コーナーへ行き、その中から〇〇の冷やし中華（単品）を選ぶような行動をとります。ただ、冷やし中華の場所がわからなければ、その前にめん類（品群）の売り場をまず探し、冷やしめん（品種）を選んで、冷やし中華（品目）と順に細かくなっていきます。

つまり、「重点商品」を決める場合、品群（めん類）にする場合もあれば、品種（冷やしめん）の場合、品目（冷やし中華）、あるいは単品（〇〇の冷やし中華）にする場合があるのです。基準は、お客様に気がついてもらえるか、目立つかどうかです。つまり、①

目立つところで、②目立つように、③商品のバラエティさを増やすような展開ができるかどうかなのです。「これが重点商品」と売るほうが意気がっても、お客様に気がつかれなければ、何の意味もありません。ある店のある部門で、他部門の担当者に今週の重点商品が売り場の展開を見てどれだと思うか聞いてみたところ、正解率は五〇％だったそうです。このようなことが、売り場では日常、繰り返されているのです（機会ロスの常態化）。「重点商品」発想をやっているがうまくいかないのは、自分たちは知っていてもお客様が知らないという、当たり前の理由が原因になっています。

ですから、重点商品を決める場合、次のような点に注意して決めたらどうでしょうか。

①その商品だけで十分に目立つかどうか。

②多ＳＫＵ展開が可能かどうか。

③売上高構成比が高いか。

①は、〇〇の冷やし中華がＴＶ宣伝中であったり、メーカープロモーション（マネキンの試食提案など）と連動したり、超売れ筋商品などのときには、売り場では、陳列量やフェイス数を拡大するでしょう。この場合は〇〇の冷やし中華（単品）が重点商品になり得ます（重点商品＝重点単品）。しかし、単品が上記に該当しない場合は、重点商品に選んでもお客様に対する訴求は弱くなります。そこで考えられるのは、〇〇の冷やし中華（単品）

だけでなく、冷やし中華（品目）を重点商品にすると、訴求は増してきます。この時には、重点商品＝重点品目になります。それでも訴求が弱ければ、冷やしめん（品種）、つまり、重点商品＝重点品種になります。おそらく、重点テーマは「涼味」とか、「冷やしめん祭り」などとなり、訴求力がさらに高まります。その中で○○の冷やし中華を目立たせたいのなら、フェイス数を拡げたり、日配冷ケースの一段目の目立つところで展開します。

②の多SKU展開が可能かどうかについては、例えば、図のスモックブラウス（品目）のサイズ構成がS、M、L、LLなど（単品）と豊富に展開できれば、スモックブラウス（品目）が重点商品になります（重点商品＝重点品目）。しかし、展開スペースが九〇センチハンガー一本くらいでは、目立たないでしょうから、デザインブラウス（品種）を重点商品にします。それでも、目立たなければ、ブラウス全般を重点商品にして、つまり、重点商品＝重点品群になります。

③売上高構成比は、部門の数値（売上高）に影響を及ぼすような重点商品を選ぶことです。部門の数値に影響を及ぼすとは、どのくらいの数値かと言えば、決まりは全くありませんし、誰も決めておりません。部門の中で五％では少ないとか、二〇％以上は行ってほしいとか、議論はあるのですが、基準値は私自身も持ち合わせておりません。ただ、自部門の関連する商品、他部門の関連する商品も含めて、重点テーマでくると、単品数、品

目数、品種数、品群数が増えてきますので、数値は上がります。例えば、「運動会準備」という重点テーマで、畜産部門の若ドリモモ唐揚げ用やハム・ソーセージだけでなく、ローストビーフ、やきとりを加えたら、数値は上がるでしょう。さらに、冷食売り場のトリの唐揚げ、コロッケなど、デリカ部門のいなりや巻物、家庭用品のラップ、ホイル、弁当箱なども加えたら、目立つし、数値は変わります。

⑦重点商品と52週との関係

このことについては、既に詳しくお話をしました。それでも、「毎週、重点商品を選定するのは、大変ではないですか」とか「二週間に一回くらいなら売り場を変えることはできるのですが」など、現在の作業量や作業レベルを前提にして、疑問を投げかけてくる人がいます。一週間で売り場から消えてなくなる商品（商品回転率が異常に高い）などありませんから、通常は四週間（約一カ月）、一三週間（約三カ月＝四半期）、長いのは、一年以上も売り場に並んでいる商品もあります。ですから52週より、月度、四半期などが普通ですし、今までも何の疑問もなく、仕事をしていたのでしょう。

ところが、実際は毎週のようにチラシ広告を出してますし（52週）、時には、週二回（104週）、週三回（156週）も出す企業さえあります。そのつど、売り場では、補充、陳列、

ＰＯＰ取り付け、終わった後の陳列手直し、ＰＯＰの取り外し、場合によっては商品移動が伴ってくるのです。わが企業は、チラシ広告を出さないで、エブリデー・ロー・プライスを目指し、余計な作業をかけないようにするという政策を持っているのであれば、前記の質問はそのとおりだと思います。しかし現実には、今のところ一〇〇％近い企業が、アップ＆ダウン（ハイ＆ロー）の価格政策を持っているでしょうから、52週ができない理由は少ないと思っています。

私の理想は一年三六五日、「365日ＭＤ」です。毎日のようにお客様が売り場に来ていただけないだろうか（客数増）、しかも、毎日、来店されても飽きられない魅力ある売り場ができないだろうか（買い上げ点数増）と考えています。そこまではすぐには、企画が立てられない、作業体制ができないでしょうから、難しいとは思います。もし、私が小さな店の店主だったら、毎日のように数少ないエンドを手直し（変更しないまでも）したいと思っています。ただ、後ほどお話ししますが、104週ＭＤが、52週ＭＤどころかＳＭの生鮮部門では急務の課題になっています。

つまり、平日の重点商品と休日の重点商品は変わらないと、値下げロスの問題に直面しかねないのです。私たち小売業はメーカー・産地・職人など「作る匠」に対して、製品を流したり、製品の置き場をつくるのではなく、売り場、あわよくば、お客様にとっての買い場を目指したいものです。売り場にある全ての商品を売る、そのために計画的に全ての商品に売れる機会をつくるような「売る匠（売るプロ）を目指す」必要があります。

⑧重点商品とチラシ広告との関係

これについても、次章で述べることですが、売り場に行くと、何がその店、その売り場の重点商品なのかわからないことが多くあります。ＰＯＰに「広告商品」「お買い得品」「おすすめ商品」「セール品」「店長一押し商品」などといろいろと書かれてあるため、何がそれこそ本当のおすすめなのかわからない状態になっています。ＰＯＰ洪水、ＰＯＰ公害に陥っていると言っても過言ではありません。

「ＰＯＰが多すぎるから減らす」「売り場がさびしいからＰＯＰをつける」という昔も今も変わらない対処方法では困るのです。何が問題なのでしょうか。チラシ広告に載る商品＝重点商品という考え方がないために、売り場はやることが多くて混乱しています（お客様も何を買ってよいのか、迷っています）。チラシ広告商品が価格の安い日替わり商品であっても、店（企業）から見れば、お客様に自信を持って、買っていただきたい重点商品のはずです。集客の意味もあるでしょうが、重点商品として位置づけたいものです。

「そんなことしたら、売り場がさびしくなる」とか「何でも計画的にはできない。問屋からの投げ売り商品もあるし」「天候不順で不作もあるし、海が荒れて時化《しけ》もあるし」などと言った意見がはね返ってきそうです。そのようなときは必ずあります。では、どうするか。緊急に、臨時に臨機応変に変えればいいのではないでしょうか。計画は実施してもらうためにありますから、実施できない計画であれば、新しい計画を作るしかありません。

⑨重点商品と幹部（店長・本部スタッフ）との関係

売り場でしばしば、見かけることですが、本部の幹部と思われる人（スーツ姿の人、たまに見かけるポケットに手を突っ込んでいる人、売り場でお客様がいる前で部下を怒鳴っている人、主通路の真ん中を部下を従えて歩いている人など）の態度の悪さには、嫌な思いを感じています。また、売り場で細々と注意して、メモ帳に書かせている人のねちっこさにも驚きを通り越してあきれてしまうことがあります。言われたほうも「一〇〇項目の指摘がありました」と、半分、自慢げに話すのもどうかと思います。私も経験あるのですが、小さな指摘も大きな指摘も作業は同じぐらいかかり、小さな指摘だからたくさん言ってもよいということにはなりません。「品切れが一五カ所、品薄三〇カ所、ボリュームが不足しているエンド五カ所」と事実を指摘されても、たまたまかもしれませんし、売り場の不注意以外（メーカー欠品、予定より売れすぎたなど）のこともあるのです。

幹部は定期的に巡回すべきです。最近は、店回り、現場回りをしない幹部が多くなっているようです。数値や報告がパソコンなどで、生々しく伝わってくるものですから、見たつもりになっているのでしょう。幹部こそ「調」の役割を果たしてほしいと思います。重箱の隅をつつくのではなく、誰でも見ればわかる事実を指摘するのではなく、構造的な問題を肌で感じとるべきです。私のおすすめは、売り場に行くときは、重点商品情報を持参して、売り場とバックヤードを見ながら、重点商品の在庫計画はどうか。今週の重点商品は正しい選択だったのか、売れているのか、売り方はどうかなど、作と演の視点、併せてお客様の視点で見ることです。「売り上げを上げろ、値下げロスを減らせ」といっても、今売らなければいけない重点商品の売り場づくりがきちんとできなければ、年間の目標を達成することはできないのです。

もし、週末に巡回するのであれば、月曜日や火曜日に本部幹部が集まる席上で（店長会議でも）、具体的で生々しい話、すぐ手を打つべき話などが、わかりやすく伝えられるのではないでしょうか。また、幹部が意識して「重点商品」を共通言語として話をしなければ、組織の誰もが真剣に取り組まないでしょう。このことは、重点商品に限りませんが、「ノーブリス・オブリージェ」、英国で使われている言葉ですが、高貴な人の責任とでも訳すのでしょうか。重点商品発想の浸透度について上に立つ人の責任の重さを痛感しています。どんなに技術があっても、幹部の考え方次第で技術が活きなくなることもありますし、やってみようという組織風土が育っていないと、一過性で終わってしまいます。

⑩重点商品とチェーンストアとの関係

マスメリットやローコスト運営など、チェーンストア関係の書籍には、必ず載っている言葉ですが、店の数の多さや人の数の少なさだけがクローズアップされているように思います。使い古された言葉（大量仕入れ・大量販売、一人当たりの守備面積など）だけれど、今でも真剣に使わなければいけない言葉もあります。ただ、経済が右肩上がりに続いていた成長時代、競合店が少なく、早いもの勝ちの時代（出店では陣取り合戦）から、今の成熟経済の時代、オーバーストア時代では考え方が変わらざるを得なくなっているのではないでしょうか。

すなわち、チェーンストアを標準化や単純化、専門化の集積だけでなく（今でもこのことは大変重要です。むしろ標準化できるのにしていないことに問題があると思っていますが）、たくさん売るために、多くの人の知恵をもっと集める必要があります（知恵んストア）。機会ロスや値下げロスを減らすために、地域の事情を知る必要があります（地縁ストア）。組織規模が拡大していくと、なぜか、人の数だけ（優秀な人が多く入社しているのに）、店の数だけ知恵が回っていないし、地域の事情にうとくなっていきます。官僚化（民僚化）、社畜化、前例主義など負の考え方が蔓延して、生き生きと働けない組織になっているのではないでしょうか。また、チェーンストア化を意識するあまり、守りのリストラを優先し、結果、魅力のない、営業力の不足した店になっていないでしょうか。

攻めのリストラの意識を持って、重点商品をたくさん売って、値入率（計画荒利益率）を上げ、価格も下げて強いチェーンストアを目指すべきでしょう。

2　重点商品（重点テーマ）とチラシ広告を連動させる

重点商品（重点テーマ）が決まったら、必ずチラシ広告を連動させることです。チラシ広告に載っている商品が売り場で目立たなかったり、売り場にたくさん陳列されている商品がチラシ広告に載っていない場合がよくあります。チラシ広告と売り場の商品が連動しなければ、チラシ広告を見て買い物にくるお客様が気がつかないわけですから、重点商品が爆発的に売れることはまずないと思います。チラシ広告を出すのであれば、何が何でも重点商品（重点テーマ）とチラシ広告を連動させるべきです。チラシ広告と売り場を連動させることで、売れる量が劇的に変わるのです。

(1) 考え方

チラシ広告は出血サービス、奉仕でも構わないと思っている企業が結構多いと思います。集客のためにチラシ広告を出すという考え方が主流ではないでしょうか（今の段階で）。決してセールをやってはいけないとか、お買い得商品を増やしてはいけないとか、そういう意味ではありません。チラシ広告というのは、企業（店）の商品計画、販売計画をお客様に伝える手段だと考えています。目に見えない計画をビジュアルに表現するのがチラシ広告なのです。ですから、出血サービス、奉仕でも構わないのではなくて、利益獲得の手段と考えるほうがよいと思うのです。

チラシ広告商品を分けると「赤目玉と黒目玉」の二つになります。詳しくは、前者は赤目玉商品と呼び、値入率（計画荒利益率）は低くするのが一般的です。後者は黒目玉商品と呼び、値入率は高いのが特徴です。ただ、ここで言うところの値入率が低い、高いという基準はあいまいです。赤目玉は、五％とか七％など、一ケタ台の商品になりそうです。あえて、基準らしきものをあげれば、その企業の一般販売管理費率（人件費、家賃など）より下か、上かになるでしょうか。下回れば、赤目玉、上回れば黒目玉と呼びます。そのように考えると、多くの企業は赤目玉中心と思われます（各企業の情報がオープンになっていませんが）。

ある企業のある週のチラシ広告商品の値入率（計画荒利益率）一覧表を見たことがあります。そこでは、加工食品が三％とか四％の商品が並んでいました。いわゆる赤目玉です。この企業は上場企業ですから、有価証券報告書を見ると、売上高対比一般販売管理費率は約二四％です。つまり、合計の平均値入率が二四％を超えないと、このチラシ広告の内容だけでは飯が食えないのです。その他の商品では、野菜、肉などの値入率は日替わり商品でも三〇％近くに達しています。どうしても雑貨や加工食品は、どこの企業（店）のチラシ広告でもロスリーダーになりやすいのですが、中には、オイスターソースで二七・七％ある商品もあります。あるいは、同じ加工食品でも、新発売商品は三五・七％も取っていますこれらは黒目玉の位置づけになります。安さと良さの商品がうまくチラシ広告に散りばめられています。

それでも合計の平均値入率が二三・三％で、一般販売管理費率より下回っています。多くの企業で耳にする言葉「チラシ広告を出せば出すほど赤字になる」というのが現実味を帯びてきます。それでも、この企業は売上高対経常利益率は二％以上とっているわけですから、他企業よりチラシ広告がうまく運営されていると考えられます。おそらく、早くから（13週以上前から）、チラシ広告の原案ができて、商品の選定や価格、値入率の検討、安さと良さの商品の値入率ミックスの打ち合わせ、調整が何回も行なわれているのではないでしょうか。要はチラシ広告というのは出血サービスや奉仕ではなく、利益獲得の手段なのです。

多くの企業では、毎週のチラシ広告の値入率（総計）一覧表を出しているところは少ないと思いますが、チラシ広告の考え方を改めたほうがよいと思います。なぜなら、ある調査会社によると、チラシ広告を見ている人は、約七〇％もいるそうです。その中でチラシ広告を見て買い物する店を決める人は、約八〇％いるのです。さらにチラシ広告を参考に買い物する人は、よくある五五％、ときどきある三〇％含めて八五％もいるのです。ですから、チラシ広告を出すことに追われないで、何回も、何回も中身の検討をすることは非常に大切なことです。

チラシ広告に何の商品を載せるかは難しいけれど、それだけお客様がチラシ広告を見ているわけですから、意味のある載せ方をしたいものです。

(2) チラシ広告の目的

チラシ広告の目的は何かと質問されたら、「集客」「安さ訴求」と答える人が圧倒的に多いと思います。確かに集客ということもありますが、商品計画と販売計画をお客様に伝えるためにチラシ広告があるのだというように考えたいと思います。なぜなら、各計画は六カ月以上前から立てられ（ラフ案含め）、それに基づいて、販促計画が決められているのですから。

チラシ広告は、企業の店の意図、企画、意思をビジュアルにお客様にわかるように表現されたものです。各計画は、価格訴求もあれば、行事対応、新発売、話題、流行、旬など価格以外のものもあります。なのに、集客＝安さ訴求のみになり、集客＝話題、旬、流行などの訴求となっていないのです。と考えれば、チラシ広告の内容もデザインも変わってきます。当然、チラシ広告と売り場は連動しなければなりません。チラシ広告商品が目立つ、わかりやすい場所に陳列される、フェイス数を拡げ陳列量を増やす、ＰＯＰがきちんと取り付けられることで、お客様は買いやすくなるし、買上点数も上がるのです。チラシ広告商品に取り付ける統一ＰＯＰは本部から送り込まれるか、店のＰＯＰライター（機械含む）で作成します。店での手書きＰＯＰが多くなっていますが、汚い字が商品の価値を損なうことがないように、また、店の負担、店の作業が増えないように本部でコントロールすべきです。

チラシ広告を見たお客様に、「あっ、欲しいものがあった！　今日はこれを買いに行こう！」と思っていただき、確実に商品を買えたという状況を作りたい。チラシ広告には、お客様から見て、今一番魅力のある商品を載せます。今最も売れている商品、新しい商品、話題商品、つまり、重点商品です。価格を下げる場合も、お試し価格の場合もあるでしょう。店では、単品ごとにどれだけ売るという計画をきちんと立て、どの場所で売るかを決め、徹底的に売り込みます。一つひとつの商品のフェイス数を思い切って拡げ、二倍、三倍売り込もうと考えてください。他部門とも連動し、コーディネート、関連販売を含め、売り場前面で積極的に訴求します。ＰＯＰで価値（安さ、良さごとに）を伝え、売り場に出て、接客もしたらどうでしょうか（セルフサービスだからと言わないで）。

(3) 手段・方法

最近、チラシ広告が当たらなくなった、つまり、広告効果がうすれてきたという話を聞くようになりました。その対策として、チラシ広告をビジュアル（多色刷り、デザイン一新など）にしたらどうかとか、掲載商品の点数をもっと増やしたほうがよい、反対に減らしたほうがよいなどの意見が出ますが、決定的な対策は打てていないように思います。なぜチラシ広告が当たらないのでしょうか。「点数を増やそう」または「減らそう」、あるいは「ビジュアルに」、と私も考えたことがありました。でも、重点商品発想の基本に立ち返ったら、重点商品計画の精度UPがまず最初に来るべきだと気がつきました。

一番当たるチラシ広告は何かといったら、重点商品情報の精度を上げ（元を正せば計画の精度を上げる）、売り場でそれらを売るために売り方・見せ方・伝え方を工夫して（演の精度UP）、消化率及び効果の測定がきちんと行なわれることなのです（調の精度UP）。そのようなソフト面をきちんと確認しないうちに、点数やビジュアル面など、要するにハード面に頼ってしまうのです。それでは順番が逆です。枝葉末節のことをいじくり回し、肝心の幹の部分を議論しないことが結構多いのです。

チラシ広告を出して、今週のチラシ広告商品の消化率が何％ということをいつも気にしています。ところが、「何％だった？」と担当者に聞いてもほとんど答えられません。コストをかけて、手間をかけてやっているのに、効果がわからないのです。そうすると売り場はどんどん不良在庫や売れ残り品が溜まって、売り場の鮮度が悪くなってしまいます。

さらに今、問題になっているのは後始末作業が増えていることです。商品の店内移動、場合によっては店間移動、価格変更、ＰＯＰの取り外しと再取り付けなど、必ずチラシ広告に関わる作業が再発生して、一週間の作業のうち、それらが半分を占めるという例もあります。そのような時は本当に危険信号です。チラシ広告を出すのを止めてでも、原因を調査すべきでしょう。

この繰り返しが、企業の収益を大きく変えることになるのです。チラシ広告を含む販促費は、どこの企業でも売上高対比〇・六〜二・〇％くらいであり、人件費や家賃ほど高い構成比ではありませんが、人件費に影響を及ぼすことに注意してほしいのです。消化率の悪化は今後も続くでしょう。あるドラッグストアで調査をしたら、平均二〇％弱、つまり、五つの商品のうち一つしか売れていないということがわかり、ショックを受けたことがありました。

チラシ広告商品の探しやすさ調査を時々しています。資料の「チラシ広告商品の探しやすさ調査例」を見てください。これは簡単ですので、ぜひ自店と場合によっては競合店でもやってみてはどうでしょうか。結果に驚くことでしょう。

手順は、以下の通りです。

(a) 調査対象店舗を決めます（目的により店舗を選択）。

(b) 調査日時は、対象店舗すべてのチラシ広告が出揃う曜日（例・木曜日あるいは金曜日の午前中）。

(c) 必要項目（チラシサイズ、対象商品の単品数、所要時間など）を記載した調査フォ

チラシ広告商品の探しやすさ調査例

項目＼店名	Ａ　社 大型ＳＭ	Ｂ　社 ＳＭ	Ｃ　社 高級ＳＭ	Ｄ　社 量販店	Ｅ　社 生協
売場面積（坪）	600	430	430	720 （食品フロアのみ）	250
チラシサイズ 色数 （表・裏）	Ｂ４ *４×１	Ｂ４ １×１	Ｂ３ ２×１	Ｂ２ ４×４	Ｂ３ ４×４
（主）テーマ	・鍋 ・朝食夕食メニュー	・緊急スペシャル	・鍋	・九州うまか市 ・収穫祭	・産直収穫祭
単品数	27	22	21	81	26
所要時間	９分	10分	25分	25分	15分
１単品当たりの所要時間	20秒	25秒	75秒	18秒	30秒
評価	Ａ	Ｂ	Ｃ	Ａ	Ｂ
コメント	・生鮮品目を絞り込みフェイス取りをキチッとしている（平ケースの展開がメイン）。 ・チラシのくくりと売場が一致。	・「３割引」「４割引」「均一」と売場ごとに価格くくりでの紙面。訴求効果はある。	・ＰＯＰタイトルの「広告の品」が一番目立つようになっていない。 ・チラシのくくりと売場のくくりが不一致。 ・ＰＯＰミス多し。	・主通路にほぼ100％陳列されている。 ・ＰＯＰのタイトルが統一。 ・チラシ広告のくくりと売場くくりが一致。	・売場、品目が少なく絞り込んでいる。 ・商品が基本の主力素材である。 ・全品カラー写真掲載で分かりやすい。

＊４×１は表・４色刷り（カラー）、裏・１色刷りのことです。

ームを使用します。

(d) 調査人員の選定とOJT（オン・ザ・ジョブ・トレーニング）を実施します。

(e) 調査結果を評価し、分析します。

店に行き、まず入り口に立ちます。スタート時間を書いておきます。チラシ広告を持ち、掲載商品がどこにあるか探し、一つずつ確認していきます。見つかれば、チラシ広告商品にチェックを入れます。例えば、五〇単品あれば全部探して回ります。五〇単品全部チェックし終えたら、元の入り口に戻って、今何時何分かを書きます。例えば一〇時三〇分から調べ始めて、終わった時間が一〇時五〇分であれば所要時間は二〇分かかったことになります。二〇分を秒数に直すと、一、二〇〇秒になり、五〇単品で割ると、一単品当たり二四秒ということになります。

資料を説明すると、調査五店舗の各売り場面積は600坪、430、430、720、250坪の順です。720坪は量販店、その他はSM（生協を含む）であり、250坪から600坪の違いがあります。売り場面積の大きい店と小さい店があると、普通は大きい店のほうが探しにくいと思われるでしょうが、実際は全く異なるものでした。一単品当たりの時間は左から順に20秒、25秒、75秒、18秒、30秒になったのです。D社（量販店）は720坪ですけれども、一単品当たりの所要時間はたった18秒なのです。売り場面積が大きい、チラシ広告に載っている商品数が多いから探しにくいということはないのです。

なぜ探しやすかったのかと言えば、Ｄ社のコメント欄に書きましたが、①主通路にほぼ一〇〇％陳列されている。②ＰＯＰのタイトルが統一。③チラシ広告のくくりと売り場のくくりが一致していたからです。主通路にほぼ一〇〇％陳列されていて、それらの商品は、生鮮品であれば、冷蔵ケースの陳列棚の一段目に陳列されており、それぞれの商品が四フェイス以上ありました。また、加工食品や日用雑貨品では、エンドに大量に陳列されていたのです。

ＰＯＰのタイトルが統一ということとは、例えば「盛夏バーゲン」というテーマでチラシ広告に載っていたら、売り場のＰＯＰに「盛夏バーゲン」と印刷されてある。つまり、チラシ広告のタイトルとＰＯＰのタイトルが同じだから見つけやすいということです。

もう一つのチラシ広告のくくりと売り場のくくりが一致というのは、チラシ広告でコーディネートされたり関連陳列されている状態が売り場でも同じようになっているということです。例えば、薬品の「夏の好適必需品」というテーマで殺虫剤や虫さされ薬、スキンガード、化粧水、制汗剤などがチラシ広告に載っていました。売り場に行くと、同じように、それらの商品が平台で合同展開されていたので、すぐわかりました。このように調査してみますと、Ｄ社は消化率が高いと考えられます。ちなみに、探しにくい店の特徴は、以下の通りです。

(a) チラシ広告商品が陳列されていない（チェックミス）
(b) チラシ広告商品なのに欠品している
(c) チラシ広告商品の陳列位置が一定していない
(d)「広告の品」のPOPがついていない
(e) POPが「広告の品」以外にたくさんついている（「おすすめ品」「お買い得品」「店長のおすすめ」「本日限り」など）
(f) チラシ広告商品が多すぎる（単品名が小さくて読みにくい）

このようなことをやってみると、チラシ広告を数多く出すのではなくて、チラシ広告に載っている商品が本当に売り場でわかりやすいか、わかりにくいかというのが、買上点数が上がるかどうかに直結することがよくわかります。私たちは、チラシ広告をどんどん送り出しますが、その後どうなったかはチェックしていません。これでは数多く出せば出すほど、客数が上がらないばかりか、お客様の店に対する不信感を増やすばかりです。そこにものすごい落とし穴があるように思います。

自分は一所懸命やっているのに、なぜ売れないのか、なぜもっと売ってくれないのかと考えたら、是非、チラシ広告の探しやすさ調査をやってみてください。売り場に行ってチラシ広告商品がただ置いてあるだけだと、ショックを受けます。このような調査は大変に重要なのです。ある面では、非常に地味な仕事です。でも、このようなことの積み重ねが、一年間の売上高につながるのではないでしょうか。

(4) ゴール目標

これは、重点商品とチラシ広告を連動させるというところのゴール目標です。この中には、短期と中長期の目標があります。

①短期目標

●魅力あるチラシ広告づくり（良い企画がなければチラシ広告を出さない）

魅力あるチラシ広告づくりというと、すぐ「ビジュアルに」と考えますが、違うのです。魅力あるチラシ広告づくりというのは、「良い企画がなければチラシ広告を出さない」、これが魅力あるチラシ広告づくりの意味だと思います。週末の新聞を見るとあ然とします。なぜチラシがこんなに一杯入っているのかと。これでは商品が安くても良くても、目立たないでしょう。サイズの違いがあろうと皆、同じように見えてしまうのです。ですから、魅力あるチラシ広告づくりとは何かと言えば、良い企画がなければ出さないことだと思います。つまり、出さないことも魅力あるチラシ広告づくりなのです。売れない商品を無理して載せて、売れない商品をはんらんさせ、あげくの果てに後始末作業をまき散らすことに、一日ピリオドを打ってみてはどうですか。こんなことをいっても、真っ向から反論されるでしょう。商品部も販売部も、チラシ広告を出さないと不安だからです。チラシ広告づくりは「自分の仕事ではない。販促部の仕事だ」と。確かに、販促部の仕事ですが、全員が魅力あるチラシ広告づくりについていつもこのような意識を持ちたいものです。

例えば、一年間52週の実需マトリックスに基づき、店全体の一年間の順位や部門の52週の順位をつけます。さらに、効果測定をすると、チラシ広告を出して当たる週と当たらない週の境界が見えてきます。大体、1位から34位までの上位七〇%です。それ以外の35位から52位までは、効果がはっきり数値に表われてきません。是非、自企業（自店）でも調べてみてください。つまり、売れない週に出しても当たらないのです。今の時代は、本当に良い企画でなければ、あるいは売れる週に出さなければ、当たらないと思っています。

以前、チラシ広告をその週に出すか出さないかで各部でもめた時に、開店一〇時のお客様の集まり具合を調べたことがありますが、せいぜいバーゲンハンター狙いでしかないのです。とても失礼な表現だとしたら、お許しください。何かすれば（投資）、何か見返り、リターンを求める（効果）のは経営の根幹ですから、このことはシビアに考えたいと思います。上位１位から34位までに良い企画をやる。しかし、それ以外は勇気を持って出さない。そのように考えないと、本当に売り場はたいへんです。どんどん広告を出せば出すほど、作業が伴ってきます。

ある企業でチラシ広告に関わる作業が一週間の半分を占めていたと書きました。商品が入ってきた、商品を開封して、売り場へ並べ、ＰＯＰを付ける、それで全部の商品が売れれば作業は理論上（作業量は在庫量、陳列量に比例）ゼロになります。ところが、売れないと、その後の後始末作業がばかにならない。売れないから移動する、その作業にまた時間がかかる。あるいは値下げする（価格を元の価格に戻す）。陳列位置を変える。この繰り返しの作業を毎回、延々とそれこそ繰り返してよいのでしょうか。ですから、チラシ広告改革をしないとローコスト運営にはつながりません。ただ、売っていない（お客様に気づいてもらっていない）という面もありますので、まず、売り場ではチラシ広告商品の消化率を限りなく一〇〇％に近づける工夫も併せて必要です。これは、あるべき論や経験談ではなく、実務的な、実践の場からの提案です。

●消化率向上による作業軽減

このことについては、再三述べてきましたが、改めて売り切ることが立派なローコスト運営であると、声を大にして言いたいと思います。作業量はいつも陳列量（在庫量）に関係してくるのです。基本的には在庫がゼロになったら作業は発生しないのです。理論上は、売り切って在庫がゼロになれば、その作業はゼロになるのです。

ある雑誌の取材中に、あるディスカウントストアのバックルームで、以下のようなことを見かけたことがあります。チラシ広告が貼ってあり、その中に小さな円の色違いのシールが貼ってあるのです。例えば、Aという商品は赤のシールだけが貼ってある。Cという商品は、赤のシールと青のシールが貼ってあったのです。Dの商品は、赤と青のシールが貼ってあって、さらに黒のシールが貼ってあり、そこに「7月27日土曜日、3時完売」となっていました。

これは何の意味かと聞いてみたところ、赤シールは、広告期間中（月曜日から日曜日まで）に三分の一が売れた（消化した）時点でこのシールを貼るのだそうです。赤シールを貼って、さらに青シールが貼ってあるのは、三分の二が消化した時点とのこと。赤を貼って、青を貼って、黒シールを貼るのは、完売の時です。日曜日を待たずに品切れですから、「このDの商品は売れる。もっとたくさん仕入れておこう」となります。反対に売れないAの商品は、今日が土曜日であれば、期間はあと日曜日しかありませんので、店内アナウンスをかけるそうです。「A商品がお買い得です。明日、日曜日までの限定販売です」。このようにして売っていき、全てのチラシ広告商品を全部黒シールに変える、つまり在庫をゼロにして、鮮度のある売り場を作っているわけです。これは実際にやっている話ですが、私たちはもっと売る工夫（人手をかけなくてもできる）をする必要があります。

声がけやあいさつは、金のかからない、手間のかからない販売促進です。チラシ広告商品をあちこちと売り場内に意識して分散させる旧来の方法も見直しが必要になるでしょう。店内をくまなく歩いてもらいたいと思いますが、探しても見つからなくては本末転倒です。いっそのこと、元売り場の他にもう一カ所、今週のチラシ広告商品コーナーがあったら、間違いなく、探せるのではないでしょうか。このことは、まだ、賛同をいただけていませんが。また、売るためにどうしたらいいのかという工夫を集めた重点商品情報づくりも併せて進めていってほしいと思います。

②中長期目標

●チラシ広告を出さなくても集客できる、魅力的な売り場づくり

このことを将来的に目指していきたいと思っています。現段階では、相当、抵抗があるでしょう。コスト的にはチラシ広告は、コストの三大要素である人件費や家賃と比べたら、それほどの比率ではないのですが、これが結果的に売り場の作業を増やし、人件費に影響

を及ぼしているのです。毎週の重点商品を中心に魅力ある売り場、期待を裏切らない売り場を作っていけば、お客様は習慣的に店に足を運んでくれると思います。チラシ広告が新聞に折り込まれようが、なかろうが、安さと良さを兼ね備えた売り場であれば、競合店には負けることはないと信じています。

そうは言っても、商品や売り場の差がつきにくくなっている時代（どこでも同じ商品が並ぶ時代）ですから、簡単にできるとは思っていません。ただ、今その目的に対してできることは、重点商品情報の精度を上げ（作の役割）、重点商品中心の売り場をつくり（演の役割）、組織を挙げて、集中、徹底すること（調の役割）しかないと思っています。例えば、毎週恒例水曜日の百円均一など、お客様に習慣的に毎週やっているものと認知してもらえば、チラシ広告を出さなくても店に行くのと同じことです。多少夢物語かも知れませんが、いつもそのようにして、チラシ広告を出さなくてもお店に行くような、そのような売り場になったらいいというのが、52週ＭＤの中長期目標です。

第4章　52週MDの技術

1　重点商品情報の内容

(1) 精度を高める工夫をしよう

重点商品情報は、企業（店、売り場）の今週の経営方針と考えています。ですから、情報を中心に多くの人が関わり、守る、徹底することが最低の条件です。にもかかわらず、売り場では重点商品情報を見ていない、やっていない、あてにしていないことがまだ多いのが現状です。商品部と販売部は、どうして仲が悪いのでしょうか。行き過ぎた本部中心主義、行き過ぎた店の勝手都合主義など、組織として体をなしているとは言えません。

どちらに問題があるのでしょうか。まず、そのことに気づかないトップ・幹部に問題があるのは事実ですが、私は、作側に問題ありと考えた方がよいと思います（認めたくはないでしょうが）。現実、情報の内容が悪いために、現場で役に立たないことが多いのです。この状態が続くと、情報だけでなく、本部全体も全く信用されなくなり、店（売り場）で自己流がはびこる原因になります。自己流には、創意工夫と自分の勝手都合（できない理由探し含めて）の二つの意味があるように思いますが、一概に全て悪いと言っているのではありません。自分の勝手都合がはびこるのは、本部が適確な情報、現場で使える役に立つ情報を出していないからではないでしょうか。もちろん、今までも役に立つ情報を出していないわけではないでしょうが、今までより、もっと磨きをかけ、精度を高めていかないと、厳しい時代に生き残るための組織力（企業力、総合力、商品力など含む）につながらないのです。

ですから、重点商品情報の精度を高める工夫を急がなければなりません。ある企業でバイヤーや店長に、他部門の情報を見てもらい、「読みやすい点」と「読みにくい点」を素直に出してもらいました。それを次に挙げます。カッコ内が読みにくい点です。

①重点テーマがわかりやすい、売り場のイメージがわきやすい（重点テーマがわかりにくい、インパクトが弱い）
②重点商品・重点テーマの選定理由が納得できる（選定理由があいまい）
③今週の重点商品、重点テーマを頑張ってやると、いくら数値が変わるか明確である（数値目標があいまい）
④重点商品が絞られている（重点商品が多すぎる）

⑤情報内容が簡潔（情報が多すぎる）
⑥レイアウトやフェイス数などの展開指示が具体的（展開場所、フェイス数の指示がない）
⑦好事例の写真がのっている（すべて文章）
⑧文字が大きい（文字が小さい）
以上のように、良い点も悪い点もあるのですが、全体としては問題が山積みしています。

当事者自身（情報を作っている人、情報を読んで演じている人双方）が、言っているのですから、担当者（パート社員含む）は、どのような思いで情報を使っているのでしょうか。

まだ、当事者に重点商品情報の重要性が認識されていないようです。

(2) 重点商品情報はなぜ必要なのか

ここで再度、重点商品情報がなぜ、必要なのかを確認します。
①競争が激しくなり、総合力で差がつく時代、トップから現場までの知恵の共有化が必要なため。
今後ますます、同じ目線（どこまでもお題目でない現場第一主義とお題目でないお客様

第一主義を持つこと）、同じ言葉（誰でもがわかる、同じ意味にとれる企業内共通言語で話せること）、同じ基準（予算、重点商品などのゴール目標を必ず達成し、徹底すること）が必要になってきます。是非それらを意識して重点商品情報を作らなければなりません。

②パート社員が増え、生活実感のある女性の知恵を仕事の中心にするため。

抽象的な言葉を使わず、具体的でわかりやすい言葉、あいまいな表現でなく、数字やグラフや写真などビジュアルなものを多く取り入れて、重点商品情報を作るべきです。また、メニュー提案や生活行事、地域特性など女性（特に主婦）ならではの情報ネットワークを活用します。以上のようなことを言うと、誤解されそうですが、パート社員が増えるから、わかりやすくとか生活実感が必要なのではありません。そもそも、私たちが今まで使ってきた言葉は、横文字が多かったり、言葉の意味をホンヤクしてなかったり、あいまいなまで済ませていたのです。それでなんとかなっていたから不思議です。改めて、情報の内容についてメスを入れる時が来たと思っています。

③いつ行っても期待を裏切らない店（売り場）レベルを維持するため。

店休日がなくなり、営業時間が長くなると、従業員の勤務体系が変わってきます。一三時に出社し、二二時に退社する人、八時出社一二時退社する人など、様々なシフトが生まれてきます。

こうなると、売り場内コミュニケーションの不備や売り場レベルの差などが問題になってくるでしょう。お客様にとっては関係のない売り手の都合を押しつけるわけにはいきませんから、いかに売り場レベルが維持できるかが大切になります。今後、時間帯別のMD（時間帯ごとの品切れ禁止単品、時間帯ごとの拡大商品と縮小商品など）とそれに対する人員シフトの組み合わせが情報に盛り込まれる必要があります。

(3)　おさえたい内容は何か

そのためには、重点商品情報の内容はどのようにすればよいのでしょうか。後ほど、好事例を中心に具体的な話をしますが、考え方は次の三点です。

①目立たせるもの、伝えたいものをクローズアップさせる

あれもこれもできないし、全てのことをチェックできるわけではないので、目立たせるもの、伝えたいものをはっきりさせます。であれば、トップから現場まで、それこそ選択と集中が可能になり、重点商品については、多くの人の知恵が集まってくるでしょう。

②変えるもの、変えないものをはっきりさせ、変えるもののみ情報として流す

本部から何かを提案することは売り場で何かが変わることになるはずです。したがって

本部から情報を出せば出すほど、売り場の作業は増えていくでしょう。しかし、必要であれば、また、チャンスが見込めれば、情報を出すべきですし、売り場の作業が増えるのは許されると思います。ただ、意味のある作業・投資対効果から考えてやるべき作業でなければ、余計な作業指示は出してほしくないのです。変えるものがあれば、減らすものがなければ、売り場の作業は増える一方です（後始末作業含めて）。ですから、必要であり、変えるもののみの情報で提案します。結果、資料は絞られて情報づくりにかける時間も売り場で見る時間も少なくなるでしょう。

③最低限のスタンダードレベルを維持するのに必要な内容を明らかにする

お客様にとって、いつ店に出かけても欲しいものがある、見つけやすい、買いやすい売り場であることは大切なことです。なぜなら、売り場のレベルに差がないこと、つまり、期待を裏切らないことは、店への信頼につながるからです（ストアロイヤルティ）。ところが、私たちの仕事は、一人の人が一日中、一年中、売り場にずっといるわけではありません。一日の中でも、打ち合わせや食事・休憩時間で売り場を離れることがあります。予約販売と違って、お客様がいつ来店するかわかりませんので、売り場マネージャーが売り場に居る時は、商品がきちんと並んでいるけれど、そうでない時は、売り場は乱れているのでは困るのです。誰が担当しても、同じようにできる、特に今週の重点商品については、最低限、同じようにできることが大切です。その上、売り場マネージャーが居たら、もっと良い売り場ができるとなったら最高です。

(4) 売り場からの意見

また、重点商品情報について、売り場で積極的に取り組んでいる人（売場長、マネージャーなど）から、こんな意見が出ています。作側がきちんと応えてくれないと、演側の協力者、重点商品発想の強力な実務推進者はしらけてきます。以下の三点が代表的なものです。

①資料が多すぎる
②重点商品が多すぎる
③重点商品情報の店到着が遅すぎる

①は、資料が多すぎるから簡単に減らせば済む問題ではありません。必要な内容、役に立つ内容、読んでも疲れない内容であれば、資料が多くても構わないと思います。どこの企業でも、トップ・幹部が「こんなに量が多くて、誰が読むのか」と一喝すると、量が減る傾向があります。これが怖いのは、内容もお粗末になり、質が低下することです。私た

ち小売業は、今でもこの悪いくせが残っているように思います。例えば、ＰＯＰについても「量が多い・ゴチャゴチャしている」と声が上がると乱暴にもせっかく取り付けていたＰＯＰを即座に取り外します。ところが、次の日に別な幹部が来て「ＰＯＰが少なくて、売り場がさびしい」と言われると、また、ＰＯＰが増えてくるのです。このような悪しき繰り返しを何十年もやっているのでしょうか。

これと全く同じことが、重点商品情報についても言えます。考え方や内容ではなく、現象面や形で判断する傾向があります。つまり、質より量の話が結構多いのです。小売業は人に関わる、人次第のビジネスと思っていますから、話を受ける人の心理面を考えてやらないと可哀想です。

なぜ、資料が増えるのでしょうか。作側に立って好意的に言えば、「親切にあれもこれも、手をとり足をとり、丁寧に伝えたい」からと考えられます。パート社員の教科書になるようにわかりやすく、具体的にという意味であれば大歓迎ですが、どうもそうではないようです。一つのことに集中してまとめているのではなく、いくつものことを中途半端に書き散らかしているので、結果、資料が増えています。また、パート社員と聞くと、全く売り場の経験がないとか、重たい荷物をカートに載せるのは可哀想とか、エンドや平台、ステージの陳列やディスプレイ作業は無理というように、実態以上に低レベルに据え置いたままで、過剰に反応していることはないでしょうか。だから、いろいろ資料が増えるのです。一年も経ったら、正社員以上に企業の経営に興味を持ち、使命感を持って仕事をしている人がいると思います。これに関連して、「あれこれ指示しないと店はやらない、できない」と思っていませんか。最低限のスタンダードレベルを提案して（資料はここまで）、あとは店の工夫に任せてもよいと思います（95：5の理論）。それがわからないと、資料は増えていきます。

もう一つ、構造的な問題があります。既に述べましたが、多くの小売業の商品計画・販売計画の立て方は、まず、年間のラフ案を作成し、トップ・幹部や各部門の承認をもらい、徐々に詳細に落とし込んでいく方法です。年間→四半期→月度→週と進む中で具体的になっていきますが、そのつど、資料を作成しているのが現状です。かなり膨大な資料を短期間で作っています。全体をトリの目で見る、大きな流れで見ることは大切なことですが、一年間も先のことを細かく見通せるわけではありませんし、基本的には、毎年繰り返しているわけですから、特に改めてゼロから出発する必要はないと思います。

毎年のトップ方針や部門コンセプトをきちんと打ち立てて、それを実現するための計画であればよいのです。あれもこれも書きなぐるのではなく（どうせ全部できるとは思っていないのですから）、52週ごとの重点商品（テーマ）を中心に計画をしっかりと組むことです。年間（52週）↓四半期（13週）↓月度（４週）↓週と具体的に細かくなると考えるより、週の４週間分が月度、13週間分が四半期、52週間分が年間と考えたら、大きな流れもわかりますし、各部とのつながりも見えるのではないでしょうか。私たちは、かなり、余計な資料づくりをしているように思います。

②重点商品が多すぎるのは、これも前述しましたが、昨年の実需マトリックスから「売れた商品（今年も売れそうな商品）」を知り、業界のＭＤ動向から「今年、売れそうな商品」を予測し、ＰＯＳデータから「今、売れている商品」をチェックし、今まさに、「人気のある話題商品」をつかんで、重点商品を決めていきます。この過程の中で、企業（店、売り場）の意思、あるいは、バイヤー自身が意思を込めないと、重点商品にはならないのです。「重点商品候補」をそのまま「重点商品」にしているだけですから、「重点商品が多すぎる」のは当然です。重点商品候補をただ減らせば、絞り込めば、重点商品になるわけではありません。重点商品にするためには、その理由が明確であり、前述したようにいくつかの条件を満たさなければならないのです。さらに、「今週はこれに最大の命をかけよう（ちょっと、過激ですが）という企業の意思」が必要です。

何度も言っているように、重点商品は一つでなければいけないということはありません。この世の中にある全ての商品は、メーカーは売れると思って作っているのでしょうし、仕入れ担当者は売れると思って仕入れているのですから。全て、重点商品候補の有資格商品なのです。売れる理由が納得できるのであれば、重点商品になります。つまり、重点商品はいくつあってもよいのです（ただし、店できちんと演じられるのであれば）。このような手順を踏んで決めた重点商品は、企業の今週の政策と同じですから、寄ってたかって徹底したいと思います。どうも、重点商品が多くなるのは、売れる理由があいまいで、売れるという予測もあいまいで、売るという意思もあいまいなことが原因ではないでしょうか。

③重点商品情報の店到着が遅すぎるという意見について。重点商品情報が店に到着するのは、実施する四～五日前が多いようです。中には、実施する直前（当週）という企業があると聞いています。その理由もわからないではありません。ＳＭの生鮮部門は、自然が相手なだけに、天候異変や時化《しけ》で商品が入荷せず、重点商品が直前まで確定しない場合があります。だからと言って、直前まで待つ（引っ張る）と考えるのは一方の都合です。そのような時が毎日あるとは思いませんので、もしもの時は、緊急重点商品情報（変更版）を出せば済むはずです。マーケットは絶えず動いていますので、臨機応変に対応すべきです。もちろん、事前の情報もなく、重点商品情報だけで売り場をつくるには、準備する時間が短いでしょう。

多くの企業では、定期的に月二回の店長会議とか、月一回の部門長会議で、企画などが説明されるのが普通です。その時点で店の幹部には情報が事前に伝えられ、総花的に一応、わかったつもりになって、当週の準備を始めます（かなり、機械的に）。店に戻ってから、売り場のメンバーと当週の企画会議（展開場所、関連商品、ＰＯＰ、店独自の工夫、他部門との連携など）を開いて、重点商品をもっと売るためにはどうしたらよいかを話し合えばよいのですが、そこまではやっていないのではないでしょうか。

おそらく、あれもこれもやることが多くて、本部での会議の内容を短時間で話をして、あとは個々の担当者の意欲にお任せになっているように思います。このことは、本部にも問題があります。多くの資料をつくり、短時間で説明するわけですから、お決まりの常套句「あとは、資料を見てください」で会議は終了します。消化不良の状態で（納得を十分にしないままで）、実施するわけですから、本部が提案した通りできることは少ないでしょう。あるいは、店の工夫を加えるのではなく、店の都合（担当者の都合）で変えてしまうことが起こるわけです。「店がやってくれない」と泣きごとを言うバイヤーや本部スタッフがいますが、自分たちにも問題があるのです。

本部で商品部と販売部と販促部（営業企画部）が、九週間くらい前（約二カ月前）にすり合わせ会議（調整会議・連絡会議など）をきちんと開いて、自部門の内容を他部門に説明して、他部門との矛盾点（実施内容は同じなのに重点テーマ名が違うなど）をチェックし合ったり、連携できるところはないか、開始時期は歩調を合わせられないかなどを確認するのです。本部内で、すり合わせができていないから、店で混乱を引き起こすことが多いのだと思います。時間がない、忙しいからは、全く理由になりません。消化不良の状態で情報を出したら、店の作業は増え、魅力ある売り場などできないでしょう。そして、店でそれらの企画を確認し、工夫を加えるような会議（六〇分以内で結論を出す）を開いたら、最高です。

最近、気になるのは、売り場中心のワーク（レイバー）スケジュールや作業改善ばやりで（どうも形から入っています）、本部内、本部と店間、店内、店とお客様の間のコミュニケーションがおろそかになっていることです。このように言うと、誤解されそうですが、そうではなくて、仕事（作業含む）をスマートに行なうためには、コミュニケーションが基本になると考えています。科学的に組み立てることは、今までの小売業では苦手の部類ですが、小売業のＩＥ（インダストリアル・エンジニアリング＝科学的管理法）、つまり、ＲＥ（リテイル・エンジニアリング）とでも言うのでしょうか、これが改めてますます、必要になってくるでしょう。

ちなみに、私は会社を起こした時、どんな社名にするか、悩みました。覚えやすい、わかりやすい、簡単な名前など候補に上がったのですが、最後は、「自分が何をやりたいか」

を社名に表現しようと考え、ＲＥＡ（リテイル・エンジニアリング・アソシエイツ）にしました。単なる勘と経験ではなく、現場の事実やデータに基づいた勘と経験を大切にして、売れて利益の上がる店づくりに貢献しようという意味です。効率のための効率ではなく、お客様に満足してもらう商品や売り場あっての効率化を目ざすべきと考えます。そのような点では、「会議」改善とでも言いますか、コミュニケーションに関わるすべての改善をもっと取り上げるべきではないでしょうか。

以上のことから、このような内容が盛り込まれている重点商品情報を作ってほしいと思っています。ポイントごとに好事例を紹介していきます。

2　好事例から具体的に学ぶ

(1)　資料がわかりやすい

まず、資料のわかりやすさを大切にしてください。資料「好事例：順位（数字）を伝える」は子供衣料の例です。特徴は順位（数字）で話をしていることです。子供衣料には、

23 週				24 週				25 週				26 週			
2 3 4 5 6 7 8				9 10 11 12 13 14 15				16 17 18 19 20 21 22				23 24 25 26 27 28 29			
				旧 盆								新学期スタート（地域）			
女児	男児	幼児	ベビー	女児	男児	幼児	ベビー	女児	男児	幼児	ベビー	女児	男児	幼児	ベビー
38	35	37	35	42	41	39	26	49	47	49	46	51	52	52	50
38				39				51				52			

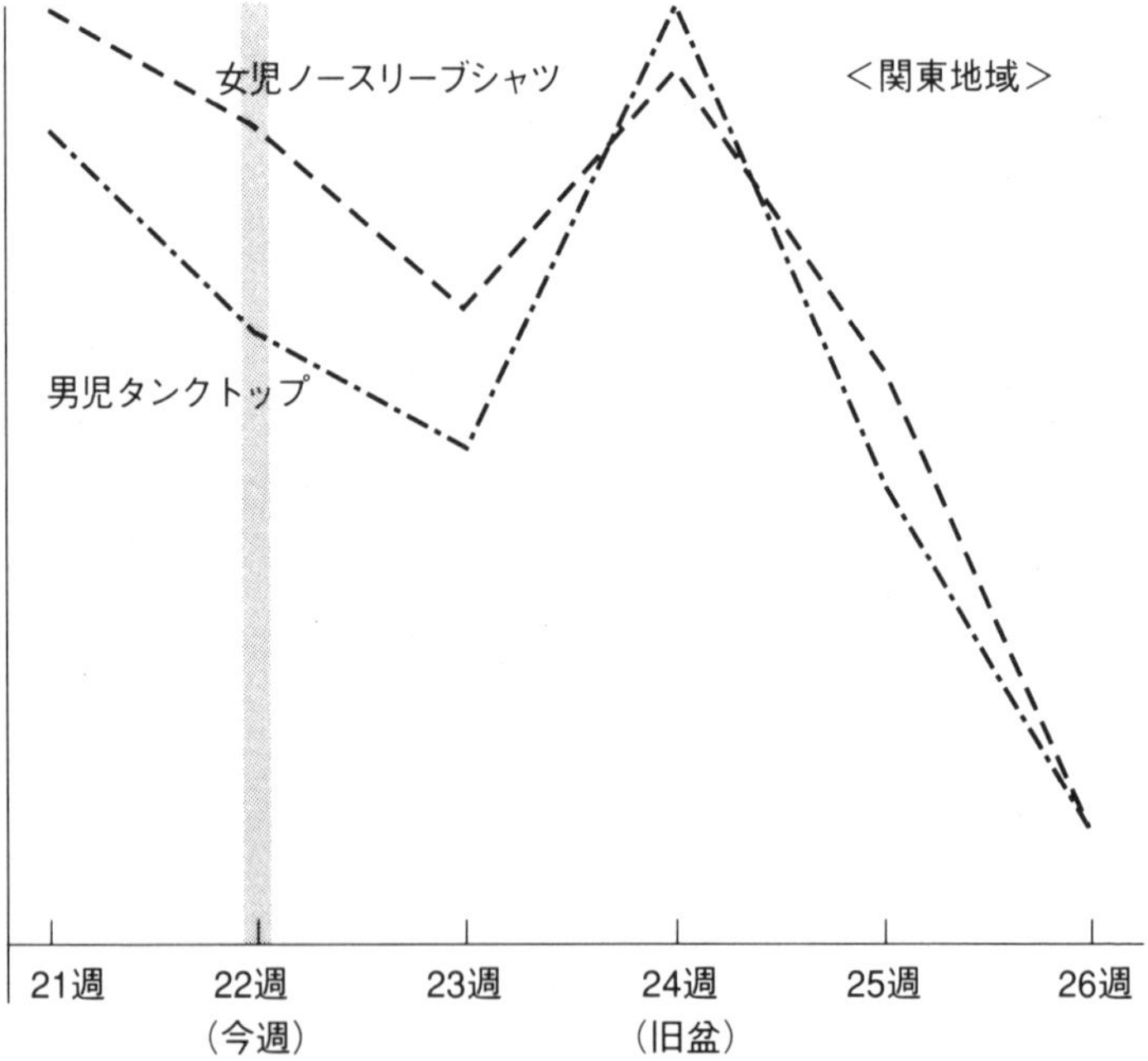

好事例：順位（数字）を伝える

	20　週				21　週				22　週			
	12 13 14 15 16 17 18				19 20 21 22 23 24 25				26 27 28 29 30 31 1			
生活カレンダー					夏休み				（今週）			
部　　門	女児	男児	幼児	ベビー	女児	男児	幼児	ベビー	女児	男児	幼児	ベビー
年間順位	20	16	19	16	19	11	28	14	32	32	33	36
子供衣料計	18				20				33			

好事例：グラフで表現する

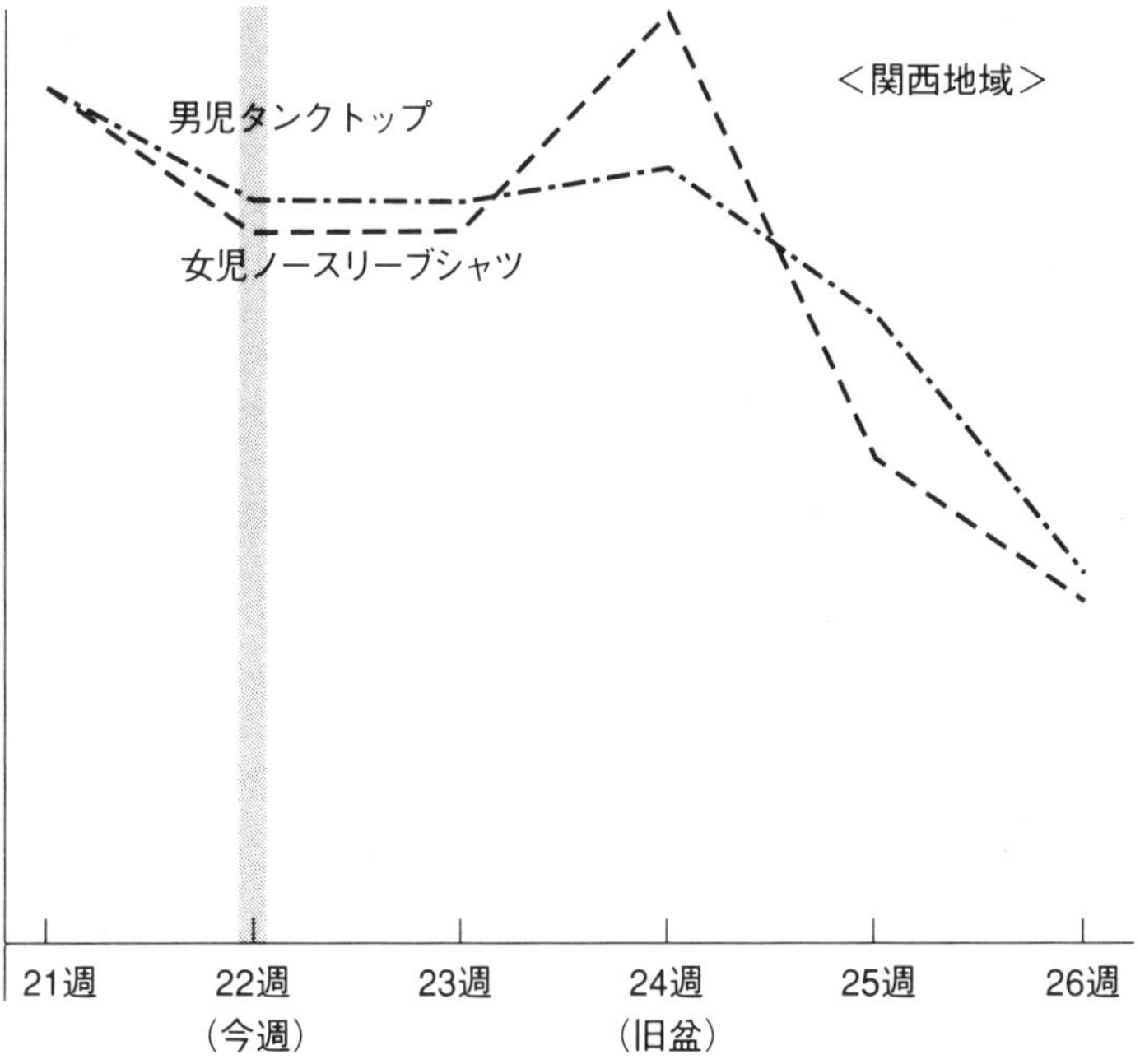

スクール（女児・男児）、幼稚園児（トドラー）、ベビーなどがありますが、一年間52週の売上高の中で、昨年の今週は何番目に売れた（順位）という資料が載っています。例えば、子供衣料計では33位で、女児・男児共32位、幼稚園児33位、ベビーが36位でした。この資料を見ていると、子供衣料は、夏休みに入る前に販売ピークが来て、八月末までは売上高がどんどんと落ちていくことがわかります（特に月末は52位ともっとも売れない週）。このように、一年間で今週はどのような位置付けかが、順位でわかります。つまり、今週と八月二週までに盛夏商品を早く売り込まないと残してしまうというシグナルが発信されているのです。

それからこれも子供衣料で、関東地域と関西地域では、盛夏商品の動き方が違うことがグラフでわかるようになっています（資料「好事例：グラフで表現する」）。明らかに子供衣料の場合だと、地域差により、男女差により、商品の動き方が全然違うのですね。関東でも関西でも、旧盆（セール）を過ぎると、商品が売れなくなるのは同じですが、関西地域の方が落ち方はゆるやかです（温度とも関係）。また、女児の方が先に売れてきて、男児は後から追いかけていくのが関東型、関西では、男女児とも同じように動き始めるのですが、旧盆以降は女児が一気にはね上がって、一気に下がっていきます。この事実の説明はともかくとして、違いがあることは確かです。当然、各企業、各店の手の打ち方は変わ

好事例：字の大きさ、強調、箇条書きでまとめる

売場作りの提案

①　処分コーナー

お客様から見て判りやすく、選びやすい分類が基本です。（服種でまとめて下さい）

処分品は服種でまとめた中で、割引商品と価格強調の均一価格商品に分類します。

（女児ワンピースは２～３割引商品と、1000円等均一価格強調の商品に分類）

割引、価格でまとめた中でカラーでまとめて下さい。（白系、赤系等）

②　きめ細かな配置変更や売り方・見せ方の変更が大切です。

毎日の売上高で、在庫状況が日々変化していきます。

（鮮度のよいワゴン商品はテーブルで、在庫の減った商品はハンガー掛けで）

③　売上高に合わせ、価格を見直して下さい。

売上不振商品の抜き出しと、セールに合わせて価格の値下げを実施します。

（値下げ遅れ・忘れは、結果的に大きなロスにつながります）

るはずです。

グラフで表わすと理解しやすいということが、よくわかります。

資料「好事例：字の大きさ、強調、箇条書きでまとめる」は、売り場づくりの提案です。大きい字と小さい字の組み合わせ、字のメリハリというのでしょうか、とても読みやすいように感じます。強調するところについては網掛けしたり、ゴシック書体を使っています。強調するものは大きく、特に強調しないものは小さく書いてあります。また、番号をつけるのもいいですね。①〇〇、②〇〇、などと書いてあると、読みやすいし、わかりやすいと思います。

伝えるために番号で表わすというのは、大変重要です。例えば、会議の場で売り場のマネージャーや担当者に話をする時にあるいは、朝礼でパート社員に伝える時に、まず「今から三つ話をします」と言います。ところが、そう言っても、半分の人は気がついても、その他半分はぽかーんと聞いているものなのです。そこで、もう一度、繰り返すと、半分以上の人はメモをとってくれます。組織全体に伝わるため早く変化の分水嶺（五一％）を越えたいものですから、しつこく言います。最後に再度、「今、話をしたことは①〇〇、②〇〇、③〇〇です」と締めるようにすると、伝わります。電話で話す時も「一番目についてどうか、二番目は…」というようにすると、間違いは少なくなります。

ですから、番号で話すというのは非常に重要なことです。実際に実務の場でも「言った」「言わない」というコミュニケーショントラブルがよく起こります（本当にいやですね）。そのときに、「聞いてない」と相手を責める前に自分の言い方、伝え方が悪かったというように思ったほうが正解です。非は、自分にありと思ったらトラブルは減ります。

あとは、資料はありませんが、その他に指数で話ができれば、よりわかりやすくなります。例えば、七月の第１週の売上高を100とすると、タンクトップは第２週は150、続いて200、以下、250、200というようにあると、発注時にとても便利で、売り逃がしが減るでしょう。もし、100、110、90、100となっていたら、発注量はそんなに大きく変える必要もなくなります。あるいは、売り場づくりもそんなに大きな変更はないでしょう。このような事実が具体的にわかると、売り場で何をしなければいけないか（何をしなくてもよいか）が自然にわかります。特に一番大きく違うのは、十二月の年間ピークの時です。これがあるのとないのとでは作業量やロスが違ってきますから、利益に大きく影響してきます。

(2)　データや事実に基づくフィードバック

実施したことがどうなったのか、どんなことがわかったのかを、調査して、分析して、

好事例：発注の目安を示す

商品名	比率（数量） 大　小	注意点
筍土佐煮	70：30	小型比率が高いとロス増
若筍煮	70：30	小型比率が高いとロス増
枝豆	30：70	週末50：50
卵マカロニサラダ	50：50	大型比率が高いとロス増
かに風味サラダ	65：35	小型比率が高いとロス増
サーモンマリネ	80：20	小型比率が高いとロス増

皆に知ってもらうことです。本部から「急いで報告を出すように」と言われ、営業時間中に事務所に長時間こもって、まとめることが多いのではないでしょうか。なのに、その後のフィードバックはなしのつぶて。全くないという経験はありませんか。また、結果オーライで済ませていないでしょうか。うまく行けば、自分の手柄、うまく行かなければ競合店か天気か景気のせいにする。

資料「好事例：発注の目安を示す」は、惣菜の例です。特にフィードバックという点で優れています。まさに作と演と調の調の役割です。発注に当たり注意してほしいことをわかりやすく伝えています。あくまでも目安ですが、通常平均では、大パックは55％、小パックは45％、つまり、大パックと小パックの比率が55対45ということです。目安であっても、売り場では役に立つ情報です。

本部で、きちんと各店のデータを把握して、分析を加えて、基準やルール（一つの目安）を作ってこそ、知恵の共有化が可能になるのです。

この情報の良いところは、目安で終わらせるだけでなく、単品まで入り込んでいることです。単品ごとに見ると違うのですね。例えば、枝豆の通常平均の陳列量は大パック30％で、小パック70％の割合ですが、週末は50対50と書いてあります。また、この表では省略しましたが、コメント欄で「平日は、大型パックは深追いせずに、特に午前中は、小型パック中心でＯＫ」という指摘は具体的です。これがわかると、売り場の担当者は、自信を持って発注しやすいし、インストア製造の場合でも作りやすくなるでしょう。また、値下げロスも少なくなるでしょうから、消極的な品薄の売り場ではなく、積極的に機会ロスをなくす売り場になると思います。卵マカロニサラダでは、通常、大と小の比率が50対50ですので、大型パック比率が高い（50％を超える）とロスが増えますとか、反対にサーモンマリネなどは、小型パック比率が高いと値下げロスが増えますなどという指摘は、売り場にはたまらなく欲しい情報でしょう。

さらに資料「好事例：年間のライフサイクルと直前の商品動向を伝える」では、枝豆について、年間のライフサイクルをのせています。枝豆は夏場の商品と思いがちですが、四月に入ると、売り上げが三月の二倍以上になることがわかります。この指摘がないと、店では取り扱いをしなくても、機会ロスと認識することがないでしょう。四月が、年間で五番目に売れる月だとは私も知りませんでした。気温が上昇し、お花見や行楽シーズンに需要が増えるということでしょうか。本部で全店のデータを取って加工して、それをまた作（重点商品情報）にフィードバックしています。このようなことが本当の調の役割、調査あるいは調整ではないでしょうか。それによってロスが減り、品切れが減り、作業が減って、売り上げは上がるのです。

(3) ピーク対応と端境期対応の準備を促す

商品はいつも同じように売れるわけではありませんから、いつ売れるか、いつ売れないか。売れ始めるのはいつで売れなくなるのはいつかをきちんと示す必要があります。トレンドを追い続けていけば、そんなに間違うことはないのでしょうが（よほどの天候異変でも起こらない限りは）、実際は品種（クラス）までくらいで、単品レベルでトレンドを追いかけていないように思います。

売れる時期といっても、全ての単品が同じ時期に、同じように売れるわけではありません。ですから、ピークに対応する、端境期（アイドルタイム含む）に対応するということは、

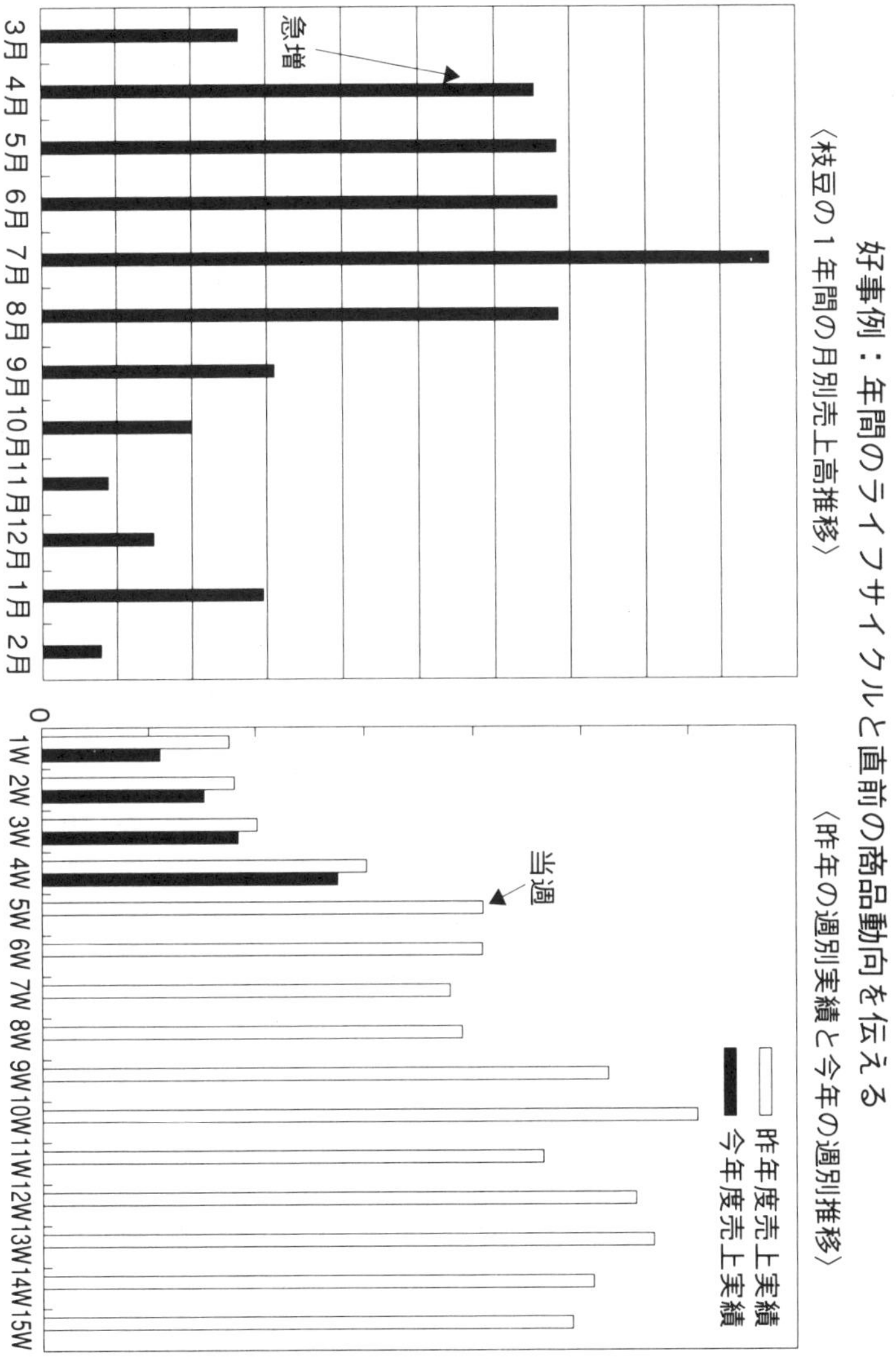

好事例：年間のライフサイクルと直前の商品動向を伝える

単品で話ができて初めて、「対応する」ということになります。資料「好事例：季節商品の展開準備を促す」は、ホームファッション部門の例です。最近は早期展開ばやりで、データや生活実感に基づかないで、「競合店に遅れをとるな」という一言で、早期展開が行なわれています。商品がすぐに動くということはありませんから、長い間、売り場で見せている状態が続きます。見せているというより置いてあると言ったほうが適当な表現かも知れませんが、まだピーク前なのに、売り場や商品の鮮度感がすでに落ちていることはないでしょうか。

大切なことは、数値の動きを構成比や年間順位でまとめて、週ごとの変化を追い続けていることです。重点商品のこたつを中心に十月第1週から第2週、第3週までを一覧表に載せていますので動きがよくわかります。この情報の特徴は、週ごとに各カテゴリー（ライン）の売上構成比の高いものから順番に並べて、昨年一年間の中で何番目に売れたのかという順位も書いています。昨年、売れたということは、今年もおそらく売れるであろうということですから、構成比や順位は参考になります。これが数値の基本になって、今年のＭＤ動向や昨年の反省と課題をふまえて今年度の計画になるわけです。

十月の第1週は、こたつ用品の構成比は4％で、順位は31位でした。もっとも31位と言っても、年間定番で扱う商品ではありませんから、扱う期間内で最下位に近い順位です。

好事例：季節商品の展開準備を促す

商品／日時	（部門）ホームファッション（重点商品）こたつ		
	10月第１週（当週）	10月第２週（次週）	10月第３週（次次週）
商品の動き	①布団 （構成比20％　年間順位23位） ②カバーシーツ（12％　33位） ③カーペット（11％　18位） ④カーテン（９％　40位） ⑤枕（５％　38位） ⑥こたつ用品（４％　31位）	①布団 （構成比19％　年間順位25位） ②カーペット（15％　12位） ③カバーシーツ（11％　35位） ④こたつ用品（９％　16位） ⑤……… ⑥………	①布団 （構成比22％　年間順位10位） ②こたつ用品（14％　５位） ③……… ④………
売り場の動き	①地域により、こたつが売れ始めてきます。 まだ、早いと思われますが、気温が下がると、買い替え需要が一気にアップします。 ②必ず、売場前面で今年売れ筋の正方形タイプ（特に85cm）をステージ展開してください。	①売れ筋は85cmの正方型タイプです。在庫数量の目安を重点商品情報にのせています。 ③倉庫の在庫確認をお願いします。 ③こたつ布団の適応サイズは190cm×190cmです。ＰＯＰで表示してください。	①こたつだけでなく、暖房用品のピーク準備をお願いします。 昨年はこたつ本体は２位の週でした。 ②接客体制を週末中心に組むようにしてください。

このあたりから売り場は、後方から前面に移動してきます。こたつ用品含む暖房用品は地域性がありますから、早く展開する店は九月第2週には、前面ステージで見せているはずです。重点商品情報に載る場合は、全店で出揃う時期になります。全店の売れ筋商品は、幅85センチの正方形ですから、ステージではこの商品が全店、展開されます。チラシ広告には、当然この商品を中心に紹介します。地域によっては、長方形の大型サイズも売れますから、該当する店では二つの商品を見せることになるでしょう。

第2週には、構成比9％、順位が16位にランクアップしますので、売れ筋商品を切らさないための指示が出ます（在庫確認など）。また、それ以外に関連商品のこたつ布団も一緒に陳列し、おすすめするよう指示が出ています。第3週は来たるべき十一月のピークを迎えての準備をするように売り場の接客体制の指示も出ています。重点商品情報だから、商品だけが載っているのではなく、売り方と見せ方と伝え方も載っているのです。

ホームファッションは、商品回転率が衣料部門や食品部門ほど高くありませんから、手直しする時間（余裕）があるのですが、食品の場合は短期決戦になります。例えば、資料「好事例：限られた期間の中でピークとアイドルタイムを示す」は、食品の日配の例です。お彼岸の時には、落雁《らくがん》やおはぎがよく売れます。売り場に行くと、落雁とおはぎを平台で合同展開していますが、早くから合同展開すればよいのでしょうか。

好事例：限られた期間の中でピークとアイドルタイムを示す

落雁　　彼岸入り（9/20）　彼岸中日（9/23）

	～9/13（木）	9/14（金）	9/15（土）	9/16（日）	9/17（月）	9/18（火）	9/19（水）	9/20（木）	9/21（金）	9/22（土）	9/23（日）
日別売上構成比	13%	4％	5％	6％	7％	8％	15%	20%	10%	9％	3％

＊彼岸明けは26日

おはぎ

	～9/16（日）	9/17（月）	9/18（火）	9/19（水）	9/20（木）	9/21（金）	9/22（土）	9/23（日）
日別売上構成比	3％	3％	4％	6％	18%	15%	25%	28%

彼岸花

	9/17（月）	9/18（火）	9/19（水）	9/20（木）	9/21（金）	9/22（土）	9/23（日）
1店当たり売上高	40千円	30千円	150千円	120千円	70千円	170千円	90千円

確かに目立つのは良いのだけれど、実際に売れる時期は違うのです。要するに、落雁のように日持ちする商品は早くから動きますが、日持ちしないおはぎは、お彼岸に入ってから、それも一気呵成に売れます。彼岸入りまでに徹底して売り込みたい商品は落雁です。おはぎは、彼岸入り以降、週末の土曜・日曜日に短期間で売り込んで行く商品になります。彼岸花は、彼岸入り前日から彼岸中日までの短期間（五日間）勝負です。この機を逃したら、どんなに価格を下げても売れません。このことは、春彼岸（秋彼岸）だけでなくお盆も同様です。

早く陳列すれば良いとか、ボリューム感を出して陳列するとかしないとかという問題ではないのです。時間（日時、曜日）ごとに、六曜（大安や仏滅など）ごとに、売れる商品、売れない商品をデータで確認した上で、売り場づくりや陳列の仕方などを変えていくのです。落雁は大量陳列を早めに行なってもよいのですが、おはぎは、彼岸入り前までは見せるだけでよいでしょう。結果、値下げロスや機会ロスが減ることになります。合同展開も大いに結構ですが、このように考えてやっていけば、作業時間（値下げ、後始末作業含めて）も減らすことができます。この繰り返しが一年間の数字になります。

このように見ていくと、売場面積が狭いのではなく、無駄なスペースもあるのではないか、忙しいのではなく、無駄な時間を費やしていないかなど、反省することがたくさんあ

好事例：商品の値入率を教える

重点商品（単品）名	売　価	値入率（計画荒利益率）
お子様花火500	¥300	56.0%
お子様花火1000	¥580	53.0%
花火セットＢ	¥980	48.0%
花火絵巻	¥1280	50.8%
花火特大セット	¥1980	36.3%

ります。何でも早くやることが良いのではなく、効率的に効果的に場所と時間、人員を組み合わせて、いかに売上総利益高を上げるかが、今、問われているのでしょう。

(4)　いくら荒利益率がとれるかを伝える

たくさん、売ったって、売れたって、最終利益がどれくらい残るかが、私たちの仕事のゴール目標です。そのためには、商品の売価がいくらで、原価がいくら、差し引き、いくら残るか（荒利益）を売り場の担当者に知らせる必要があります。

資料「好事例：商品の値入率を教える」は、季節商品（玩具の花火）の例です。値入率が各単品ごとに載っていますが、値下げしないで売り切れば、値入率（計画荒利益率）がそのまま、最終の荒利益率になります。私たちは安易に値下げに走りますが、しっかり売る工夫をして、当初の売価通りに売りたいものです。そんな風に売り場の人をその気にさせることも情報の重要な役割です。売り場で、値入率の高い商品の陳列量（フェイス数）を増やしたり、絶対に品切れさせないように発注に気を使ったりという行動につながるはずです。必ずしも、価格の高い商品だけ売りつけるということではありません。今まで、単品で仕事をするというクセがなかったのです。資料「好事例：売り切り時期を指示する」は、同様に花火の例ですが、全店の週ごとの売上高グラフが載っています。花火は、八月の第1週が最大ピークで第2週のお盆までピーク状態が続きます。しかし、お盆明けの第3週は驚くほど急降下することがわかります。ということは、第2週で売り切るようにしたほうが値下げが減るのです。最近では、このようなことは、だんだん知られてきましたが、その他クリスマスなど、応用できる例はたくさんあります。

(5) 売り場規模別の販売量と在庫量の目安を提示する

資料「好事例：販売量と在庫量の目安を提示する」は、十月第1週（導入期）の家庭用品部門の好事例です。商品そのものは腐るものではないので、早くからエンドで展開し、

好事例：売り切り時期を指示する

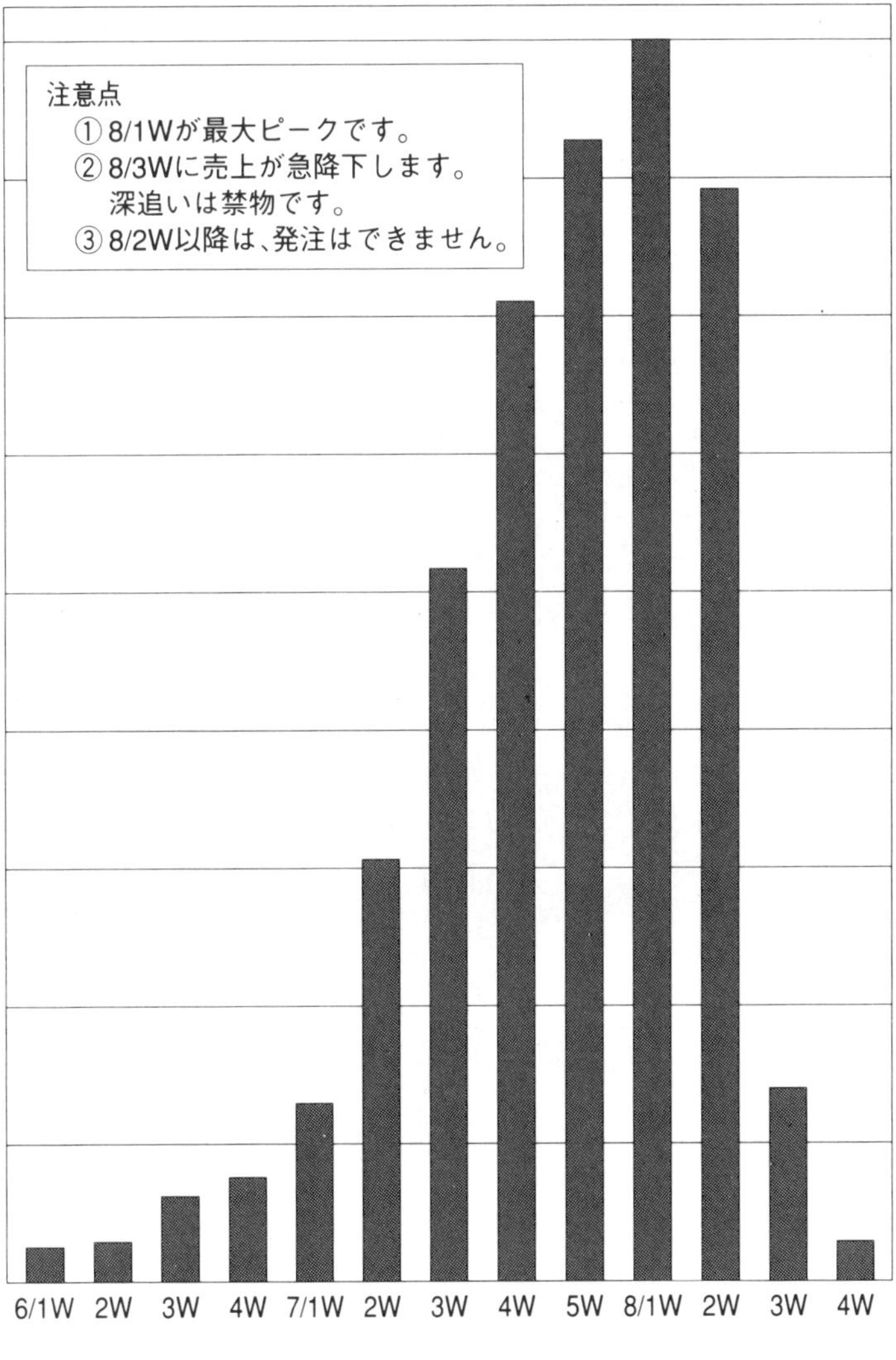
注意点
①8/1Wが最大ピークです。
②8/3Wに売上が急降下します。
深追いは禁物です。
③8/2W以降は、発注はできません。
6/1W
2W
3W
4W
7/1W
2W
3W
4W
5W
8/1W
2W
3W
4W

売り場に置きっ放し状態になっているのが、鍋などの家庭用品です。ところが実際は、土鍋では、どんなサイズでも売れるのではなく、6号サイズ（一～二人用）から動き始めるのです。それ以上の大型サイズは、本格的に冬が到来して、「家族囲んで鍋」という時に売れるのです。ですから、まず小型サイズ中心に重点商品情報で紹介します。資料の中で6号土鍋は価格が680円で、大型店で一週間の目標販売量（週販）15個（基準在庫量50個）、中型店10個（40個）、小型店8個（30個）となっています。それ以外の商品（鍋焼きうどん18㎝など）と比べても、在庫の持ち方が明らかに違っています。売り場では6号土鍋のフェイス数が拡がり、何を買ってほしいのかが、お客様に伝わりやすくなります。

この資料では、大型店と中型店、小型店の三パターンに分けていますが、あくまで目安であり、小型店の規模の店であっても売り上げは中型店並みのところでは、中型店のパターンを参考にして発注して売り場を作ってもよいわけです（本部からの送り込みの場合は、事前に連絡）。週販や在庫量は過去の実績に基づいてとりあえず目安として決められるものであり、「このパターン通りにする」ということではありません。昨年は、売り逃がしたかも知れないし、あるいは、無謀にも欲張りすぎて、たくさん発注しすぎたかも知れないからです（結果、値下げして売りを稼いだ）。このように作と演の双方がしっかりと確認すれば、シーズンのピーク時に売り逃がしすることは少ないでしょう。

好事例：販売量と在庫量の目安を提示する

重点商品名	売価	大型店		中型店		小型店	
2段蒸し器18cm	1280	10	(50)	6	(30)	4	(20)
南部鉄器 卓上コンロセット15cm	1480	8	(40)	5	(30)	4	(20)
鍋焼きうどん18cm	980	8	(40)	5	(30)	4	(20)
カセットコンロ ジュニア	2980	6	(30)	4	(20)	3	(15)
6号土鍋	680	15	(50)	10	(40)	8	(30)
圧力鍋3L	4980	3	(18)	2	(12)	2	(12)
釜飯コンロセット	1980	2	(20)	2	(10)	2	(12)

＊左が週販目標数、右の（　）内が基準在庫量

このような情報はまさに売り場の作業に役立つことは間違いありません。

(6) 開店時から閉店時まで品切れさせてはいけない単品を指定

多くの企業(店)では、品切れ禁止商品リストというのがあるはずです。一日中置かなければいけない商品、つまり、一日中絶対に品切れさせてはいけない商品が載っている一覧表のことです。長時間営業が世の中の趨勢ですから、このリストの存在はますます重要です。さらに、シーズンによって商品が変わりますので、年間四回、場合によっては毎月、出す必要があります。

資料「好事例:シーズンごとに基本単品一覧表を出す」は、農産部門の例です。夏場に出たものであり、商品ではなく、単品になっているのがポイントです。例えば、トマトのバラとミニトマトパックは、絶対に品切れさせてはいけない単品です。袋入りのトマトはのっていません。なぜなら、トマトのバラがあれば、トマトの袋入りが品切れしていても問題はないのです。三個買いたいお客様は、袋入りがなくても、バラを三個買えばいいのですから。食卓でサラダ料理を作るには、トマトバラ、ミニトマトパック、きゅうりバラ一本、ブロッコリー一個、レタス一個あれば、他が品切れになっていても、困らないでし

好事例：シーズンごとに基本単品一覧表を出す

農産部門	サラダ野菜	トマトバラ ミニトマトパック きゅうりバラ ブロッコリー１個 レタス１個
	葉　物	ほうれんそう
	季節野菜	とうもろこし１本 枝豆１袋
	一般野菜	なすバラ ピーマンバラ 長ねぎ１本売り キャベツ1/2 かぼちゃ だいこん1/2
	果実	もも１個 サクランボ１箱（中） クインシー2L１個 レモン１個 すいかスライスパック キウイ１個 グレープフルーツ中玉１個 パインカット（小） カットフルーツ（小） バナナ１本

ょう。私はこれらの商品を簡単に「基本単品」と言うようにしています。あるいは、品切れ禁止単品ですね。多くの企業では、トマト、きゅうり、レタスなど、単品ではなく品目レベルになっています。

このようになっていると、作業の仕方が変わってきます。もし、そうでなければ朝から晩まで商品はてんこ盛りで、値下げロスの発生につながりますし、反対に朝から晩まで品切れ続出で機会ロスの山を作ることになります。また、幹部が店に来た時に、「この商品は品切れしている」「品薄でボリューム感がない」と指摘することが多いのですが、このようなリストでチェックしてほしいと思います。現象面だけで指摘するのは、誰でもできますし、余計な仕事を増やしていることに気づいてもらいたいのです。ですから、巡店時には重点商品情報を必ず携帯してチェックすれば、全員が共通の言葉で話ができるのです。

(7) 関連商品を指定する

関連陳列は古くからの陳列技術ですが、新しい技術でもあります。なぜかと言うと、言葉は誰でも知っているし、技術も難しくないのですが、仕組みになっていないために、多くの店（売り場）で、やったりやってなかったりの状態が相変わらず続いているからです。

陳列技術などのアイデアは出尽くしており、今の時代は、アイデアを継続する仕組づくりのほうがより重要になっています。そのような意味で新しい技術なのです。売り場の創意工夫だけでは継続しないでしょう。本部から毎週、きちんとした指示を出し続け、従業員だけでなく、お客様にもあきさせない工夫が必要です。

組織は今までも今も、これからもタテ割りでしょうから、他部門の動きを知らない、知りにくいのが当然です。タテ割りが悪いと言うだけでは、タテ割りを憂えても何も解決しません。他部門に対して積極的に働きかける部門があって良いはずです。自部門のためだけではなく、お客様にとって買いやすい売り場を作るために、全部門が協力して仕組みにする必要があります。

関連陳列は、広い意味のメニュー提案だと思っています。関連商品が一緒に陳列されている状態をお客様が見て、今晩のおかずが目に浮かぶからです。ですから、ただ、商品を関連させればよいと考えるのではなく、メニュー提案の一つとして、料理を作る上で必要なもの全てをきちんと組み合わせてほしいのです。また、買上点数を上げることだけではなく、荒利益確保のためにも、陳列ルールを決めて実施し続けたいものです。そう考えると、関連商品は価格強調よりも、便利さを目的にお客様が発見、再発見につながるような商品を選んだほうがよいと思います（定価でよい）。

資料「好事例：関連商品を指定する」は、あるSM企業の関連陳列の好事例です。農産部門の商品が他部門へ関連商品として陳列するように提案されています。水産部門のお刺し身や手巻き寿司のところに、貝割れ大根1パック38円（荒利益率36％）、パセリ1束98円（同33％）とか、畜産部門の焼き肉用のところに、サンチェ1パック98円（同28％）、日配部門の豆腐のところに小ねぎ1束128円（同29％）、根生姜1袋118円（同30％）などと提案があります。これらの商品の荒利益率は平均30％を超えており、各部門の商品より荒利益率が高そうです。元売り場の商品は価格で強調して安さを訴求し、関連商品で補てんしているのではと考えられます。

関連陳列を一過性に終わらせないために、荒利益の確保という目的をはっきり打ち出すことは、とてもよいことです。また、関連商品の陳列は、二～三個、少し置くような「見せる陳列」ではなく、売り場から引っ越してきたのではと思わせるくらいに、量をもって「売る陳列」をするようにすべきでしょう。

(8) 温度変化により売れ行きが変わる商品を示す

温度の変化により売れる商品が変わるという話は、今や当たり前になっています。以前

好事例：関連商品を指定する

農産部門からの関連商品情報
「父の日のごちそうに手巻き寿司、焼き肉、サラダを提案」

1）水産部門のお刺し身、手巻き寿司に
①貝割れ大根１パック　38円（荒利益率36％）
②パセリ１束　98円（　同　33％）
③大　葉１パック　58円（　同　38％）

陳列写真

2）畜産部門の焼き肉に
①サンチェ　１パック　98円（　同　28％）
②焼き肉野菜１パック　198円（　同　31％）

陳列写真

3）日配部門の豆腐サラダに
①小ねぎ１束　128円（　同　29％）
②根生姜１袋　118円（　同　30％）
⋮

ウェザー・マーチャンダイジングという言葉が流行り、特に食品を扱う店舗では、コンビニエンス・ストアから百貨店まで、このことを勉強してきました。ただ、毎度のことですが、資料を作って、終わりになっていないでしょうか。重点商品情報の中にも、一週間の最高気温と最低気温（予測）をのせているのをよく見かけますが、それだけで終わっているように思います。何でもそうですが、作りっ放しではなく、修正・微調整をかけて、使えるようにし続けることに意味があります。

体感温度は人によって違いますし、地域（海側・山沿い、緑の多い・少ない、川のそばかどうかなど）によっても違うでしょう。全店一律はありえません。資料「好事例：温度変化により売れ行きが変わる商品を示す」は、温度変化対応一覧表の例です。

それほど珍しい資料ではないと思いますが、毎月、発信していることに着目すべきです。毎月、出さなくても、三カ月に一回くらいでも用は足りるはずですが、毎月、しつこく発信することで温度変化に敏感になる意識を持たせているのではないでしょうか。このことは、すべて現場の事実変化に目を向け、耳を傾け、現場に活かし続ける意識にも関係するように思います。

この中に出てくる体感温度にも着目すべきです。毎日、天気予報が放送（映）され、誰でもが、楽に暗記できるくらいの量を目や耳で受け止めています。しかし、地域により、

好事例：温度変化により売れ行きが変わる商品を示す

６月度　温度変化対応商品一覧表

６月の最高気温は20～25℃が平均で、体感温度では「暖かい」が平均的です。

気　温	最高気温20℃以下	最高気温20～25℃	最高気温25～30℃
体感温度	涼しく感じる	暖かい	暑く感じる
基本品揃え	ホットメニュー提案 （すきやき・煮物・シチュー）	焼きそば・カレー 中華・揚げ物等	飲料・涼味拡大 （素麺・冷し中華・のっけ盛・冷しゃぶ等）
菓子・食品	しゃぶしゃぶのタレ シチュー・ラーメン ワイン・日本酒・みりん・みそ 野菜系飲料 味ぽん→畜産売り場へ関連	カレールー 中華調味料 パスタ サラダ材料・天ぷら材料 ビスケット・チョコレート 飲料（果汁飲料）	炭酸飲料→複数の場所で陳列 機能飲料・ビール発泡酒 麦茶→エンドの下段に移す
日　配	スープ・餅 冷凍グラタン・ドリア・ロールキャベツ ラーメン→下段におろしてフェイス拡大 ゆでうどん コンニャク・おでん・白滝・がんも・焼とうふ	100％果汁・コーヒー飲料 プリン・アイスクリーム 菓子パン 焼きそば・パスタ 納豆・ちくわ	牛乳・アイスコーヒー→試飲 ゼリー・もずく 小物アイス・氷菓・ロックアイス→冷ケース拡大 流水麺 絹豆腐・ところてん
デリカ	煮物 おこわ・弁当・茶碗蒸し	中華料理・ぎょうざ フライ・肉揚げ物	枝豆・酢の物・調理麺→ＳＫＵとフェイス拡大 天ぷら・焼き鳥・うなぎ蒲焼

店が立地する場所により、個店差があるのは事実ですから、天気予報がすべて自店に当てはまるとは限りません。天気予報が当たらないと言っているのではなく、その場所で生活する人の体感温度こそ、売り場に活かせる真の生データなのです。売り場の担当者が天気予報を参考にしつつ、自分の五感（視覚、聴覚、嗅覚、味覚、触覚）を使って、温度変化に対応した売り場づくりをする必要があります。さらに平均より「暑く感じる」場合は、炭酸飲料は複数の場所で陳列したり、麦茶はエンドの下段に移すように指示しているのは、具体的で良いと思います。日配売り場でも牛乳やアイスコーヒーを試飲、デリカ売り場で酢の物のＳＫＵ（量目）とフェイス数の拡大はその通りです。

反対に「涼しく感じる」場合は、味ぽんを畜産売り場で関連陳列するようにとか、日配のラーメンを下段におろしてフェイス数を拡大（流水麺を縮小）というように、頭でわかっていても、具体的に指示されると、手を動かしやすいと思います。

このように考えると、重点商品情報には、毎週の温度情報（予測）と毎月の温度変化対応商品一覧表及び売り場対応事例などを載せたいものです。

第5章　重点商品とパート社員の戦力化

パート社員がわかる、できる情報

　前章で、作（重点商品情報）の内容について、好事例を中心にお話ししてきました。ただ、私の頭の中では、まだ、不十分だと思っています。今、年金問題がクローズアップされていますが、パート社員抜きに今後の小売業は語れなくなってくるでしょう。早くパート社員がわかる、できる情報にしなければ、パート化の嵐の中で、売り場レベルの低下を招くだけです。前述したように、パート社員のレベルが低いという前提に立つのではなく、私たちが今まで使ってきた言葉が、具体的でなかったという反省に立つべきです。言語明瞭意味不明でも、何となく、相手に伝わったのです。あるいは言語不明瞭でも、以心伝心でなんとかやってきたのです。パート社員が増えてきたら、そうはいかないでしょう。パート社員の急激な増加が私たちの仕事改善につながる良い機会であると信じています。また、生活実感を持っているパート社員を戦力にするためにも、わかる、できる情報を作らなければなりません。

　ですから「パート化」の時代と呼ぶのではなく、今問われているのは「パート戦力化」です。業種業態を越えて、パート社員が増えてきますが、これは、経営数値上の問題、つまり人件費率の引き下げのみで終わらせるのではなく、営業力強化（荒利益高ＵＰ）にもつなげたいのです。いや、必ずやつながると思っています。

なぜなら、店に食品を買いに来るお客様の八五％以上は女性だからです。紳士衣料専門店でも四〇％が女性と言われています。男性の付き添いだけでなく、女性本人が買っているそうです。いわゆるユニセックスといいますが、女性が男もの（小さいサイズ）を買うのはそれほど不思議ではない時代です。ホームセンターでも園芸、ペットは、女性中心と言ってもよいくらいです。レストランやドラッグストアでは女性の来店がものすごく多く、男性は影が薄くなっています。であれば、お客様と同じ意識で売り場を見て働くパート社員が、売り場の真ん中で主役を務めるのは何の不思議もないでしょう。パート社員は、女性が圧倒的に多いのは事実ですが、最近の傾向として、男性のパートタイマー（アルバイト社員、パート社員）も増えています。要するに、これからは、パート社員が見てわかる、できる情報でない限りは、自分自身、どんなに良い情報を作っていると思っても、これは「悪い情報」になるのだと認めるべきでしょう。

では、そのためにどう考え、どう行動したらよいのでしょうか。

1　パート社員化とパート社員戦力化の誤解

まだ、パート社員化とパート社員戦力化を混同して使っていることが多いように思います。その違いは、何度かお話ししていますが、次の点で私たちの考えを改める必要があります。

(1)　ＬＣＯ（ロー・コスト・オペレーション）の手段にしない

我が社は八〇％を超えたとか、九〇％に近づいたなど、まだまだパート化比率を競い合っていることが多いように思います。今問われているのは、パート社員の比率を増やすというより中身の問題です。つまり、働き方（働かせ方も）がどうかということです。パート社員が生き生きと働いているということは、お客様に好印象を与え、店全体のイメージが良くなります。しかし、パートタイムで働く人を限定的な作業をする人としか考えていなければ、人件費は削減できても売り場レベルは上がることはないでしょう。

私は、実務の中で、優秀なパート社員の仕事ぶりを見ることが数多くありますが、パート社員と呼ぶのが申し訳ないほどです。おそらく今後は、「パート社員は四時間の正社員である」「正社員は八時間のパート社員である」と言ってもおかしくない時代が来るのではないでしょうか。もっとも正社員という言葉もいずれ使われなくなると思います。そのときには「パート社員」などという言葉も死語になるでしょう。「重点商品情報のゴール目標は、パート社員でもわかること」と言っているのは、パート社員の能力が低いからではなく、正規・定時・臨時問わず、勤務時間内に中身の濃い仕事をしてもらうためです。

将来、全店舗で「パート店長（男女問わず）」が誕生するようなことが起こり得るでしょう。その時こそ、真のＬＣＯが確立すると考えています。

(2)　正社員の補足に終わらせない

正社員は基幹業務、パート社員は補助業務に区分などと、古い定義に振り回されていないでしょうか。平台やステージは、自分がやらなければ、パート社員にはできない、任せられないと思っている正社員が多いように思います。

ある店でこういうことがありました。入社して七年くらい経つパート社員に、あなたは今の仕事に満足していますかと聞くと、はっきりと「満足していませんが、仕方がないと思っています」と答えるのです。どんな仕事をしていますかという問いには、「菓子の定番の発注をしています。平台やエンドの陳列をやってみたいのですが、上司が自分でなければと、頑張っていますので」と言うのです。七年も働いているのに仕事の内容が限定され、次のステップに進む機会さえ与えられていないのです。

まだ「これは、俺の仕事、それ以外はあなたです」という限定的な仕事の仕方、させ方になっているのではないでしょうか。いわゆる正社員の補足的な仕事がまだ多いと思います。そのような点では本当のパート社員戦力化にはほど遠いというのが、今の実情なのでしょう。パート社員に任せると、自分の足を引っ張られるとでも思っているのでしょうか。あるいは、パート社員に自分の仕事を奪われるとでも思っているのでしょうか。技術うんぬんを論ずる前に、正社員の考え方を変える必要があります。

(3) 「私はパートだから」と言わせない

何も問題は正社員側だけにあるのではありません。パート社員のレベルの差が大きく、「私はパートだから」と、平気で言うようなパート社員を見かけることもあります。甘えさせては、本人だけの問題ならいざ知らず、店（企業）の信用問題にまで発展しかねません。

「私はパートだから」と言いたがるのは、きちんと仕事を教えていないし、教えてもフォローしていないからです。また、わからないことを聞かれたら、「わかりません」と言わず、上長にバトンタッチして引き継ぐルールが守られていないからでしょう。確かに教える側の問題のほうが大きいと認識すべきです。ただ、私が最近、気になっていることは、優秀なパート社員もいる反面、レベルが低いままのパート社員も存在することです。その人たちの特徴は、①パーツ化、②サラリーマン化、③男性化の三点です。パート社員の悪口を言いたいのではなく、教える側の対応を変えてほしいと思っています。

①パーツ化というのは、勤務時間が四時間なり六時間の場合、長時間営業になればなるほど、その時間内で起きたことが次の人にきちんと引き継がれないことが多いのです。ある面では、パート社員の仕事の宿命なのでしょうが、パーツ化が店全体に蔓延する怖さです。コミュニケーション・トラブルが頻発するくらいなら、長時間働く正社員のほうがいいかも知れません。でも世の中の流れは、それ以上にもっと早くパート戦力化をせまってくるでしょう。お客様がいつ来ても期待を裏切らない売り場レベルを維持して、早朝のパート社員と午前中のパート社員、午後の、夕方の、夜間のパート社員間のいわゆるコミュニケーション・トラブルをどのように防ぐかが重要になります。このためには、まず誰で

もがわかる情報づくりと、それらの共有化が不可欠です。情報を中心にして、短時間で終えるミーティングをしっかりすることしかないと思っています。パーツ化は分業体制の確立などというより、バカの壁に入り込むマイナス面の方が大きいのではないかと思います。

②サラリーマン化というのは、波風を立てないで、言うべきことも言わないで、ただ黙々と、時間内の自分の与えられた仕事をするというイメージです。「こんなことを言ったってしょうがない」と、提案する意欲のない、もの言わぬサラリーマンです。「それでもよいではないか。きちんと仕事をしてくれれば」と反対意見もあるでしょうが、おかしいことをおかしいと言えない悪しきサラリーマンになっていたら困ります。

私たちはお客様商売なのです。お客様が来てくれなければ、「自分の与えられた仕事をきちんとやっている」からよいとは言えないのです。パート社員も始めからサラリーマン化していたわけではないでしょう。何度か提案しても、そのつど握りつぶされて、「こんなこと言ってもしょうがない」とあきらめることが度重なって、悪しきサラリーマン化したのではないでしょうか。原因は組織風土にあり、組織風土はトップ・幹部がつくっているのですから、原因はそれに気づかないトップ・幹部の姿勢と仕事のさせ方でしょう。

③男性化というのは、圧倒的多数を占める女性パート社員が彼女たちの優れた知恵である、生活実感をどんどん失ってくることです。女性（特に主婦）の強みの一つは、生活実

感だと思います。買い物情報、地域行事情報、お天気、ＴＶ、食卓などの話題には事欠きません。反対に男性はこの手の情報が苦手です。

生活実感がないと、お客様にとって魅力のある売り場などできないでしょう。この強みを奪うことは、パート社員のレベルダウンを意味します。この原因も同様に正社員にあります。もっと生活実感を感じなくてはなりませんが、十分にできなければ、パート社員の力を借りればよいのです。

ですから、今後、各業態では、ＳＭであれば、生活実感あふれる食卓専門店を目ざしてもらいたいですし、ホームセンターであれば、地域の生活実感情報に基づく品揃え専門店、ベビー用品店では、生活実感情報を常に発信し続ける相談一番店を目ざしてほしいと思います。

2　今なぜ、パート社員の戦力化なのか

(1)「お客様が主役」の企業こそ、生き残りの道

「お客様が主役」とは、小売業に籍をおいている人であれば、全て、意識しているでしょう。それがお題目であっても、反対する人はいないはずです。ところが、簡単に口に出ることが問題なのです。「お客様」と言えば、何か問題が解決するような錯覚をしてしまうので、それ以上のことをしないように思います。店の数が多くなって（オーバーストア）、競争が激しくなれば、「お客様が主役」が本当に現実的なものになります。別に「お客様は神様」などと、あがめる必要はありませんが、いつでも、お題目でないお客様第一主義は貫き通す必要があります。

前述したようにお客様の多くは女性であり、パート社員として働く人の多くは女性（特に主婦）です。ですから、パート社員はお客様の立場と同時に働く側（経営する側）の立場からも店を見ています。つまり、生活実感を持っているお客様が売り場で働いているの

です。来店するお客様にアンケート調査をしなくても、情報源は店内にいるわけですから、このことを活用しないわけにはいかないでしょう。つまり、お客様＝パート社員なのです（もしスポーツ専門店であれば、お客様＝アルバイト社員になるでしょう）。「パート社員を大切に」と言うと、丁重に接して、多少、甘い言葉を言ってなどと思われがちですが、そうではなく、私たちの仕事はいつも、お客様の生活を意識し続け、売り場に活かし続けなければ、生き残れないのです。せっかく、自分のまわりに「お客様のことをよく知っている本人」がいるのですから、生活実感を積極的に商品や売り場に活かしたいと思います。

(2)　お客様の期待は売り場から買い場へ移行

「買い場」などと、聞き慣れない言葉を使いますが（新宿伊勢丹が改装の時に作った言葉。今でもお買い場革命などと使っています）、私たちが売る場所ではなく、お客様が買う場所という意味です。実際、売り場と言っていても、多くの人は、お客様が買う場と思っているでしょうから、あえて「買い場」と言うのは違和感を覚えるでしょう。しかし、お客様の買い物の仕方、買う商品は、景気、不景気関係なく変化しており、明らかに買い場の発想が重要になるように思います。

小さな子供のいる家庭では、魚料理は骨があって好きではないけれど、骨なし魚なら食べるということが起きています。最近、改めて骨なし魚ブームですが（三〇年ほど前に、売り場に並んだことがあります）、これはブームで終わらないように思います。なぜならすぐ食べられる、食べるのが面倒くさくない、残材（生ゴミ）を残さず調理できるということが、今の時代に合っているのでしょう。ところが、「魚売り場は丸魚が並んでいてなんぼ」とか「まぐろのサク（スライスではなく）が並んでいてなんぼ」と思い込んで、お客様の意識変化に気がつかない場合があります。誤解しないでください。「魚売り場で丸魚はいらないから、今すぐ撤去」などと言っているのではありません。鮮度劣化を少しでも防ぐには、丸魚のまま、サクの状態のままのほうが良いに決まってますし、地域によっては、「活気がある、楽しい」かどうかのバロメーターでもあるし、お客様によっては「頭のない魚なんて鮮度が悪い」と言う人もいるでしょう。

しかし、働く主婦（有職主婦）の比率が米国のように七〇％に限りなく近づいてきて、買い物時間が短くなり、調理時間も短くなってくると、買う商品も売り場への期待も変わってくるはずです。つまり、素材を中心にした売り手発想から生活者の使い手発想に変わらざるを得なくなるでしょう。何もこのことは、魚に限ったことではありません。ですから、従来、当たり前に使っている「売り場」の意味を問い直すべきなのです。ちょっと勇気がいりますが、「買い場」を意識して、この言葉を使っていきたいと思います。

(3)　これからの経営は損益分岐点の低さが問われる

小売業の上場企業は確か、外食を含めて約八〇社くらいだと記憶しています。それらの平均損益分岐点比率は約九五％くらいだそうですから、もし五％以上、売り上げが落ちたら赤字になるのです。それにしても小売業というのは損益分岐点比率が高止まりの傾向なのです（もちろん、平均ですから、八〇％台の優良企業も数社ほど存在しますが）。当然、コストの三大要素中、最大を占める人件費に一層メスが入るはずですから、どこでもパート化を急ぐと思います。経営基盤として、損益分岐点を低くすることなしに、厳しい時代に生き残ることは不可能です。そのためにはパート化を急ぐと同時に（コスト削減）、働き方、働かせ方の仕組みづくり（作業改善によるコスト削減）とパート社員の知恵を売り場で思いっきり花開かせる活かし方の工夫（情報共有化による売り上げ増）をより進化させる必要があります。

これからは、正社員とパート社員の垣根がなくなるし、そのような呼び名もなくなるでしょう。働かない人より働く人をより重視してきますから、意欲があり、売り場の改善に真剣に取り組み、成果を出す人にとっては、活躍する場や機会がいくらでも拡がっていくはずです。ですから何度も言うように、パート社員がわかる、できる、読んで感じる、やってみたいと動きたくなるような重点商品情報が必要なのです。

3 パート社員の悩みと要望

私たちは、日々、売り場で働いているパート社員の悩みを本当にわかっているでしょうか（もちろん、正社員にも当てはまることですが）。時間とお金をかけて採用試験や面接を実施して入社してもらったのに、持てる力を発揮できないでいるとしたら、個人だけでなく、企業にとっても損失です。だからパート社員の悩みに寸暇を惜しんで相談にのらなければいけないのです。ありきたりの結論を急ぐのではなく、組織の仕組みや組織風土に入り込んで解決すべきことがあるはずです。これは情報の中身にも当然関係してきます。以下の調査やヒアリングの様子から、私たちの仕事の仕方を反省し、素直に学んで積極的に活かすべきと考えています。

(1) 長続きしない本当の理由

私は、調査やヒアリングは「本音」を知るためにやるものだと思っています。ところが、多くは「建前」で終わっています。ですから調査結果を表読みと裏読みに分けます。表読みというのは建前で、裏読みが本音になります。実際の仕事に活きるのは本音です。パート社員を戦力化しようと思うなら、この部分に気をつけて見てほしいのです。

まず表読みでは、①仕事がわからない、②人間関係が円滑でない、③プライドを傷つけられた、それから④不公平な扱いをされた、⑤仲間はずれにされた、⑥上司が無理解、⑦仕事を教えてくれない、⑧職場の環境が悪い、などが長続きしない理由です。

ここでなるほどと思ってはだめです。なるほどと思うということは、「一身上の都合で、辞めます」と言われて、「残念だけれど、一身上の都合ではしょうがないな」と納得するのと同じなのです。一身上の都合といっても言葉もあいまいですし、本当にそうかどうかはわかりません。上記の①〜⑧までに該当することを一身上の都合と単に言っているかも知れないからです。裏読みしないと、本当の意味でパート社員の悩みはわからないと思います。では裏読みをするとどうなるでしょうか。

①「仕事がわからない」

入社したときは親切に手とり足とりいろいろ教えてくれたけれど、そのあとは何も教えてくれない。本人の努力にお任せ状態ということです。これが仕事がわからないという意味です。表読みだけでは、そうは受け取れないでしょう。仕事がわからないというと、ともすると、「今度入ったパート社員、ちょっと物覚えが悪いんじゃないの」と、思いがちです。仕事がわからないと言っているのは、入社したときは親切に教えてくれても、仕事を進める中で困ったこと、悩んでいることを聞きたくても聞きにくい、聞けないからわからないと言っているのです。この肝心の部分に触れなければ、パート社員の戦力化など、とてもできません。一身上の都合と同じで、ひょっとしたら、言葉を変えた、企業に対する抗議声明かも知れません。上長とうまが合わないということが一身上の都合になっている場合もあるのです。幹部は、常にこのようなことをいつも意識してほしいと思います。

②「人間関係が円滑でない」

何年も店に居るのに店長はわたしの名前も知らない。本部のバイヤーや時々店に来る部長は、電話で何回か話しているのにわたしの名前も覚えてくれない。仲間とうまくいかないと、すぐに「人間関係が円滑でない」と、格好よい言葉で表現されますが、これが人間関係が円滑でないと思われる原因です。気にくわない上長がいると、同じように使うことがありますが、ここまで拡大解釈されているのは少し驚きです。私たちは、もっと働く人の心理状態や仕事の仕方を注意深く見ていく必要があります。いつもバイヤーの作っている情報を見て仕事をしているパート社員からすれば、当人が思う思わないを別にして親近感を感じているのですから。

③「プライドを傷つけられた」

店長以下マネージャーはわたしの仕事の内容も知らないし、理解してくれないということです。「二年も経っていて、この程度のことしかできないのか」、「いつも、品切れが多いけれど、発注の仕方、わかっているの」、「こんな簡単なこと、なぜ、わかんないのかなあ」など、ふと、口に出して言ったことはありませんか。口に出さないまでも、小バカにした表情を見せたことはありませんか。私たちは、パート社員の戦力化という言葉を使いますが、自然に年数が経てば、仕事ができるようになると安易に考えているのです（十分に教えていないのに）。そのようなことはないと思いたいのですが、これがプライドを傷つけられたということなのです。

④「不公平な扱いをされた」

前記の②や③と密接な関係があります。納得できない評価は働く意欲をなくします。時給の決め方がパート社員については、まだ、あいまいな部分があり、上長のさじ加減一つで決まるようなことも事実あります。作業の内容と技術レベルを再度確認して、基準を見直す必要があるでしょう。同じ作業をして時給が違う、明らかに成果を出していても、頑張らない人と同じでは、仕事をするのがバカらしくなります。このようなインフラ整備ができていないと、パート社員戦力化など夢のまた夢になりそうです。

⑤「仲間はずれにされた」

この意味は、意見や提案をしても採用されないということです。どうも、私たちがその言葉から思い浮かぶことと、随分と違うように思います。仲間はずれ＝いじわるされたと、取りがちですが、せっかく意見を言ってくれているのに、きちんと受け止めて、実現のために行動を起こしていないことが原因のようです。「社内目安箱」制度が必ずしもうまく行かないのも、同じような理由でしょう。

⑥「上司が無理解」

これも上記の②③と大いに関係があります。一所懸命やっているのに声もかけてくれない。無感動、無表情の上長が多すぎませんか。これが「上司が無理解」と言われる原因になるのです。そう思わないでしょう。朝会ったら、「お早よう」、「昨日の○○テレビで紹介された商品、どう思う」とか「昨日、重点商品、いくつ売れた」など、話す話題はいくらでもあります。「男は黙って……」というキャッチフレーズを地のままで、肩で風を切って歩いたら、まわりが困るのです。それが「どう？　元気？」と声をかけていれば、「上司が無理解」などと言われなくてすむのです。

⑦「仕事を教えてくれない」

これは重要なことです。これは一番のポイントだと思います。教えてくれないのではなく、教える人が替わると、教える内容がバラバラということです。つまり同じ言葉、同じ目線、同じ基準で話ができていないだけでなく、内容がマニュアル化されていないのです。また、マニュアルがあっても、現場の実情に合わせて、修整を加えられていないため、実際には使えないのです。例えば「ボリュームをつけて陳列」などという言葉は人によって違いますから、つい個人技の世界になりがちです。上長が移動で替わり、別の上長が着任

パート社員の実力テストの結果

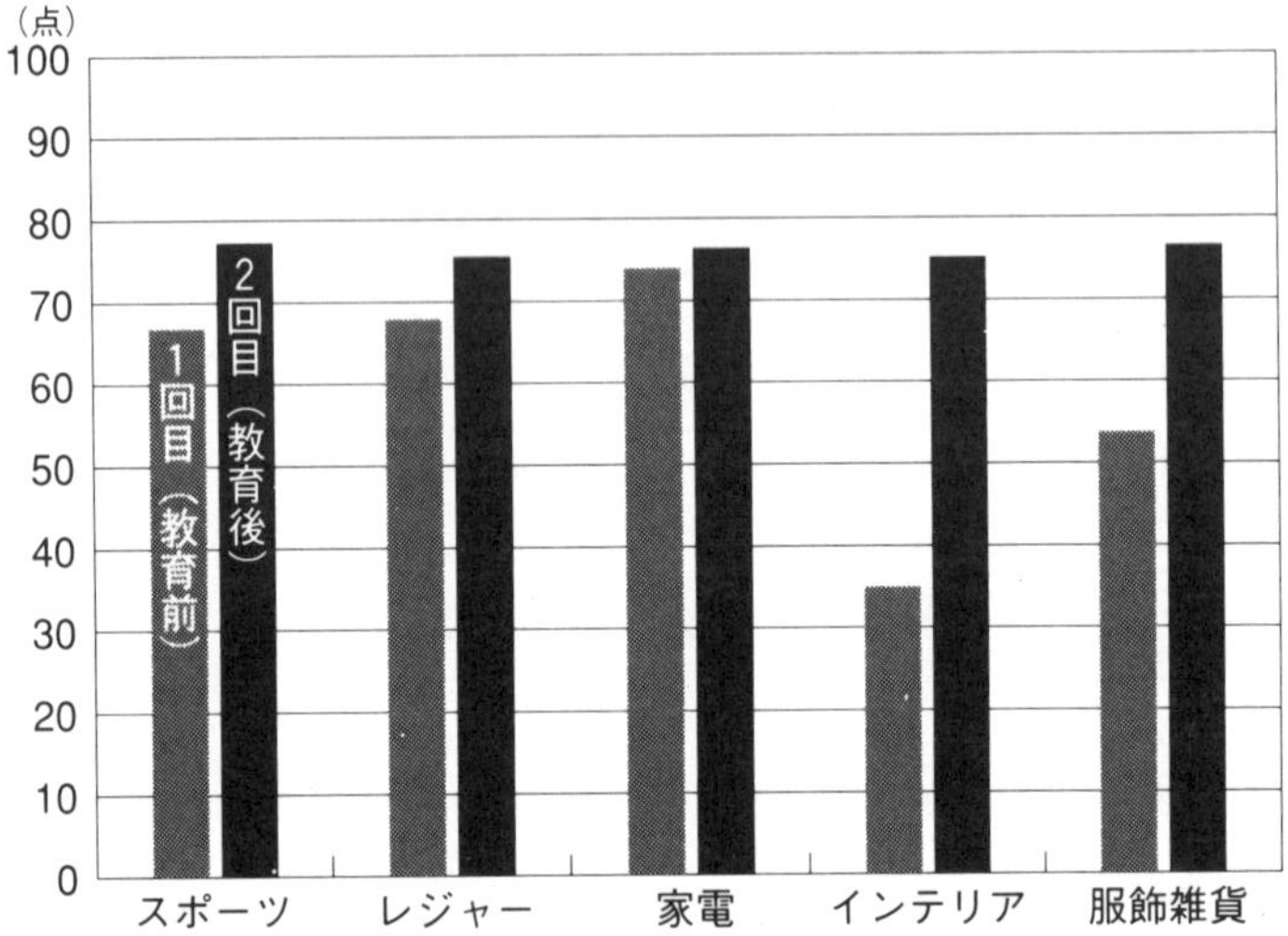

すると、おそらく違うことを言いますから、パート社員は混乱状態に陥ります。このようなことも「仕事を教えてくれない」ということになるのは、不思議な感じがします。

資料の「パート社員の実力テストの結果」は、あるディスカウントストア企業でパート社員のレベルをつかむために行なった部門別のテスト結果です。教育する前の一回目のテストと、教育を実施した後の二回目のテストでは明らかに、後者が伸びていることがわかります。また、店内の部門ごとの格差がなくなっていることもわかります。「配達伝票を満足に書けない」「接客がうまくできずに、お客様からクレームをいただいた」など、パート社員が仕事に自信を持てない理由を探ると、きちんとした教育を実施していないことがわかったそうです。それに、部門間格差があることで、いくつかの売り場で買い回りをするお客様にとって、対応が別企業のように感じられることは、企業のストア・ロイヤルティにも影響します。

そもそも、テストを実施するきっかけは、こんなやりとりでした。正社員は、「教えたからできると思ったのに」「どうせ教えてもダメ」と思っているのに対し、パート社員は、違うふうにとらえていました。「教えてもらっていない」「時間がなくて、覚えられない」など、お互いのコミュニケーション不足がはっきりわかるような返答でした。つまり、正社員は「教えたつもり」だが、パート社員は「教えてもらっていない」のです。伝わったのか理解したのかの見極めが甘く、その後のフォローをまるでやっていないことがわかったのです。まして、部門間格差があることは、教える側に問題があるのです。

⑧「職場の環境が悪い」

環境が悪いとはオーバーな表現ですが、職場の雰囲気が暗いのだそうです。職場の雰囲気が暗いというのはどういうことかというと、上長を含めた正社員が暗いのです。環境が悪いというから、エアコンがきかない、倉庫が暗いという作業問題かと思いました。

これらがパートさんが長続きしない本当の理由です。パート社員戦力化が成功するかどうかは、人事問題もありますが、私たちの意識改革、仕事改革に大きくかかっています。今までのパート化（パート戦力化も）は、人事、コスト、ワークスケジュールに限られた話だったと思います。大きく労働環境が変化してきているわけですから、改めてパート化ではなく、パート戦力化として、仕組みを作る必要があります。

(2) 長続きする理由

反対に長続きする理由は、それほど裏読みをする必要もないと思います。次のような理由を挙げました。ぜひ、このようにパートの戦力化をいつも意識してほしいと思います。

①社員と同等の立場を与える

正社員もパート社員も働く時間だけが違うという考え方です。先ほども述べましたが、正社員は八時間のパート社員である、パート社員は四時間の正社員であると、今後は考えるべきでしょう。このような考え方は、正社員にとっては腹の立つことかも知れません。「自分をパートと一緒にするな」と。また、パート社員には、仕事が重くなる（責任重大）

というプレッシャーがかかり、「私は困ります」と、言われるかも知れません。おそらく今までどちらも、ちやほやと甘やかされていたのでしょう。厳しい反面、自分の力を発見、再発見できる機会にもなります。

②情報を正確に知らせる

どんなに忙しくても、必ず、昨日の実績を伝えることです。本部からの情報は、必ず、説明を加えて、回覧して、壁に貼るなり、わかりやすい場所にファイルするなどして、全員が同じ情報を見られるようにすることです。売り場で発生したクレームは再発防止のために、多少、恥をかかせても全員で確認するとよいでしょう。重点商品情報の読み合わせと、発注量と、売り場展開について、定期的にミーティングを持つことです。

③納得のいく指示、命令をする

「頑張れ」とか「品切れしないように気をつけて」など、抽象的なお願いや要望ばかり言うのではなく、例えば、発注ミーティングで一回三〇分くらい時間をかけて、品切れの原因の仮説を立て単品ごとの数量を決めたり、フェイス数や使用備品を具体的に話し合ったりする必要があります。また、この点については、重点商品情報の内容についても大いに関係することです。

④成果を発表してあげる

企業によっては、年に一〜二回、ＱＣ活動の成果発表会や業績発表会などの名称で、大々的に発表会を開催する例があります。ただ、ここまでやらなくても、店舗内で月度の業績ミニ発表会（朝礼時、昼礼時など）でもよいと思います。またどんな工夫をしたかを、売り場内で話し合うことも、立派な成果発表です。知恵を公表して共有化することが目的ですが、発表者にとっては緊張して事前に発表の練習をすることで商品に詳しくなる、売り場のことがさらに詳しくなる、話し方が上手くなる機会になるのです。

⑤できたらほめてやる

私たちはどうもこの点を苦手としています。素直に「良かったね」とか「素晴らしい」などのほめ言葉を言えばよいものを、黙っているものですから誤解されがちです。誰でもほめられたら、うれしいはずですから、また一歩上に上がる元気がわいてきます。その代わり、うまくできなかったら、同じように「ちょっと、まずいね」「やり方を変えてみては」などと、はっきり言うことです。うまくできてもできなくても、簡単な評価をしてやらないと自信をなくします。「お客様の声」でおほめの言葉をいただいたら、朝礼時でも照れないで名前をあげて、ほめてやってください。

⑥責任を持たせる

入社六カ月ほど経ったパート社員にやらせてみたら、私たちが心配したことが無駄に終わったことがありました。あるコーナーに限定して、発注作業を試しに任せたら、品切れが減ったのです。何をしたかというと、売れている商品のフェイス数を思いっきり拡げて、売れていない商品をカットしたのです。商品をよく知っている人は、「この商品は品質が良いから、いつか売れる」と考えますが、パート社員は、直近の四週間の売上数量を見て、判断したのです。どちらが正しいか。特定の商品にほれることは、悪いことではありませんが、データに素直に対応して結果を出したのですから、パート社員のとった行動のほうが正しいとすべきでしょう。

同様に毎週の重点商品を一品決めて担当させたら、重点商品情報を穴の開くほど見て、先輩社員に聞きまくって、見よう見真似で売り場をつくりました。さらに、近くの競合店をベンチマーキングして良い点を真似て、他店での取り組み例をＦＡＸで送ってもらって、週末の計画を見直したそうです。すると、重点商品の数値は全店でもズバ抜けた記録を達

ベテランのパート社員と新人パート社員の週別能率比較（寿司）

商品名	ベテランパート社員	新人パート社員研修1週目	〃 2週目	〃 3週目	前々週からの改善時間
太巻4本	3分	10分	7分	4分	－6分
細巻4本	4分	13分	10分	6分	－7分
生寿司7カン	4分	15分	11分	8分	－7分
〃 12カン	6分	20分	15分	12分	－8分
いなり寿司3ケ	2分	5分	4分	3分	－2分
海鮮丼1つ	3分	7分	5分	4分	－3分
計	22分	70分	52分	37分	－33分

成したということです。

⑦研修制度を導入する

外部セミナーに派遣したり、講師を招く研修が一般的ですが、お金もかからず、確実にレベルアップが図れる方法があります。新店開店の前に、近隣店舗を借りて、新店メンバーだけで実際に運営するのです。より実践に近い教育を緊張感を持って行なうことができます。資料「ベテランのパート社員と新人パート社員の週別能率比較（寿司）」は、ベテランのパート社員と研修中のパート社員の作業時間を計測し、一週ごとに変化（作業の習熟度）を追跡したものです。大切なことは、ゴール目標を決めて、定期的にチェックを入れ、緊張感を持続するような、実践に近い場での研修です（理論と実践との融合）。

⑧研究課題を発表させる

各企業内には、タスクやプロジェクトとして短期間の組織横断型の作業チームが作られていると思います。どこでも「生活情報委員会」、「品切れゼロプロジェクト」、「価格違い撲滅タスク」などの名称が付けられていますが、常に目的意識を持って取り組むことで「自分で考えて仕事をする」姿勢が生まれてくるのです。兼務で大変ですが、同じ目線で考え、行動し、話し合えるという組織風土が働く人の意欲をさらに高めることになります。

4　パート社員を戦力化するための前提条件

(1)　共通言語で話をする

共通言語については、何度か話をしてきました。業界にどっぷりと浸ってきた人は、自分の発した言葉が全ての人に伝わるような錯覚を持っています（当然、本人は気がついていない）。私もある企業に在籍していた時に、幹部が指摘した売り場の問題点について、意味がよくわからず、そのホンヤクに時間を費やしたことを覚えています。その後日談にも笑えない話があり、やっとのこと、言われた通り（と思って）に売り場を変えてみたのですが、その幹部に反対のことを言われて、あ然としました。なんと、以前の通りでよかったのです。これは、幹部がどうのこうのと言うより、共通言語で話ができない組織風土や言葉の定義があいまいなことに問題があります。

私がよく使う言葉に「知る→わかる→できる」があります。相手に伝える時には、自分が話していることの半分くらいしか伝わらないものだという自分に対する戒めです。だから、相手にわかりやすく、注意して話そうと考えています（まだまだ不十分ですが）。私が考える「知る」の意味は、「自分の話したことが相手にとってわかった」というレベルです。わかったから「わかる」のレベルではなく、その前段階の「知る」レベルにとどまっていると考えてください。では「わかる」の意味は、何か。「自分の話したことが、相手が理解して納得して、さらにまわりの人に説明ができる」レベルです。説明ができるから、「できる」レベルではなく、その前の「わかる」レベルなのです。次に「できる」とは、長くなりますが「自分の話したことが、相手に理解され納得され、さらにまわりの人

言葉の意味をホンヤクする例

（１）「品揃えが良い」とは何か　　＊△はまあまあ良い。○は良い。

△	商品数を増やす
○	重点商品のバラエティを増やす（ＳＫＵづくりを含む）
○	似たようなもの、関連するものは１カ所にまとめる

（２）「価格が安い」とは何か

△	競合店より１円でも安くする
○	小さな量（１つ）でも買える
○	組み合わせても買える
○	まとめて買うとお買い得

（３）「鮮度が良い」とは何か

△	産地（製造元）を表示する
○	旬の商品（新商品、話題商品）をいち早く試すことができる
○	目標とする日を決めて売り切る

（４）「提案のある売り場」とは何か

△	素材を中心にした売り手発想
○	生活者のライフスタイルの変化に基づく使い手発想

（５）「価値訴求」とは何か

△	格好良いものや高額品
○	販売員（パート社員含む）が商品の違いを知っている
○	商品の特性を引き出して、あらゆる工夫で伝える

に説明ができて、自分の手と足を動かして後ろ姿を見せられる」レベルのことです。ここまでやるのは大変でしょう。私自身もここまで到達していませんが、通達文書や重点商品情報を作る時には、知る→わかる→できるという意味を考えて、まとめてほしいと思います。

資料の「言葉の意味をホンヤクする例」を見てください。共通言語で話をするためには、普段、何気なく使っている言葉の意味をホンヤクする必要があります。私たちが無意識に使っている言葉だからこそ危険なのです。

よく「ウチの店は品揃えが悪い」という言葉を使いますが、ほとんど全ての人には、意味が通じているようです。しかし、「では、品揃えを良くしよう」と言った時にどのような行動をとるか。ある人は「商品の種類を増やす」、また別の人は「サイズや量目のSKUを増やす」、さらにある人は「価格の安いものから高いものまで扱う」など、対応が違ってきます。私たちが考えなければいけないのは、言葉を発することより、受け手がどう動いてくれるかのほうを大切にすることなのです。したがって、私だったらこう言います。「重点商品のバラエティさを増やす（サイズや量目やブランドなどのSKUを増やす）」、あるいは「似たようなもの、関連するものは一カ所にまとめる」と。まだ、他に「品揃えが良い」をわかりやすく伝える言葉があるかも知れませんが、これであれば、具体的な行動レベルにつながるのではないでしょうか。

また、「鮮度が悪いから、良くする」という言葉も、言った本人はわかっているのでしょう。変色しているから、入荷して二週間経っているが一つしか売れていないから商品を変えようというように。しかし、他の人はそれを聞いても、その後に具体的な言葉で指示がなければ動きようがありません。これは私の考えですが、「鮮度が良い」とは、「産地（製造元）を表示する」のは当たり前ですが、旬の商品（新商品、話題商品）がいち早く売り場に並び、試食・試飲・試用・試着などを通して試すことができることでしょうし、賞味期限内にきちんと売り場からなくなることでしょう（目標とする日を決めて売り切る）。これらは、一例ですが、パート戦力化を実現するには、共通言語で話をすることは大切なことなのです。

これも何度も言っていますが、パート社員の経験が浅いから、正社員に比べて技術が劣るからではなく、本来、誰でもが組織の中では、わかる、できる言葉を共通して使わなければ、総合力（皆の知恵）を発揮できないのです。今まで、やってこれたことが不思議です。そんなことを気にしなくてもなんとかなった時代だったからです。

(2) 生活実感に基づいた情報から発想する風土を大切にする

このことも、何度も述べていますが、お天気、行事、記念日、テレビの話題などを毎日のあいさつ代わりにすればよいと思っています。小売業は、本来、最もお客様の生活や地域のことを知らなければいけないのに、忙しさにかまけて、それらのことに鈍感になっているのではと心配しています。

地域の運動会に出かけることは少ないでしょうが、昼の食事の内容が変わってきたようです。以前はお母さんたちが朝早く起きて家でトリ肉のカラ揚げやいなり寿司を作ってくれたのですが、今は、コンビニの弁当や冷食のカラ揚げが増えてきたそうです。近くの小学校の運動会を見たパート社員がショックを受けたと言っておりました。畜産売り場では、運動会シーズンになると、決まって、若ドリのモモカラ揚げ用のパック数を増やしますが、売れ行きが悪くなっているのではないでしょうか（反対に冷食のカラ揚げは品切れ状態）。事実と対応のギャップがあることにどれだけの人が気づいているかです。全国すべてと言っているのではありませんが、再度、事実を見る必要がありそうです。

私自身もこんな経験がありました。これはテレビ番組で紹介された果実のアボガドを各店で比較した時のことです。日曜日に放映されると月曜・火曜が大ブレークするのは、他の商品例でもありましたので、どこでも事前に多めの発注をしているものだと思っていました。番組のテーマや紹介される内容は二週間前にわかります。

その週は毎日、アボガドを見る機会があり、私は当然、その週の重点商品の一つと思っていたのですが、各社（各店）の対応は驚くほど様々でした。アボガドが目立っている店といない店、ＰＯＰ「テレビで紹介されました」がついている店、ついていない店、品切れしている店と品切れしていない店に分かれていました。ほとんどの店では品切れしており、ある店の担当者は、「バイヤーに追加注文を出しているけれど、問屋に在庫がない」と、商品部の対応が悪いというような口ぶりでした。ところが、別の店では、入り口に入ったところで、平台を二つ並べて、アボガドがてんこ盛りになっており、トマトとアボガドのサラダをメニュー提案し、多くの人に試食を出していました。おそらく、この店のアボガドの販売数量は他店の一〇倍くらいあったのではないでしょうか。これは、後で聞いたのですが、この企業は重点商品情報でアボガドを載せていたのです。

テレビで見たのに売り場に活かしていない、売れるヒントが紹介されるのにテレビを見ていない（情報をとらない）など、生活実感についての意識が弱くなっているのは残念です。景気が悪いのではなく、競合店が多いのではなく、魅力競争で世の中や競合店に負けているのではないでしょうか。また、情報を聞いたら、すぐ飛んでいくフットワークの軽さも必要です。

夏は蒸し暑いので、女性はストッキングをはかずに、生足を見せるという新聞記事がありました。「ヌードパンスト」とか、「はかないストッキング」が話題になりました。商品はスプレー式で、夏、蒸れないためにスプレーして、パンストをはいているように見せるのだそうです。東京・銀座の専門店や有名ドラッグストアでよく売れている商品です。このような情報に接した時、せめて該当する売り場（肌着、日用品、化粧品など）の人は情報をとってもらいたいものです。あらゆるところにアンテナを張りめぐらして、話題になれば、きちんと受け止めて情報で流すというのも、生活実感に基づいた情報から発想する風土だろうと思います。

(3) 一目でわかるビジュアルで具体的な指示をする

重点商品情報を中心にその中身や内容について述べてきました。どうしても本部の商品部やスタッフは、あれもこれも何でもみんな伝えようと思っています。微に入り細に入り、情報に盛り込む気持ちは理解したいのですが、それが時として、売り場にとっては大きな

好事例：気温変化が一目でわかる

【○○地方の気温】　＊注意点　ホットメニューと涼味メニューの発注と売り場展開に活かしてください。

昨年のデータ

曜日 ＼ 気温	22 月	23 火	24 水	25 木	26 金	27 土	28 日	29 月	30 火	1 水	2 木	3 金	4 土	5 日	6 月	7 火	8 水	9 木	10 金
最高℃	25	21	23	22	20	24	24	24	24	24	22	22	21	24	23	23	27	20	24
最低℃	19	18	17	17	17	18	18	16	16	15	15	16	17	16	17	16	17	13	16

今年の予想気温

最高℃	29	28	29	29	29	28	27	26	26
最低℃	24	25	24	24	23	23	23	21	21
天候	曇	曇	曇	雨 晴	曇	曇 雨	曇 雨	曇	曇 雨

お世話になる場合があります。当然あれもこれもとなると限られた紙面（A4が基本）では字が小さくなってきます。なんでも書いて送るというのではなく、最低限、伝えたいことだけをきちんと伝えて、あとは店で味つけすればよいのです。何でも型にはめようと思う本部の悪いクセです。どんな企業でも同じ規模、同じレイアウトなど、現実にはないのですから、店での多少の修正はどうしても必要になります。

資料の「好事例：気温変化が一日でわかる」は、ある地域の昨年の気温の推移と今年の予想気温を比較しているものです。「気温変化に対応してください」と言われても、今週、来週の気温がどうなりそうなのかがわからなければ、手の打ちようがないし、昨年の気温とその時に売れた商品が何かを思い出せなければ、発注に自信が持てません。一日でわかるような資料があれば、今年は昨年より暖かい日が続きそうだから、「涼味テーマはまだ行ける」と考え、強気な発注ができるでしょう（機会ロスを減らす）。ここまでガイドラインを出せば十分であり、地域の実情をつかんで売り場で判断すればよいと思います。

資料の「好事例：今週の各売り場の重点テーマがビジュアルにわかる」は、今週の各売場の重点テーマが一目でビジュアルにわかるようになっています。自分の売り場は知っていても、お客様に他の売り場のことを聞かれたらわからないものです。お客様は店全体を見ていますので、ご案内ができることと同時に、自売り場と同テーマについては、チェッ

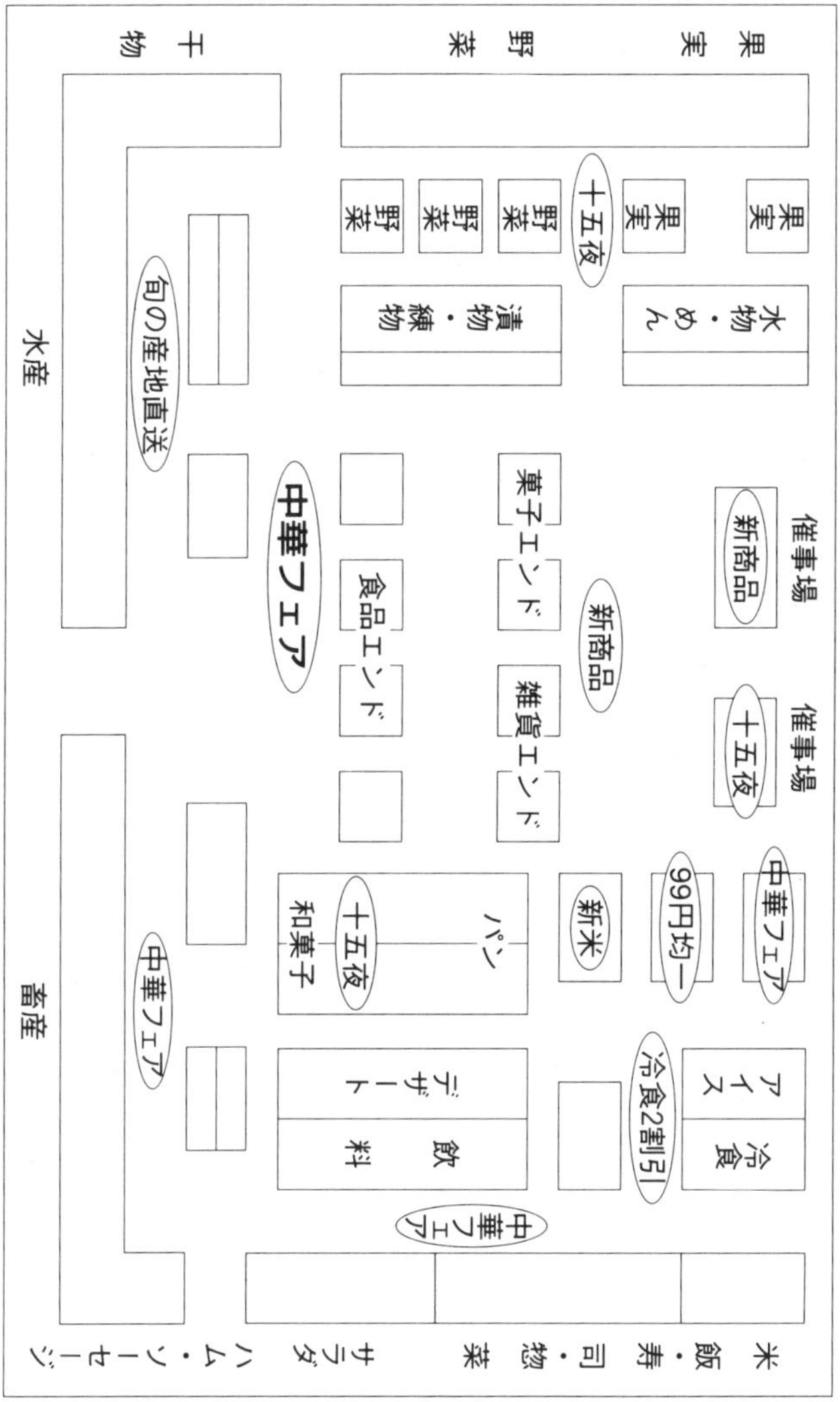

好事例：今週の各売り場の重点テーマがビジュアルにわかる

○内は今週の重点テーマ　＊注意点　他の売り場のテーマを確認して、自売り場に活かしてください。

クし、自売り場の売り方・見せ方に活かせるようにと考えられています。

5　パート社員が感じて、動く情報について

ここまで、長々と、パート戦力化についての考え方や組織の受け入れ条件を述べてきました。ここからがこの章の本題になります。なぜ、しつこくここまでの部分にこだわったのかと言うと、技術は考え方によって活かされ、考え方は組織風土によって育つと思っていますので、この点が理解されないと仕組みにならないからです。今まで、毎年のようにいろいろな技術が業界で紹介されてきましたが、定着して仕組みになっているのはいくつあるでしょうか。世界の大企業の戦略や仕組みを学ぶことは良いことですが、規模も考え方も組織風土も違いすぎます。まず、身近に働くパート社員は、どう考えているのかを知ることが、一番です。

(1)　重点商品情報（作）への要望

パート社員が感じて、動く重点商品情報にするためには、どんなことが必要なのでしょ

うか。店長やバイヤーの声は既に述べましたが、パート社員の立場に立って十分に意見を言ってないように思います。わかったつもりになっているからでしょう。そんな時は素直に聞いてみるしかありません。これは、実際に多くのパート社員（複数の企業）にヒアリングをしてわかったことです。

①「言葉がわからない」

まず、言葉がよくわからない、という声が多くあったのです。特にSKUやPI値、VMD、カテゴリーなどの横文字が多いという意見には、業界特有とは言え、反省すべきです。特にPI値は、最近よく使われるようになりました。パーチャス・インデックスの略で、購買指数の意味です。一、〇〇〇人の客数当たりの売れる点数を点数PI、同じく売れる金額を金額PIと言います。発注の目安になりますので、自店の客数と照らし合わせて、「いくつ（いくら）売れそう」と考えることができます。もちろん、なんの説明もなしに情報に載せてはいないと思いますが、わからないということは、書いても伝わっていないということで、無駄なことを限られた紙面に書いていることになります。

情報をつくる人の個人差もあり、横文字を多用する人（よく、本で勉強しているのでしょう）と、横文字をあまり使わない人（現場に出かけ、パート社員と話し込んでいるのでしょうか）がいます。横文字は言葉が短くて済むのですが、ホンヤクしないと、いろいろな言葉の意味が飛び交い、混乱してコミュニケーションがとれない原因になります。例えば「コンテンツ（内容）」とわざわざ注釈を入れて書くのなら、「内容」だけでよいと思います。

②「言葉の意味がピンとこない」

①の言葉がわからない、と関係があります。わかりにくいから言葉の意味を何度聞いても最初のうちは、ピンとこないというのはしかたありません。おそらく、知識として教えているのでしょうが、実際の現場での使い方を時間をかけて教えていないからだと思います（特に日々、使うＰＩ値やＳＫＵなど）。短時間の説明でさっと流しているような印象を受けます。「質問はありませんか」と聞かれても、大勢の人がいる場で手など挙がりません。また、質問したくても何を聞いたらよいか、それさえもわからないのではないでしょうか。言ったつもり、聞いたつもりで説明が無事終了しているように錯覚しています。

会議のあり方も改善したほうがよさそうです。ある企業では、質問票をあらかじめ配布して、講師あるいは説明者の話が終了して、休憩時間中にそれを書いてもらい、質問に答える方法を採用して理解度を高めています。

③「字が小さい、細かい」

これは、細かい字を見るのが苦手な人が言っているのではありません。指示内容が多すぎるので、限られた紙面（A4サイズがベスト）ではサイズが決まっていますから、あれもこれも頑張って載せようとしたら間違いなく、字が小さくなります。指示内容が多いから悪いのではありません。売り場でやらなければならないことであれば、きちんと載せるべきです。ただし、売り場面積や作業の難易度を考えて、テーマに優先順位をつけたほうがよいでしょう。その場合は、A4サイズ一枚一重点テーマのルールを守ればよいのです。それを無理にあれもこれも一枚に詰め込もうとするから、字が小さく、細かくなるのです。

枚数を減らすより、枚数を増やして字を大きく書くことです。ところが、多くの企業では中身（質）を見ないで、量のことばかり話題になります（「誰がこんなに分厚い資料を見るのか」など）。

また、数字の表などを縮小コピーして載せてもほとんど見えません。別に端数・小数点などの細かい数字はなくてもいいのです。数字は、千円単位、PI値は整数で十分です。指数や倍数であったり、グラフでいいのだろうと思います。たくさん詳細に書けばいいのではありません。わかればいいのですから。

十の話をして、三つしか売り場でやってくれないのであれば、五つに絞って四つやってもらったほうがお互いにハッピーであると肝に銘じてください。

④「文章が読みにくい」

文章が読みにくい理由は、パート社員に言わせると、重要な部分の強調がないからだそうです。番号を振ったり、枠で囲んだり、太字にしてメリハリをつけることが必要です。パート社員に読んでもらうには、読みやすい、楽しい、面白い、ためになる、強調する部分がはっきりしている、という五つのキーワードを意識する必要があります。これは、誰に対してでも言えることで、文章を読んでもらう時の書き手の心構えでしょう。このような工夫がなければ、文章を読んでくれないと思ってください。また、長い文章は、①、②、③などと区切らないと、読みにくく、覚えにくいものです。

資料の「読みにくい、楽しくない情報例」は、あるホームセンターの情報内容です。文字数は多くはありませんが、羅列しているだけで、強調部分がよくわかりません。また、お客様の生活（返礼ギフトや防寒対策）と売り場づくりのポイントがあまり連動していないので、文章は読めても読んでいて楽しくないのではないでしょうか。各企業の重点商品情報はこの程度にとどまっているのが現状です。それにしても、「ボリューム展開」や

読みにくい、楽しくない情報例

第38週の確認事項

お客様の生活		◆11／15（月）七五三・大安→返礼ギフト ◆本格的な冷えこみが、度々やってくる・・・防寒対策と鍋物が恋しくなる時期
売り場作りのポイント	家庭雑貨	◆11／20（土）～11／23（火）「金物市」単独チラシ訴求 ◆11／18（木）年末清掃用品立上り→フロアの一等地で集積展開。補修はゴンドラ、ネット活用。
	化粧日用雑貨	◆11／18（木）年末清掃用品立上り→Aパターン－5台、Bパターン－3台、Cパターン－2台で展開 ◆11／18（木）超目玉セールは「増量バンドルセール」に切替え実施スタート！
	インテリア・寝具	◆11／19（金）「羽毛、羊毛布団お買得セール」の売場着地 ◆11／21（日）感謝セールの事前準備の発注。売場作りのスケジュール化。
	家電	◆家電バーゲン展開店舗売場体制→レイアウトに基づきダイナミックに展開する事。日替わり、バイヤー一押し商品は山積ボリューム展開→均一セールは括りを明確にダイナミックに陳列する事

「ダイナミック」などの言葉が、相変わらず使われています。

⑤「何を売ったらよいかわからない」

重点商品が絞られていないことが原因です。

手順に基づいて決められた重点商品であれば、いくつあっても構いません。しかし、重点商品候補のまま、重点商品として羅列されているのであれば問題です。データやMD動向などの事実がわかれば、重点商品候補はいくつでも生まれますが、それらに企業の意思（バイヤーの意思）を込めて絞ってほしいのです。

資料の「重点商品が多すぎる情報例」がその例です。これは精肉部門ですが、ほかの部門でも共通であり、似たようなことが起きています。要はこれが重点商品となって、ステーキ頑張れ、ビーフカレーも、牛タンも、豚肉ロースソテー用も、ロースかたまり頑張れ、みんな頑張れと言っているのです。重点商品候補を全て重点商品にしていると思われます。これでは売り場はやりきれません。

バイヤーが重点商品を決めるまでの時間、この情報を作る時間と作業量を考えたら、頭が下がります。各々の重点商品に対しての売り方アドバイス（販促物、試食、容量、メニュー提案など）は、懇切丁寧です。しかし、重点商品の売れる理由を明らかにして「母の

重点商品が多すぎる情報例

第９週　精肉部門		
重点商品		
商品名　期間	展開場所	売り方の提案
ビーフロースステーキ用 ５／10～５／12	平台 又はスロット ４尺２段以上	販促物をとりつけ、安心を訴求します。
ビーフももひとくちステーキ用 ５／10～５／12	平台 又はスロット ４尺２段以上	試食を実施し、安心を訴求します。
ビーフカレー用 ５／10～５／12	スロット 下段３Ｆ以上	ビーフを使ったカレーの提案。
アメリカ産牛タン味付ねぎ塩焼用 ５／８～５／14	スロット 下段４Ｆ以上	牛タンねぎ塩焼を使った「サラダ」の提案。
アメリカ産豚肉ロースソテー用 ５／８～５／14	スロット 下段６Ｆ	８枚入りなど枚数の多い商品も品揃え。
アメリカ豚肉かたロースかたまり ５／10～５／12	平台 又はスロット ４尺２段以上	かたまり肉をコーナー化します。
アメリカ産豚肉ヒレかたまり ５／10～５／12	平台 又はスロット ４尺２段以上	１本、２本、１／２本を品揃えします。
国産若どり筋なしささみ ５／10～５／12	スロット 下段４Ｆ以上	容量の３skuと棒々鶏ソースの品揃え。
鶏むね肉（国産） ５／10～５／12	スロット 下段４Ｆ以上	棒々鶏ソースの品揃え。
国産豚肉ミンチ ５／８～５／14	スロット 下段４Ｆ以上	手作り餃子の提案。
お肉屋さんの生餃子 ５／８～５／14	スロット 下段３Ｆ以上	試食により生餃子の味の訴求をします。

日」とか、「涼味」とか「焼肉」などのメニューに絞って、重点商品を選ぶほうがよいと思います。特に記念日行事などは短期決戦ですから、これに集中すべきです。もちろん、他のことをやってはいけないと言っているのではありません。あくまでその週の優先順位の高いものを全店共通の重点テーマ、重点商品とすべきです。継続中のもの、これからピークを迎えるもの、すでに展開していてこれからも長く続くものについては、無理に当週に取り上げなくてもよいのです。継続中のものは、重点商品情報に載らないからといって、止める必要はないのですから。

どこの企業（店）でも、重点商品（本当は候補）が多すぎて何を中心に売ったらよいかわからないようなことがまだけっこうあります。おそらく、データ不足もあるでしょうが、それ以上に意思を持ってしっかり絞り込めないことが原因と思われます。自分の部門ではそんなことをしていないとつい思いがちですが、組織の中で起きていることは、どの部門でも同じように起きているものです。それが、内部にいる人は気がつかなくても、外部の人には気がつく、感じるのが組織風土なのです。

⑥「この商品を売ると、数字が上がるか疑問」

売れる理由、売りたい理由が売り場に十分に伝わっていないか、重点商品の選定理由の

重点テーマの選定理由がわかりにくい情報例

第５週　寿司部門	
重点テーマ	398円均一企画
選定理由	新学期も始まり、新たな生活が慣れはじめた今週 昼食商材を中心に均一企画を実施します。

重点商品

①レディースセット　１ケ　398円
（PI値３）

②えび天うどん寿司セット　１ケ　398円
（PI値３）

春休みも終わり生活が通常に戻ります。
売上を確保するための催事として、
確実に展開をして、買い上げ点数のアップを図ります。

展開方法

レディースセット 見本写真	えび天うどん寿司セット 見本写真

あいまいさが原因だと思います。売り場の人がやる前から元気がなくなる情報では困ります。

「重点テーマの選定理由がわかりにくい情報例」の寿司部門の例を見てください。これは、重点テーマが「均一企画」ですが、選定理由が「新学期も始まり、新たな生活が慣れはじめた今週、昼食商材を中心に均一企画を実施します」とあります。ただ、読んでいくと、おかしいところがいくつかあります。新学期と昼食商材が結びつきませんし（冷食であれば納得しますが）、また、なぜ三九八円均一企画なのか理解しにくいのです。さらに、重点商品のレディースセットとえび天うどん寿司セットは新学期ではなく、新社会人の間違いでしょう。どちらも、三九八円と均一企画ですが二単品しかなくては、商品を並べても目立ちません。売り場づくりのポイントのところで、「春休みも終わり生活が通常に戻ります」とありますが、重点商品と食い違う新学期のことをまだ言っています。

そして「売上を確保するための催事として確実に展開をして、云々」とありますが、均一企画が、催事と言うにはあまりにも寂しい企画です。売り場がこの商品を売ろうと思っても元気が出ないでしょう。ましてや、PI値が三ということは、一、〇〇〇人のお客様が来てたった三つしか売れないと考えているのであれば、重点商品としては失格です。品目をもっと増やして（例えば、そばセットなど）、「新社会人応援フェア」のほうが目を引くでしょう（ただし、サラリーマンやＯＬが多い立地特性を考えて）。また、「均一企画」より、「増量」や「二〇％引き」などのほうが売れるテーマになりそうです。

⑦「もっと別のテーマのほうがよかった」

重点テーマを決めるのは、重点商品を決めるのと同じで、勇気がいるものです。重点テーマ候補の中から意思を込めて重点テーマを決めるわけですが、特別なことをするわけではありません。大切なことは、お客様に伝わるかどうかです。売り手側が重点テーマと勝手に決めても、お客様は重点商品情報を見て買い物するわけではありません。そんなことは何も知らずに、興味を魅かれる売り場、商品、売り方・見せ方に気がついて買い物をするわけです。だったら、お客様が今週、今一番、興味のあるテーマを選ぶべきでしょう。

資料「他の重点テーマにしたほうが目立つ情報例」は、加工食品部門の例ですが、重点テーマは「新商品」になっています。ところが、選定理由を見ると、新商品には違いないのですが、〇〇メーカーの新デザートメニューのほうが、訴求力が強そうです。多数の新商品で売り場展開ができるのであればよいのですが、限られた数の新商品しかなければ、「新商品」とＰＯＰをつけても、目立たないでしょう。また、テレビで宣伝しているのですから、単刀直入にメーカー名と商品名を打ち出したほうが効果的です。ズバリ、メーカーと協賛して「○○メーカー新メニュー○○の紹介」という重点テーマです。宣伝ビデオやメーカーの販促助成物、サンプル見本などを展開したら、売り上げがまるで違うのではないでしょうか。雑誌でとりあげられているならその雑誌も、メニューが人気ならメニュー提案も紹介すべきです。

私は、特別なことなど言っておりません。せっかく時間をかけて作った情報を読んでもらいたいのなら、売り場の人がやる気が出て、売れて利益の上がる情報を全力をあげて作るべきなのです。作るムダ、読まないムダ、やらないムダを一掃することは、作業改善につながります。

⑧「売り場の陳列イメージがわかない」

私たちはまだ、言葉で伝えようとしています。イラストや図、グラフや写真で見せたら一目瞭然なのに、ビジュアルで見せることに抵抗があるのでしょうか。論や理屈を学んだことは、もちろん悪いことではありませんが、言葉が少ないと何か物足りないとでも思うのでしょうか。目的は自分が伝えたいことが伝わることですから、文章だろうが絵だろうが目的に沿っていれば、どちらでもよいのです。陳列イメージの場合は、ビジュアルなものと一部の簡単な文章でよいと思います。陳列イメージがわかないのは、写真や表などが

他の重点テーマにしたほうが目立つ情報例

第25週　加工食品部門　重点商品情報	
重点テーマ	新商品
選定理由	1．秋の新商品が盆明けより続々と発売されます 新商品をいち早く拡売することで売上高・荒利高を確保します 2．最近雑誌などで気軽に楽しめるメニューとして紹介されております 3．夏休み期間であり、おやつや軽食・休日の朝食・昼食におすすめできるメニューです 4．TVCMは発売日8／21～ので10日間で1400GRP
重点商品	○○メーカー新デザート　カスタード 価格　138円　値入率　21.0% ○○メーカー新デザート　クリームチーズ 価格　138円　値入率　21.0%
展開方法	1．生鮮側の主通路・平台にて展開ください 2．ダミーBOX等を使用しボリューム感陳列をしてください 3．ディスプレイ販促物も活用ください 4．売り場スペースの余裕のある店舗は食パンコーナーでも陳列・販売ください
売り場づくり	展　開　例 使　用　POP

不足しているためです。最近は写真などもデジカメや携帯電話（カメラ付き）で、誰でもうまく撮れて、高画素のものが出ていますから、イメージを伝えるためにとても有効です。もし、適当な店舗がなければ、モデル店舗を設定し、毎週の重点テーマ・重点商品を売り場でダミーでもよいので実現して写真に収めて、コメントを入れて配信するようにしてはどうでしょうか。

資料「売り場の陳列イメージがわかない情報例」は、紳士衣料の例です。陳列する商品は決まっているし、言っていることもわかるのですが、「カラーを重ねて陳列」とは具体的にどのようにするのか、よくわかりません。「シャツの陳列面の隣りにインナー商品……」は、どのように陳列すればよいのか、コーディネート例で「重ね着提案」とありますが、これも不明です。他の部門でも同じように起こっていますので、これはほんの一例だと思ってください。

⑨「関連陳列など、他部門との連携プレーが少ない」

本部間のコミュニケーションの少なさが原因です。

組織は基本的に縦割り体質を持っていますので、各部門ごとに計画が立てられ、打ち合わせが行なわれるのは、当たり前のことでしょう。そこには、自部門優先主義が発生する

売り場の陳列イメージがわかない情報例

第37週　紳士衣料　週間情報
売り場づくりのポイント
■前週に引き続き「処分商品」を売り込んでください
1）重点商品
15アイテム　2900～4900円の品を1000円引
標準店　４面　小型店　２面でカラーを重ねて陳列してください
3900円の商品はレジ割30％OFFを継続してください
■注目素材「コーデュロイ」を引き続き、売り込んでください
2）陳列方法　①単品訴求陳列からウェアリング提案陳列へ
シャツの陳列面の隣りにインナー商品を陳列してください
②フェイスアウトバー・トルソー等で重ね着提案をしてください
コーディネート例　綿フランネル杢チェックシャツ　2900円　サックス
圧縮Ｖ衿セーター　3900円　コン
■週末強化チラシが訴求されます
3）広告商品　綿ビエラチェックシャツ　1000円

のは自然の成り行きです。他部門との連携プレーを必要とする以前に、自部門内の計画の精度アップと達成度が要求されますから、他部門のことを考える余裕などないでしょう。たとえ、部門内の一人一人が他部門との連携を意識していても、個人プレーだけでは、限界があります。やはり、組織内に部門間を串ざしする（コーディネートする）部署の存在が不可欠です。販売促進部や営業企画部などが、この役割をきちんと果たしているかどうかがポイントです（調の役割）。

これらの部署は、チラシ広告の作成に当たっては、調の役割を果たしているでしょうが、重点商品を中心にした52週ＭＤについても、串ざし機能を発揮する必要があります。なぜなら、お客様は、買い物する時に確かに部門（売り場）ごとに店内を回っていますが、部門を意識しているわけではないからです。なんとなくブラブラと店を回っている人だけでなく、目的のためにしょうがなく回っている人、できれば短時間で買い物を済ませたい人など、いろいろな考えを異にする人が、店に毎日やって来ます。探し回って何かを発見する楽しみもあるでしょうが、探しているものが見つからないとか、本当はもっと買ってもらえたのに、売り場に魅力がないばかりに、買わなかったということを少しでもなくすべきでしょう。つまり、お客様は部門を超えて買い物しているのです。

このようなことは、特に、店ではいつも意識していることであり、毎週の各部門責任者が集まるミーティングで関連陳列の方法や、合同展開でどんな商品を並べるかを話し合っているはずです。コミュニケーションをとることは大切ですが、時間もかかるし、手間もかかります。もっと簡潔にできないかと考えると、やはり、本部が計画段階で売り場の悩みを解決するほうが効果的です。例えば正月の年賀タオル（家庭用品）と洗剤ギフト（日用品）とお年玉ポチ袋・のし袋（文具）は、店の工夫で行なわれていますが、本部段階で重点商品情報に具体的に単品名を指定して、陳列指示を出したら徹底しやすいでしょう。また、売り逃がしも減るし、つまらない値下げロスも少なくなると思います。

本部こそ、売り場ではなく、買い場の意識が必要であり、他部門との連携を仕組みにしなければならないでしょう。

⑩「規模別パターンが欲しい」

標準、小型などの基準があいまいなことが原因です。

この意見は、小型店を担当しているパート社員から上がっています。重点商品情報の内容は、基本的には、店の規模、地域の違いに関係なく作られるものです。そうは言っても作成するにあたって、どこに焦点を当てるかと言えば、その企業が考える標準規模の店、店数が多い規模、利益貢献度の高い店の規模になるはずです。ですからどうしても、それより規模の大きい店や小さい店からは不満が出ます。大きい店は、拡げたり、増やすことで比較的対応しやすいのですが、小さい店では、減らす、絞る、つめることが伴います。小型店の場合、普通は、売れ筋に絞って、それ以外は扱わないという、あえて言うと縮小均衡策になります。

実際、このことが不満になっていることもあります。なぜかと言うと、自分たちは小型店（特に本部はパターン化したがる傾向）と思っていても、お客様はそう思っていないことです。例えば「ドラッグストア業態だから、米や豆腐などの食品を扱うのはいかがなものか」という理屈は成り立たないわけではありませんが、お客様の期待が「薬品・薬局があって、食品も買える」のであれば、何の不思議もないと思います。小型店の基準づくりには難しいものがあります。規模という物理的な制約があることが一番ですが、それとは関係なく、お客様の期待があり、その間で商品の選定を迷うからです。食品より非食品のほうに悩みが多そうです。

家庭用品の場合、客数がある程度増えないと、売り場を維持するために必要な売り上げは確保できず、回転率が上がらないと、商品（パッケージ含む）の鮮度が落ち、値下げロスにつながります。規模別パターンはあくまでも目安ですが、データ分析や売り場の見直しを含め、実態に近い目安を提示すべきです。

また、売り場の人も、本部が提示した商品数量しか売れないとか、最低これだけは売れるというように考えないで、「今まで、こんな売り方をしたら、規模ごとにこれだけ売れたという実績の一例」と考えるべきでしょう。むしろ、本部にフィードバックできるような売り方・見せ方と実績を示して、次回の情報の資料につながるような行動をしてほしいと思います。

(2) 店の上長や先輩社員への要望（演・調）

パート社員の要望は何も、本部に向けたものばかりでなく、身近にいる上長や先輩社員にも向けられています。ともすると、「本部が」の一言で済ませがちですが、問題は、作と演と調の三者全てに問題があるのです。お互いに、相手の非を言い合っているだけでは、一向に前へ進みません。重点商品を中心にした52週ＭＤをものにするために、謙虚に耳を傾け、積極的に問題点を消し込んでいただきたいと思います。

①「もっと早く回覧してほしい」

店長やマネージャーのところで情報が止まっているのです。

これは重点商品情報に限らず、通達も含めて、本部が作ったものがどれだけ早く店全体に行き渡るかどうかです。店にとどいていても、机の上や書棚に眠っていることはないでしょうか。会議などで店を留守にしていたり、休日が重なることはよくあることですが、代行者を決めて、すみやかに関係者に回覧すべきです。遅れれば遅れるほど、準備が間に合わなくなります。いつも不思議に思うのですが、成績不振になると、現場にいる時間より打ち合わせや本部での会議が多くなる傾向にあります。本来なら、商品・サービスとお客様(地域特性含む)との不具合を現場でチェックしたり、重点商品の徹底度を調べるなど、やることがたくさんあるはずです。

肝心の重点商品が売り場内できちんと伝わっていないことも、成績不振の原因になっています。「パート社員に伝えたって」と思っているなら、大変な錯覚です。私の経験では、パート社員のほうが真剣に見てますし、指示内容をやり切ろうという意識が強いように思います。したがって、安易な言葉使いや抽象的な表現に対しては、厳しい質問が返ってくることが普通です。正社員の場合は、わかっているのかわかっていないのか、聞くことが面倒くさいと思っているのか、質問があることは稀です。また本部は、担当者の休日やいくつかの会議日程を考慮して、遅くとも実施する一週間前には、店到着を徹底してほしいと思います。

②「後で『見ておいてください』と言われたが、見るだけでよいのか」

「見ておいてください」は、どうも、私たちの口グセになっているようで、反省する必要があります。「時間がないから」「文章が長いから」「話さなくてもわかるから」など、様々な理由を言った後に、決め言葉「後で見ておいてください」に続きます。これで、自分の責任を果たしたと思っていることはないでしょうか。

店長やマネージャーは、掲示板に貼ることで説明が済んだと考えているふしがあります。見ていないと、「掲示板に貼ってあるのに、見ないあなたが悪い」となります。本部も同様で、通達を送ったから、見て当たり前で、説明が終わったと思いがちです。私自身もセミナーの中で、「後で見ておいてください」とよく言いますが、冷静に考えてみれば、後で見たためしはないかも知れません。それはもう双方大人だから、後で見ればわかることと暗黙の了解があるようですが、期待を裏切られてばかりいるのはなぜでしょうか。お互いに責め合う前に「あなたはきちんと説明責任を果たしたの?」と、自分に問いかけるべきです。壁に張ったぐらいでは説明責任を果たしているとは言えません。仮にパート社員が見ても忘れてしまいそうです。

重点商品情報の内容を言う前に、重点商品情報の活用の仕方を工夫したほうが良いと思います。「重点商品、重点商品と言うけれど、ウチのマネージャー、あまり、関心ないみたいですよ」と、パート社員から陰口をたたかれるようでは、うまくいくはずは絶対にないでしょう。これは本当にパート社員が言っているのです。

③「ミーティングを開いて説明してほしい」

パート社員の教育は現場の仕事という認識がないように思います。

今まで教育は、本部の人事部や商品については商品部の仕事でした。もちろん、これからも、ガイドラインを示すという部分では変わらないでしょうが、実践的な部分では、現場の幹部が手とり足とり教育をしたほうが理解度や納得度の点で優れていると思います。これからは、ワークスケジュールに「パート社員とのミーティング」の項目を入れて、いままでの倍ぐらいの時間をかけて、重点商品情報を手元において話さないと、きちんと教育をしているとは言えないでしょう。ミーティングらしいことはどこでもしていると思いますが、連絡事項を話す程度で終わっていないでしょうか。重点商品とわかっていても、フェイスを変えていなかったり、値下げロスの出た商品については、なぜ出たのかを、そのつどきちんと確認していなかったりということが多いように思います。

ミーティングをすることで、日別の売り上げ動向を確認しレイアウト変更に活かしたり、値下げロスを怖れるあまり縮小しがちな発注を修正することにもつながります。結果が出るとパート社員の目の色も変わってきます。売り方・見せ方を変えると数字が変わるというのも驚きでしょうし、売り場を見ながら商品を作る、陳列することの楽しさを実感できると思います。これが本当の教育なのでしょう。

④「重点商品を食べてみたり、使ってみたりする機会がない」

理屈や能書きより、五感に訴えたほうが覚えやすいように思います。私たちは、実業の場にいるのに、現場、現実、現物で話すクセがついていないように思います。情報をもとに話をしているだけでは、売り場でお客様に聞かれても、満足に答えられないでしょうし、説得力をもって、商品をおすすめできません。

食品部門では、重点商品は必ず食べてみないと自分の言葉で話ができません。カロリーや成分について知らなくても接客はできます。「甘い」「すっぱい」とか「私は食べて美味しいと思います」でよいのではないでしょうか。アルバイト社員が精肉売り場でサイコロステーキを焼いて試食提案するだけで、やらない時の二～三倍も売るのですから。五感で話すことが一番伝わるのです。

衣料部門では、必ず着てみることです。着やすいのかどうか、あるいは、通常のMサイズより大きめということがわかれば、接客時のセールスポイントになります。日用消耗品などでは、新商品やテレビで宣伝中の商品はメーカーから試供品も配布されるので、バックルームの食堂や作業場で実際に使用してみることです。何でもそうですが、実際に試してみると、商品のことがよくわかり、売っている商品に自信がつくものです。

「この商品はどうですか」と聞いて、「お客様の好きずきですから」と言われ、ムッとした経験をお持ちのかたが何人もいると思います。私も経験があります。せめて、重点商品だけは、食べてみて、使ってみて、試してみて、自信のあるものしか売らないくらいの気持ちで仕事をしたいものです。

⑤「情報とは違うことを言うので混乱する」

今も、社内抵抗勢力？の存在があるのでしょうか。

抵抗勢力とは、オーバーな表現ですが、多かれ少なかれ、「決めても守らない」「やっても徹底していない」「作業しても売っていない」の「三てもない」流が、意識しようがしまいが組織内にはびこっているものです。自分の経験もふまえて組織とはそういうものだと思っていますので、壁にぶつかることはあっても、くじける必要はありません。正直言って、一年や二年で、重点商品を中心とした52週ＭＤが機能することはないでしょう。私が仕事をする時は「一年間」を目標にしますが、中長期で設定すると（ある面では歩みが遅い）、忙しい毎日の中で、やっていることの印象がうすれがちになるからです。忙しいからこそ、いつも短期決戦と意識したほうが早く定着すると考えています。

社内抵抗勢力とは誰のことでしょうか。実務上は、店長ではなくマネージャーです。日々の作業は上長であるマネージャーの指示に基づいて行なわれますから、現場に踏み込んで来ない店長がいる店では、パート社員にとっての店長とはマネージャーになりそうです。つまり、マネージャー、幹部が、情報とは違うことを言うので混乱するのです。このようなことが、まだまだあるのではないでしょうか。店の最高執行責任者である店長が決めたことを守るように、徹底するように、業績に結びつくように強力なリーダーシップを発揮してほしいと思います。うまくいくのもいかないのも、その組織のトップ次第でしょう。

作では、商品部長、演は店長、調では販売促進部長（営業企画部長）の理解と実行力が決め手になります。社長や役員が笛を吹いても踊らないのは、音頭をとるべき実務責任者がその部署内に向けて、笛を吹いていないからです。

もっと現場に足を踏み込まないとダメです。踏み込むとは、重点商品情報を自ら持って、店に出かけたり、店内を回りながら、実現度と不具合度をチェックすることが、一番良いのではないでしょうか。

第6章　52週MDの今後の課題

1　52週ＭＤの今後の課題を考えるにあたって

まだ52週ＭＤ（マーチャンダイジング）をきちんとやり切っていないし、成果が十分に見えない中で、今後の課題の話をするのは、気が早いと思います。しかし、将来展望なり、目ざすべき方向性を見すえていないと、短期で仕組みができるわけではないので、やっていることが見えなくなったり、壁にぶつかって頓挫することが考えられます。

何もここで、全く違うことや難易度の高い話をしようとは思っていません。おそらく、今まで説明してきたことの振り返りであったり、再確認になるように思います。私たちがゴール目標に到達しない時、その原因をつい、外部に求めがちですが、前述したように、「決めたけれど守っていない（守り切っていない）」ことが原因の多くではないでしょうか。

重点商品を打ち出したのに売上高が上がらない理由

重点商品を打ち出したのに、売り上げが上がらないのは、重点商品の意味を理解していないからだと思います。せっかく、三つの定義を決めているのに、このことを守って、重点商品を決定しているのでしょうか。「今、一番売れている商品」と言っているのに、自分が売りたい商品を重点商品にしてみたり、「今、話題性があって人気のある商品」がわかっていても、間に合わせなかったり（ひどいのは、その情報に気がつかなかったり）、「商品のライフ・サイクル上、今、紹介をしなければいけない商品」なのに、競合店より早く展開したいばかりに早すぎて、売り場スペースをムダに使ったりということが頻発しています。

商品が売れるには、きっと理由があるはずなのに、売れる理由がはっきりしていなかったり、現場にきちんと説明し切れていないことはないでしょうか。世の中には売れない商品などないはずと肝に銘じてください。メーカー（産地）は、売れない商品は作らない、卸売業やバイヤーは売れない商品は仕入れないと店は素直に認めるべきです。皆、それぞれの役割を果たしているのですから、作るプロ（匠）、仕入れるプロ（匠）がいたら、売るプロ、売る匠がいなくては困るのです。最近の小売業には、売るプロ、売る匠が減ってきているように思います。

店では、重点商品の売り方・見せ方がわかっているのでしょうか。他売り場の人から「重点商品が目立たない」と言われて、「そんなことはない」と、開き直るようでは困ります。置いてあっても、気づかれなければ売れないのです。売り場ではなく、置き場になっていませんか。目立つところで、目立つように、商品のバラエティさを増やすという決め事が守られていないようです。自分が知っているのは当たり前でしょう。そのことを知らないお客様にどう伝えるかが大切です。店のことを知っている他売り場の人さえ気がつかないのであれば、お客様は全くわからないでしょう。

商品力の意味が変わったと述べました。今の時代は、仕入力（作）と販売力（演）、支援力（調）の合計が商品力になり、各々の力関係はイーブンなのです。売れた時代は、バイヤーの仕入力（調達力）が商品力とイコールでした。力関係が逆転したのではなく、本来の役割に戻ったのであって、各部が責任を持った仕事を遂行することなのです。まだ、従来の古い考え方（本部と店の主従関係）にこだわっていないでしょうか。いつまでも、送り手と受け手の意識を持って仕事をしていたら、商品力＝総合力＝企業力は発揮されません。

重点商品だから何でも品目数を増やす、ＳＫＵ数を拡げればよいと思っていないでしょうか。重点商品と言ってもその中には、売れている品目、売れている単品と、売れていない品目、売れていない単品があり、販売数量に歴然と差があるのです。商品を扱い始めの時は、何が売れるか最初はわからないのは確かでしょう。やってみなければデータもとれないのは事実ですから、まず増やしてみる、拡げてみる必要はあります。その後に、データ確認をして、自店の現場のベンチ・マーキングと同時に、定期的に競合店の売り場をベンチ・マーキングしてほしいのです。それにより、売れるものと売れないもの（売れにくいもの）をはっきりさせ、増やすものと、減らすものを決めていきます。そうでないと、在庫金額が増えることで、作業を増やす原因にもなりますし、特に生鮮食品やアウター衣料などでは、値下げロスの増加につながります。

だから、重点商品を打ち出しても売上高が上がらないし、利益に貢献しないのでしょう。これでは、重点商品を中心にした52週ＭＤが営業力強化の大きい柱の一つになることは、まずありません。十分にやり切っていないのに、「役に立たない」というレッテルを貼らないでほしいと思います。

2　52週ＭＤをさらに進化させるために

(1)　プロダクト・アウト型からマーケット・イン型への戦略転換（調の問題）

重点商品をより多く売りたいけれど、それができない組織や仕組み上の問題があります。「そんなことはない。売ろうとしていないから悪いのだ」と、強気の意見もあるかも知れませんが、実務コンサルティングをしていると、いかんともしがたい壁やハードルはあるのです。資料「ＳＭ業態の類型分析」を見てください。プロダクト・アウト、マーケット・インとは、マーケティングの古い用語であり、前者は生産者志向、後者は消費者志向のマーケティングなどと訳されてきました。今さら、消費者のことを考えないプロダクト・アウトもないと思いますので、最近ではあまり使われていないのではないでしょうか。ただ、チェーンストア企業をビジネスモデル（儲けのパターン）で分けてみると、同じＳＭ企業とは言え、業態（売り方・見せ方の違い）が二つに分けられるように思います。あくまで試案の段階ですが、従来のような規模別、品揃え別、店舗イメージ別などのあいまいな区分と比べて、品揃えや店舗運営の違いが見えてくるのです。

プロダクト・アウト型（ＰＯ型と略す）は、どちらかと言うと、本部主導（特に商品部が強い）に特徴があります。良い売り場を作ろうとすると品目拡大の傾向があり、ともすると在庫金額が増大することになります。また、全国の産地やメーカーと取引を拡大し、こだわり商品など、高付加価値商品の扱いが増えてきます。店でも商品知識が必要になりますので、正社員比率がやや高くなる傾向にあります。

反対に、マーケット・イン型（ＭＩ型と略す）は、どちらかというと、店主導（本部はサポート）に特徴があります。店主導と言っても、店勝手都合では断じてありません。お

ＳＭ業態の類型分析

ビジネスモデル（儲けのパターン）別類型（試案）

類　型	プロダクト・アウト型ＳＭ	マーケット・イン型ＳＭ
店舗イメージ	こてこて型（中コスト・ベターデザイン）	あっさり型（少コスト・グッドデザイン）
組　　織	本部主導（商品部）	店主導（本部はサポート）
商品構成	品目拡大	ＳＫＵ拡大（主力・重点商品）
在　　庫	増大（ボリューム）	調整（ボリューム感）
人　　員	正社員中心	パート社員主体（正社員お膳立て）
店舗運営	作りだめ売り減らし（作業システム優先）	作り立て売り込み（ＴＭＤ）
成立条件	客数増大	パート戦力化

＊従来のＳＭ業態の類型は以下の通り
①規模別（ミニ、スーパーストアなど）
②品揃え別（ＤＳ型、クォリティ型など）
③店舗イメージ別（ローコスト、上質、高級など）
④客数別（平日型、普通型、休日型など）

客様に最も近いところにいる店がお客様の要望や不満に一番適確に対応できるわけですから、そのような意味で店主導と言っています。重点商品（主力商品も）のＳＫＵを拡大する傾向があり、在庫（フェイス数含む）の調整が適宜、行なわれます。品目を絞った中でＳＫＵの拡大をしますので（特に高付加価値商品を扱わない）、比較的パート社員主体運営が可能です。

この二つを比べると、プロダクト・アウト型の成立条件は、客数増大であり（客数が減ると、在庫過多と人件費増で生産性が落ちる傾向）、マーケット・イン型は、パート社員戦力化です。パート化でとどまると、売り場レベルが落ち、生産性が落ちるデメリットがあります。また、前者は多品目型のため、フェイス数は少なくなり、売りたい商品があっても拡大・縮小しにくい固定的な売り場です（品切れが発生しやすい）。後者は、フェイス数の拡大・縮小を前提にしているので、重点商品をより多く売れる仕組みになっています。もちろん、どちらが良い、悪いというのではなく、企業の考え方により、立地により、地域により、規模により選択肢が違って当然です。しかしあくまで重点商品を中心にした52週ＭＤの運営という面では、後者、つまり、ＭＩ型企業のほうが優れていることになります。

自企業は、ＰＯ型かＭＩ型か見極めないと、52週ＭＤは十分に成果は上げられないでしょう。意識しようがしまいが、技術は考え方によって活かされ、考え方は組織風土によって育つのです。もっとも、多くの企業はPO型とかMI型など考えてもいないでしょうが。

(2)　値入率の改善（作そのものの問題）

52週MDの第一の目的は、営業力強化です。客数を増やす、買上点数を増やす、売上高を上げる、などが営業力強化の具体的指標です。しかし、作としては、値入率改善が営業力強化に貢献する指標でしょう。値入率改善は、メーカーや卸売り（ベンダー）などの交渉相手との力関係で決まります。だからと言って、買い手の特権を振り回しても、通用する時代ではありません（むしろ、逆選別もあります）。どのようにすれば値入率改善をフェアに実現できるでしょうか。

①販売数量とマス契約

値入率は、まだ低いと思います。高くなければ、52週MDをやっている意味は半減です。大量仕入れによるボリューム・ディスカウントは今でも、値入率改善の主流の座を占めています。しかし、売り上げ予測がかなりあいまいな状態のマス契約は、諸刃《もろは》の剣です。べンダーにとっては、返品の不安がつきまとい（本来はあってはいけないことですが）、店にとっては、売れ残りによる値下げロスの増加、商品回転率の悪化に対する不満です。

新商品や開発商品など、過去に実績がない商品は、売り上げ予測が難しいでしょうが、年間の定番商品や主力商品については、実績がマス契約のベースになります。今の実績を上げて、契約に臨めば、双方にとって確実な交渉が可能になるわけです。ということは、売ることが全てであり、売るしかないのです。つまり、売れるタイミングにどれだけ良い企画を出せるかということです。これはまさに、重点商品と重点テーマ発想にほかなりません。重点商品については前年比二～三倍売ることは、それほど難しくないのです。あれもこれも全てを売るとなったら、全体で二～三倍の数字は絶対に達成することはないでしょう。何かに焦点を当てるからそれが可能になるのです。

店で重点商品をたくさん売ることが、バイヤーの仕事に貢献します。バイヤーは店あってこそ仕事が成り立つわけですから、店に最大限の協力を惜しまないよう常に意識すべきです。厳しいことを言うなら、現場の役に立っていないバイヤーを辞めさせるには、彼が仕入れた商品は、売らなければよいのです。ですからバイヤーは、現場の事実を確認し、店のやる気を喚起するために、わかりやすく、読んで楽しい、役に立つ情報を出し続けなくてはいけないのです。重点商品を中心にした52週ＭＤの技術論にこだわることは悪いことではありませんが、攻めのリストラを徹底することによる仕入れ原価の低減と値入率改善という目的を常に見失わないでください。

②重点商品（重点テーマ）の選定基準

選定基準については、何度か繰り返し説明していますが、その部門全体の数値に影響を及ぼすような重点テーマ、重点商品をまだ選んでいないように思います。いくつかの企業から、「重点商品（重点テーマ）に取り組むと、どのくらい数字が上がるのか」という質問を受けます。

伸長率や構成比のことを聞いているのでしょうが、企業規模や取り組みの集中度合いによって差がありますので、確かなことは言えません。しかし、各企業の話を総合すると、その週の売上高に占める構成比は約五～一〇％と思われます。「エッ、たった、それだけ」と思われるでしょうか。その程度のために、こんな面倒くさいことをやるのかと言われそうです。しかし、今の時代（成熟経済の時代）に部門全体の数値に五～一〇％の影響を与える企画などはないと思います。ましてや、月やシーズンではなく、毎週なのですから。もし、やらなければ、五～一〇％は、ゼロになるでしょう。

もちろん、重点商品が一品しかなければ、それも特別なヒット商品（プラズマＴＶとかパソコンソフトなど）でもなければ、上記の数値はあり得ないでしょう。合同の重点テーマで全部門が相乗りしていたり、重点商品が単品や品目ではなく、品種（クラス）や品群（ライン）であれば可能でしょう。ただ、構成比五～一〇％が一人歩きしても困ります。つまり、何かやれば、必ず五～一〇％は上がらないとおかしいと、評価基準にされるのは、困るのです。大切なことは、お客様にとって魅力のある企画、魅力のある売り場にすることですから。

●品目や単品数の多い部門はテーマ先にありきでよい

菓子、食品、日配品、日用消耗雑貨、家庭用品部門などは、重点テーマを先に決めてから、その後、そのテーマに該当する重点商品を選ぶ方法がよいでしょう。

重点商品や重点テーマの決め方手順を述べてきましたが、重点商品を決めて、その次に重点商品が売れる理由を重点テーマにするようにと、言ってきました。確かに手順はその通りです。テーマから先に入ると、おそらく、全国全店はほとんど同じテーマ（バレンタインデー、中元、行楽など）であり、売り場でやることは同じでしょう。同じだから悪いと言っているのではなく、それが事実に基づいているかどうかなのです。今までの習慣だから、去年もやったから先にテーマを決めるのは、簡単なことですが、日々、売り場で発生している事実は、今までと違うことが起きている可能性もあります。別のテーマの方がインパクトがあって売れたかも知れないし、既存テーマとは違う、新しいテーマが生まれることだってあるのです。

手順は、重点商品→重点テーマですが、さらに、重点テーマ→重点商品と戻って振り返って、どのようにしたら、お客様によりインパクトがあるかを、工夫してほしいのです。例えば、重点商品が「○○メーカーの新商品のシャンプー」で、重点テーマが「シャンプーの拡販」や「新商品」にすると、ＰＯＰやメーカーの販促助成物をつけても売り場ではあまり目立たないでしょう。しかし、「シャンプー（リンス含む）まつり」や「○○メーカーフェア」、「新商品全員集合」などの重点テーマで改めて重点商品を加えたり組み直したら、より魅力のある企画になるように思います。

また、生鮮の畜産部門では、重点テーマを「豚肉品群」とか「オージービーフ品群」、「和牛品群」などの名前で展開している例があります。聞けば、「ＰＩ値一〇〇」という量の壁を突破する目標を設定したため、数字を達成する上で商品を集めてくくり、重点テーマにしたということでした。数字を上げたいのは当然ですが、数字マジックを駆使することは、賛成できません。「今夜はカレー」や「焼肉まつり」、「神戸牛（前沢牛）フェア」などの、お客様の今晩のおかずが目に浮かぶようなメニューとか、わかりやすく興味を持つようなテーマのほうがよいと思います。

●串ざしテーマの整理、集約

串ざしテーマとは、部門横断的に各部門が同じテーマの下に企画を共有することです。店だけで独自に企画を考えると、時間も手間もかかりますし、その割りに、大した企画ができないでしょう（仮にうまく行っても長続きしないでしょう）。店では、買上点数を上げるために、他の売り場と協力して、他部門のテーマに相乗りして自売り場の商品を並べたり、関連陳列やコーディネートを積極的に行なおうとしています。本部は、この動きをとらえて店の努力に頼るのだけではなく、本部内で積極的に串ざし作業をしてほしいのです。情報を発信する時点できちんと整理、集約がされていないと、店でやる時には余計な手間がかかるのです。「面倒くさい」と言わないで、もっと店が楽に楽しく仕事ができるように、本部は串ざし作業に時間をかける必要があります。また、重点商品や重点テーマは販促と連動して、チラシ広告に掲載されてこそ、お客様に伝わります。お客様に伝わるから、買上点数が増え、売り上げが上がるのです。店の企画だけに任せていては、どんなに良い企画であっても認知率が弱まります。

ある企業の「重点商品情報例」（資料）、重点テーマ「健康食生活フェア」を見てくださ い。どの企業でもやろうとしてなかなかうまく行かない健康フェアの食品版です。今の時代にタイムリーなテーマのように思いますが、うまく行かないのは、限られた部門、限ら

重点商品情報例　重点テーマ「健康食生活フェア」

部　門	重点商品	1日1店売上高
食品部	もみじおろし	60千円
	トマトソース	
	京懐石みそ	
	すだれ素麺	
	他15アイテム	
	ビール350ML×６缶	10千円
	食品部計70千円	
日配部	納豆２P	10千円
	やわらか揚げかま	10千円
	小田原わさび漬け	10千円
	おまめさん丹波黒豆	10千円
	日配部計40千円	
畜産部	黒豚切落し	計15千円
農産部	なす１本	10千円
	長いも	10千円
	そら豆サヤ付１袋	20千円
	農産部計40千円	
水産部	うなぎ	40千円
	いわし	5千円
	かつおたたき	10千円
	蒸し蛸	10千円
	活あさり	10千円
	水産部計75千円	
デリカ部	たこと胡瓜の酢味噌和え	5千円
	山芋おくら	5千円
	デリカ部計10千円	

重点テーマ合計　１日１店250千円
（ＳＭ内構成5.0％）

れた商品を取り上げるだけで、全部門への拡がりがないからだと思っています。この企業では、食品に関係する全部門が参加して、メーカー協賛でメニュー提案やマネキンによる試食提案を大々的に実施していました。

また、本部から別情報で、各売り場で展開すべきメニューごとの関連陳列商品を単品レベル（メーカーの商品と一部、ＰＢ商品）で指定しており、全店の売り場で各担当者が何をするか悩まないように工夫していました。さらに、「店でもそれ以外に工夫を加えて下さい」というお願いも載っています。このような地味なテーマをやってもムダとラク印を押す前に、やり方がまだあるのだと考えさせられました。

ここまでやっても、重点テーマの売上計（目標）はＳＭ内の五％くらいしか構成比はないのです。しかし、考えようによっては、この意外と地味なテーマで五％もあるのですから、もっと他の強力な重点テーマであれば、その倍の一〇％くらいは、いくのではないでしょうか。また、健康食品生活フェアを実施したから、新たに需要が五％創造できたと考えてもよいと思うのです。

③チラシ広告商品との連動

重点商品＝チラシ広告商品であるべきです。このことは、何度も述べていますが、チラシ広告商品と重点商品が違っている、あるいは、別なことと考えている企業もあります。チラシ広告を集客の目的にしている企業でこの傾向が強くなっています。技術が定着するかどうかは、企業の組織風土や考え方に左右されますので、このような企業では、52週MDの効果は半減するでしょう。チラシ広告に掲載される日替り商品は、集客の目玉として使われますので、重点商品の定義からは外してもよいと思います。ただ、毎週のチラシ広告に日替り商品を載せていると、いつ（52週）、いくら（価格）にすると、いくつ（販売量）売れるのかが、おおよそわかってくるでしょう。例えば、食品では、給料日前の週は、一〇〇円均一とか増量セール（バンドル売り）がよく当たるとか、月曜・火曜は、バラ売りが売れるというように。このように考えると、日替り商品も平日（月曜～金曜日まで）の重点商品（テーマ）になるのではないでしょうか。

重点商品がチラシ広告商品と同じになるから、売り場と連動しやすいのです。売り場には、チラシ広告商品以外に、お買い得品やセール品、おすすめ品や地域行事対応商品など、お客様の買い物心理をくすぐるような商品がたくさん並んでいます。しかし、正直言って、ＰＯＰを見てもそれらの違いがよくわかりません。多分、お客様も同じように思っているのではないでしょうか。なのに売り場では、商品を替え、ＰＯＰを替えて、しかし、売り方はほとんど変えずに、その上安さ強調中心で展開しています。本部の指示だからしょうがなくやっている。売れないのに、わざわざ作業を増やしていることに気がついているでしょうか。お客様もよくわからず、ムードで買っている、店の販売員も忙しくかけずり回っている。何とムダなことをしているのでしょうか。

重点商品＝チラシ広告商品になれば、商品もＰＯＰも整理され絞られるので、作業量の削減につながります。また、品目数、単品数が減ることで、重点商品のフェイス数や陳列量を拡げ、増やして、それ以外の商品を縮めるというダイナミックな売り場展開が可能になります。売り場も広がるから、売り逃がしが減り、売れて利益が上がると考えています。当然、お客様も買いやすくなり、店への信頼が増してくるはずです。

(3) 値下げロスの改善（演に影響を及ぼす作の問題）

値下げロスは、店だけの問題ではありません。商品部が値入率の責任を持ち、店が荒利益率（値下げロス率）の責任を持つのは一般的ですが、店は、値下げをしたくてロスを出すのではありません。できれば、値下げロス率ゼロで、値入率＝荒利益率を目ざしたいはずです。実務コンサルティングの中で、もう少し、本部が店のことを考えてくれれば、必ず値下げロスは減るのにと思うことがしばしばあります。

組織の中では、単独でできる、単独で成り立つということは少なく、なんらかの関係で、支えあったり、影響しあったり、時に引っ張りあったりするものです。特にチェーンストア企業においては、本部の計画が店の全てに影響を与えています。

①衣料、食品、日用家庭雑貨などは、52週の重点商品情報の精度UPと継続

チラシ広告にのせる日替り商品の乱発が、売り場の鮮度を落とす要因になっています。日替り商品そのものに異論はないのですが、売れ行きが落ち、消化率が悪化することで、商品の売れ残りが多数発生しています。あるGMS企業では、消化率（期間内の陳列量や製造量に対する期間内の販売量の比率）が一〇年前は七五％だったものが、今や二五％くらいに落ちているそうです。また、あるドラッグストアでは一五％くらいの消化率でした。問題は、売れ残り商品が売り場のイメージを悪くするだけではなく、後始末作業を増やしていることです。

陳列を変える、場所を変える、POPをつけ替えるなど商品を残すことで、余計な作業が発生しています。本来なら一エンド（一ステージ、一平台）一テーマが基本なのですが、残品があることで、複数のテーマになったり、テーマが混在することになります。結果、いろいろな商品があることでエンドやステージなどのインパクトが弱まっているのです。

つまり、一エンドに複数のテーマがあれば、お客様は何を売っているのかがわかりにくくなります。計画の精度が低い、突発的な変更が多い、場当たり的な小手先の対策（特に価格対応）がその原因でしょう。ただ、店が商品を売り込んでいないことも反省する必要があります。

資料「重点テーマ別エンド・平台計画」を見てください。

日用雑貨部門（ホームセンター）の重点テーマ別エンド・平台計画です。何を（重点テーマ）、どこで（展開場所）、いつから（展開開始日）、いつまで（展開終了日）、どのように（売り場のポイント）ということがきちんと計画されています。特徴は、新商品テーマは、一週間から二週間、一般的なテーマ三週間、価格テーマは四週間（月間お買い得など）、シーズン商品はほぼ五週間から七週間などと計画化されています。この計画の良いところは、場当たり的な小手先の対策が入り込む余地が少ないことです。もちろん変更が全てダメなのではなく、計画はあくまでも計画時の最善の仮説ですから、当初の計画を上回るような計画が出れば、積極的な変更は認めるべきですが。計画を立てる際に「先が読めない」という理由で、ラフ案で済ませることがありますが、52週MDを毎年実施していると、前年の実績がかなりの部分、参考になりますし、現実に使えることがわかります。ラフ案で終わっているのは、事実分析をきちんとやっていないからです。これで完璧とか、完全な

重点テーマ別エンド・平台計画

11月第１週　　　　　　　　　　　　　　　　（日用雑貨部門）

重点テーマ名	展開場所	展開開始日	展開終了日	売り場のポイント
酒器・蒸し碗シーズン企画	エンド	11/6	12/31	エンド展開パターンと２段パターン展開
秋の漬物祭り企画	エンド	11/6	11/23	冬野菜用の漬物レシピとボードの取り付け
レンジ廻り便利企画	エンド	11/6	11/30	レンジで簡単に使えるアイデア企画
ワインフェア	エンド	11/6	11/30	クリスマスを意識したブームのワイン企画
子供アルミ弁当箱企画	エンド	11/6	12/30	幼稚園の弁当を温める地域にチャンス
フットケア企画	エンド	11/6	12/30	流行の足関連の疲労回復が切り口
化粧品新製品ヘアケア企画	エンド	11/6	11/14	新POP取り付け、忘れずに
「鍋」平台企画	平　台	10/23	11/30	気温の低下に合わせシーズン鍋も組み込む
コーヒー紅茶企画	エンド	10/9	11/30	小型店はハーブ企画と組み合わせ
ボアスリッパ月間お買得	平　台	10/30	11/30	平台側面に展開・気温の高低によりフェイス拡大
洗剤・キッチンフェア	平　台	10/30	11/13	洗剤・台洗に分け、平台のフェイスに組み込む
秋の新製品エンド２弾	エンド	10/30	11/13	秋の新製品の芳香剤でエンド展開
リップスキンクリーム	エンド	8/21	2/28	売筋商品のフェイス拡大

ものはありませんが、あきらめないでいつでも近づける努力は必要です。

②生鮮食品は52週から104週へ

52週も満足にできていないのに、104週とは気が早いと思うでしょうか。もっとも、「104週」という奇妙な言葉の意味ですが、一年間52週を週の前半と後半に分け、52週×2＝104週と言っているのです。週の前半とは、月曜日から金曜日までの平日、週の後半は、土曜日と日曜日の週末という意味です。祝祭日は、週末なみの扱いになります。

なぜ、104週にする必要があるのでしょうか。お客様の買い物時間は多様化しています。今までは、平日には、価格の安いもの、量の小さいもの、自分一人で買えるもの（世帯主に相談しなくても）が中心であり、週末や祝日に、家族揃って買い物に出かけ、高額商品や大物商品を買うのが普通だったでしょう。今もその傾向はありますが、働く主婦（有職主婦）が増えたり、インターネットの技術発達で在宅ショッピングが可能となるなどで、買い物スタイルが明らかに変わってきています。その結果、一週間を通して曜日間の客数格差がなくなっている店も出てきました。

つまり、月〜金曜日（平日）の平均客数を1とすると、土曜日がその1倍、日曜日も1倍、客数が1対1対1の比率になります。これを私は平日型と呼びます。反対に平日に対して、客数が土曜日は、1.5倍、日曜日が2.5倍以上にはね上がる店もあります。主に、郊外に立地し、車客が多く、複数の店舗が集積している施設（SCなど）でよく見られる傾向です。これは、休日型になります。普通型は、SMの場合（ドラッグストアでも、専門店でも同様でしょう）、1対1.3対1.5以上ではないでしょうか。

休日型や普通型の店では、平日と週末の客数の差が大きいので、もちろん、販売員の働くシフトは変わりますが、それだけでなく、陳列量（在庫量）も変わらなければなりません。特に生鮮食品は賞味期限が短いので、在庫コントロールは非常に重要です。ところが、平日も週末も同じ情報（52週）が出ていたら、平日は、販売量に対し、在庫量が多くなり、値下げロスや廃棄ロスが増える原因になるでしょう。反対に、週末は、在庫量が相対的に少なくなり、売り逃がし（機会ロス）が発生する原因になります。このように考えると、生鮮食品に限らず、すべての商品も同様の傾向がありそうです。つまり、平日と週末は、別々の情報（104週）に基づいて売り場運営がなされるべきです。別々でなくても、52週の情報の中に、平日と週末についての提案や指示をする必要があります。

資料の「104週の売り場展開例（畜産部門）」を見てください。畜産は、年間の季節変化（旬）が他の生鮮部門と比べて少ない商品であり、自然変化による影響がほとんどないので、計画化しやすい商品です（魚は時化や不漁、農作物は天候異変などがあり、時に売り場づくりに大きな影響をもたらします）。上段は平日の売り場展開例、下段は週末の売り場展開例です。平日では、企画はハンバーグやメンチカツの半加工品などのお弁当商材であり、週末の企画は、やきとりや焼肉バイキングなどの家族団らんメニューとなっています。また、平日の棚割りの一段目は、US牛など、価格の安い商品が並んでおり、量目では、豚ロース切身のバラ売りや中サイズが目立っています。反対に、週末では、国産や和牛など価格がやや高い商品が一段目に並び、量目サイズも大パックが目立つようになっています。

このように、平日と週末に分けて、情報が出れば、値下げロスや廃棄ロス、あるいは機会ロスも減り、売れて利益の上がる店に近づくのではないでしょうか。52週だけでは、売り場担当者が情報をさらにアレンジすることが多くなり、作業が増えます。もちろん全店に全てピタッと当てはまる情報を作るには限界があり、個店で多少のアレンジは必要になるはずです。せめて、本部ができることは本部でやり、店は売ることにもっと時間がさけるように店に余計な仕事をさせないようにしてほしいのです。

なぜなら、標準化を目ざしている企業であっても売場面積、レイアウト、什器やケースなどは、全店、全く同じではないからです。さらに、お客様の年齢、所得、家族構成、生活スタイルなども別で、競合店も違えば、店段階で調整は絶対に必要になります。それは、

104週の売り場展開例（畜産部門）

平日売り場展開

＊Ｆはフェイスのことです。

牛肉 21Ｆ		焼肉コーナー	少量コーナー 国産うすぎり／国産小間	豚肉 12Ｆ		挽肉 6Ｆ	鶏肉 10Ｆ		お弁当商材 4Ｆ
ＵＳ牛レバー／ＵＳ牛タン	ＵＳ牛ハラミ／ＵＳ牛カルビ	ホルモン	国産牛バラうす	豚肩バラうす	カレー	牛豚挽肉	むね	炭火やきとり	
国産牛サイコロステーキ 6Ｆ	ＵＳ牛霜降りカルビ（中） 6Ｆ	焼肉セット980円 6Ｆ	ＵＳ牛切落し肩ロース（中） 6Ｆ	日替ＵＳ豚ロース98円 ＵＳ豚ロース生姜 6Ｆ	日替ＵＳ豚ロース98円 ＵＳ豚ロース バラ／切身パック 6Ｆ	豚挽肉（中） 6Ｆ	筋なしササミ 5Ｆ	もも唐揚げ（中） 5Ｆ	

週末売り場展開

牛肉 21Ｆ		焼肉コーナー	少量コーナー 国産うすぎり／国産小間	豚肉 12Ｆ		挽肉 6Ｆ	鶏肉 10Ｆ		ミートデリカ 4Ｆ
焼肉バイキング 2・3・4段を使用し、展開！		ＵＳ豚スペアリブ	ＵＳ牛肩ロース切落し	小間／ロースうす	とんかつ	国産牛豚挽肉	むね	炭火やきとり 1本／58円 5Ｆ	ローストチキン
ＵＳ牛霜降りステーキ 6Ｆ	ＵＳ牛霜降りカルビ 6Ｆ	ＵＳ豚スペアリブ 6Ｆ	和牛徳用切落し（大） 6Ｆ	豚肩バラうすぎり（大） 6Ｆ	国産豚とんかつ 6Ｆ	豚挽肉（大） 6Ｆ	モモ（大）唐揚 5Ｆ		炭火焼きチキン 4Ｆ

52週が104週になっても変わりません。ただ、店が計画を組みやすくなり仕事もしやすく、作業員担が軽くなることは間違いないでしょう。

(4) 作業コストの改善（演と作の問題）

作業コストの改善は、基本的には、店や売り場（演）が主体的になって行なう日常的な行動です。いかに、作業のムダ、ムリ、ムラを排するかは、人件費の削減だけでなく、販売員の仕事の仕方にも関係してきます。お客様と接する小売業は、たとえセルフ・サービスであっても人に関わるビジネスであり、人次第の事業だと考えています。いきいき、のびのび、仕事ができれば、仕事がますます楽しくなり、積極的な改善も次々と生まれるでしょう。私は、「ワーク・スマーター、ノット・ハーダー」という言葉を大切にしています。意味は、仕事を楽に楽しく、スマートにやろうということです。どうしても、合理的とか効率的とかいう言葉が使われますが、やらされ感や押しつけと感じたら、人間は自分の持てる力を最大限に発揮できないでしょう。もちろん、どちらの言葉を使おうが、生産性向上を目ざすことに違いはありませんが。

しかし、このことを、演じる側（店や売り場）だけの役割や責任にするのではなく、組織においては、とりわけ52週ＭＤの推進では、作（商品部、重点商品情報）が果たすべき役割も大きいものがあります。これは、既にお話しした値下げロスの改善とも共通しています。作の提案や指示が、演の作業ロス問題に直接的、間接的に影響を及ぼしているのです。作は、このことを猛省すべきです。おそらく、そう気づいている人、考えようとしている人は、少ないでしょう。

①拡大・縮小の指示を明確にする

多くの企業の本部提案資料（情報含む）を見ていると、必ず共通することがあります。「強化してください」とか「積極的に展開してください」、「拡大してください」など、強化、積極的、拡大という言葉が羅列されていることです。つまり、「全て頑張れ」と言っているのですが、気持ちはわからないではありません。売れにくい時代に突入しているのですから、「頑張って売って、予算を達成しましょう」と、店や売り場にエールを送っているのでしょう。ただ、考えても見てください。店舗規模も人員も変わらないのに、拡げる、増やすというだけでは売り場の作業は増え、在庫量も増える一方です。商品も本部が投入した量、店が発注した量が全て売れればよいのですが、売れないで残したら、余計な後始末作業が増え、商品の鮮度劣化（パッケージ含む）や値下げロスを引き起こすのです。

攻めの指示ばかりでなく、守りの指示も平行して出す必要があります。人間は、攻める時や進む時の判断は得意ですが、守る時や退く時の判断は難しいとよく言われています。全くその通りで、毎週の重点商品情報も同じです。勇気を持って、守りの指示を出してほしいのです。人間は一人平均一年間に食べる量（胃袋の中に入る量）は、一定であるという話を聞いたことがあります。一年間の家計簿を調べたようですが、景気が良い時も悪い時も、給料が増えた時も減った時も、毎年一定だそうです（点数は、二、八〇〇点）。

つまり、何か買ったら何か買わないのです。多く買い過ぎたら、次は、買い物頻度が減るのです。公式の売上高＝客単価×客数という公式に当てはめれば、売上高を増やすには、より多くのお客様に来店してもらわなければならないのです（客数ＵＰ）。

しかし、オーバーストア状況では（玉石混交も含めて、店数が多いという意味）、一店当たりの客数は簡単に増えることはないでしょう。ましてや、「二〇〇五年には、日本の人口が最大ピークを迎える」そうですから（日本大学人口研究所の調査予測による）。

ですから、勇気を持って守りの指示を出すのです。資料「攻めと守りを指示する情報例」を見てください。年末の攻めと守りを指示する情報例です。年末の売上高は大きいので、週別では不十分であり、日別の指示が重要です。かなり短期決戦であることが数字で見てとれます。例えば、年末だから、長期間ずうっとペットボトルが売れるのではなく、クリ

攻めと守りを指示する情報例

グローサリー部門

	機会ロス注意商品	値下げロス注意商品
12/20月 12/21火 12/22水 12/23木 12/24金 12/25土 12/26日	【ペットボトル198円均一】 ホームパーティ需要で大きく数値アップ。特に冷え冷えコーナーでの品切れ注意 炭酸飲料・売上指数 （12.19を100とすると） 20 | 21 | 22 | 23 | 24 | 25 | 26 130 | 100 | 120 | 300 | 380 | 120 | 80 【ワイン】 スパークリングワインは23.24に集中して売れます。 売上指数（12.19を100とすると） 20 | 21 | 22 | 23 | 24 | 25 | 26 120 | 70 | 70 | 290 | 350 | 105 | 80	【クリスマス商材】 深追いは厳禁!! 売り切る努力・工夫が必要（ロス削減し荒利確保） 【ソックス】 売り切りめどは23日 【シャンメリー】 年末から年始にかけても売れる。極端な値下げは厳禁 【ケーキ材料】 スポンジケーキ・クリスマスセット・メレンゲ類は20%をめどに23日までに売り切り
12/27月 12/28火 12/29水 12/30木 12/31金	【珍味、するめ】 主通路大型エンド展開と、するめは柱回りの活用が効果あり。 売上指数（12.25を100とすると） 27・月 | 28・火 | 29・水 | 30・木 | 31・金 150 | 210 | 250 | 390 | 370 【日本酒】 年末～年始にかけて売上に売り場体制がついていかず品切れ多発でチャンスロス発生。 売上指数 27・月 | 28・火 | 29・水 | 30・木 | 31・金 100 | 90 | 130 | 240 | 340	【鏡餅】 大型サイズは28日 一般型鏡餅は30日の売り切り体制 売上指数（12.25を100とすると） 26・日 | 27・月 | 28・火 | 29・水 | 30・木 | 31・金 200 | 200 | 310 | 320 | 300 | 80 【切り餅】 1kgは30日めどに売り切り 600gフェイス拡大（年始も売れる）

スマスイブとイブイブに通常の三倍から四倍近くにまで売り上げが跳ね上がるのです。それらの日以外は、十二月と言っても、通常と何ら変わりません。特に、最近は十二月と言っても、一週・二週のギフトピーク時をのぞくと、前半から中盤までは平月に近い客数になっています。ねじりハチマキをして「十二月は頑張ろう」と言っていたのがウソのようです。店も本部も忙しがって、仕事を増やしていることはないでしょうか。ペットボトル同様、ワインも特にイブとイブイブに売れます。これはパーティ需要でしょうから、売り場では必ず隣り合わせで陳列するようにします。当然、本部は、そのような指示を出す必要があります。

機会ロス注意商品（攻める商品）と言っても日別で見ると、日時によっては、値下げロス注意商品（守る商品）にもなります。ペットボトルやワインは、急激な鮮度劣化が無いので、安心しがちですが、この資料には載っていませんが、大型の刺身盛りや生寿司は、十二月二九日と三一日では、売れ行きはまるで違います。陳列量（在庫量）の多さが演の作業増につながるという意識を作は常に持たなければなりません。

一方、値下げロス注意商品の欄に鏡餅があります。クリスマス後の二六日から、商品がよく動いてきますが、特に二八、二九、三〇日の三日間がピークになり、三一日は急激に売れ行きが落ちてきます。最近では、〝一夜飾り〟を嫌う傾向が薄まり、そのような習慣や言い伝えを知らないし、気にしない若い人が増えているので、三一日の数字は変わっているようですが、一般型の鏡餅は三〇日に売り切り体制（大型サイズは二八日）をとるべきでしょう。

「頑張る指示」だけでなく、「頑張らない指示」も、店のお役に立つのです。また、お客様にとっても、売り場のメリハリ（拡大・縮小）があるから、買いやすい、探しやすいのではないでしょうか。

②基本単品リストの作成

基本単品リストとは、正しくは開店から閉店まで品切れさせてはいけない基本単品一覧表のことです。つまり、各企業で言っている、絶対に品切れさせてはいけない商品（品切れ禁止商品）のことです。開店から閉店まで品切れさせてはいけないわけですから、最近の営業時間延長の中で、さらにはっきりさせる必要があります。そうでないと、せっかく営業時間を延長しても、品切れが多く発生すれば、営業時間延長の効果は上がらないからです。他企業の時間延長の動きにのり、営業時間を延ばしてみたものの、値下げする時間も以前と同じ、作業シフトも変わらないでは、開店休業と何ら変わりません。なんでもそうですが、目的を常に意識し続け、意味のある仕事をしたいものです。

ここでのポイントは、商品と言っても、品種や品目（分類）ではなく、単品（SKU）のレベルまで落とし込んで言い切らなければ、今までとなんら変わらないことです。「品切れ禁止商品リスト」は、多くの企業に存在します。しかし、使われようが使われまいが、常時、書棚に置かれ、活用されようがされまいが机の奥深く眠っているのが実状ではないでしょうか。今、必要なのは「品切れ禁止単品リスト」です。

なぜ、せっかく作ったのに、見ない、活用されないのでしょうか。はっきり申し上げて、売り場の役に立っていないからです。多くは、一回作ったら、それが一年間共通のリストになっています。商品の中身が変わってきますし、売れ行きが各々違ってきますから、本当は、春も夏も、秋、冬も同じでよいわけがないのです。さらに、単品ではなく、品目や品種で決めていることも問題です。鮮魚で「まぐろの刺身」と言われても、その中には、角切りも単種盛り、三点盛りもあり、赤身なのか脂身なのかもあり、解凍ものか生か、黄肌、めばち、みなみマグロもあるのです。品種や品目で決められたら、売り場では全部、陳列しなければならず、値下げロスも機会ロスも起こるでしょう。売り場では、いつもこのような指示により、作業ロスが発生しているのです。

資料「基本単品リスト例（デリカ部）」は、ある企業の七月に使われたデリカ部の「基本単品リスト例」です。枝豆の200gは、この企業の場合、七月の全日、開店九時から夜一

基本単品リスト例（デリカ部）

デリカ部	サラダ	ひじき煮（小）
		キンピラごぼう（小）
		うの花（小）
		夏の煮物詰め合わせ（平日）
		五目野菜煮（週末）
		枝豆200グラム
		わかめとたこの酢のもの（小）
		野菜ポテトサラダ（小）
		ポテトサラダ（小）（平日）
		パスタサラダ（大）（週末）
		パスタサラダ（小）（平日）
		カニ風味サラダ（小）（平日）
		中華春雨サラダ（小）
		ローストビーフサラダ（週末）

○時まで必ず置かなければいけないことを意味します。もちろん、これしか置いてはいけないということではなく、100ｇの小パックも300ｇ以上の大パックも昼や夕方にはきちんと置くのです。でも、それらは、午前中や夜間は、無理して増やさず、場合によっては、「売り切れ御免」でも構わないということです。それこそ、勇気を持って「品切れを認める」ことも必要かもしれません。もし、枝豆全般が品切れ禁止商品であれば、売れるでしょうが（値下げして売れた金額含む）、値下げロスは確実に増えると思います。ですから、基本商品ではなく、基本単品リストにしなければならないのです。

また、パスタサラダの大パックを週末、小パックを平日に基本単品とするのは、店にとって非常に役に立つ情報です。品種、品目ではなく、単品で言い切っているから、売り場で自信を持って演じることができるのでしょう。ただ、この点については地域特性があるでしょうから、よく調べて、チェックするようにお願いします。

私たちは、今まで本当にいろいろなことをやってきました。理屈や技術論に酔いしれて、ブームに飛びつき、アイデアを多数生み出してきました。しかし、それらが自分のためにはなっても（へ理屈になっているかも知れませんが）、企業のために、業界の発展のためになってきたでしょうか。なっていないとはもちろん言えませんが、アイデア倒れに終わり、組織に定着していないことが多いように思います。もう、アイデアを発見する、作る競争ではなく、アイデアを継続する仕組みづくり競争に入らないといけないでしょう。改めて、私たちの先輩が一所（生）懸命、生み出し、編み出してきたアイデアを、もう一度、俎上《そじょう》にあげ、今の時代に使えるようにアレンジし直す、あるいは、組織内にビルト・インする必要があります。これらは、私たち後輩の役割のように思います。さらに、次に続く人も、守《しゅ》・破《ば》・離《り》の精神で、まずやってみて（守る）、改善して（破る）、オリジナルなものを作ればよいでしょう（離れる）。

③パート運営のための作の精度アップ

これについては、前述しました。くれぐれも、知っているつもり、わかっているつもり、できているつもりにならないことです。私自身、本当にいつもこのことを痛切に感じています。伝えたいことが半分くらいしか伝わっていないのです。伝わっていないのは、情報の受け手が「よく聞いていないから悪い」と思いがちですが、そうではなく、「きちんと、わかりやすく伝えていない」伝え手に問題ありと素直に認めるべきです。ところが、素直になれないものなのです。

自分が「わかる情報」と相手が「わかる情報」とは違いますし、自分が「できる情報」と思っても、相手は「できる情報」とは、とても思えないでしょう。ましてや、わかる情報からできる情報を目ざすと言っても、大きなギャップが横たわっていることを常に意識してほしいのです。「The Knowing Doing Gap」という言葉があります。知識と行動の溝とでもホンヤクするのでしょうが、なんとか溝を埋めたいと思います。「理屈はそうだが、現実は違う」という不毛の論争に早く終止符を打ちたいと常に思っています。

このことは、口頭でどうのこうのではなく、作を演が演じられないのはなぜかを、毎週の重点商品情報を基に店（売り場）で確認し続けるしかないのです。例えば、ＰＩ値という言葉を知り、その意味や活かし方がわかっても、いざ、実際にやってみると、できないこと（うまくいかないこと）があります。やはり、手とり足とり現場で、それも事実に基づいてやるしかないと思います。息の長い、忍耐のいることですが、これからは、それをくせにする組織風土にしていかないと、52週ＭＤが効果を発揮しないでしょう。

(5) 売り場づくりの改善（演の問題）

売り場づくりはまず、基本棚割り（商品構成）や、基本レイアウト（売り場構成）があって、時間（商品のライフサイクル）や機会（売れる理由、仕掛け）、一部、地域特性やお客様特性により、形づくられるものです。少し難しい言い方をしましたが、誰にどんな商品を、いつ、どんな理由で、どこで、どのように展開するか（５Ｗ１Ｈ）が売り場づくりの意味です。小売業では、価格（How much）は重要ですので、私は５Ｗ２Ｈにしたほうがよいと考えています。どうしても、売り場づくりは演だけの問題にとられがちですが、作は、基本棚割りや基本レイアウトの作成時には、商品単価が上がるのか、買上点数が上がるのか、客数が増えるのか、荒利益率がきちんととれるのかなどを考えて、もっと提案してほしいのです。その上で、演が主体性を持って売り場づくりに当たってほしいのです。いずれにしても、どんなに良い計画も提案も、実施しなければ何の意味もありません。本部は演じられる作をきちんとつくり、店（売り場）はきちんと演じる、演じ切ることが、良い信頼関係になるのです。

①重点商品を目立たせる

この言葉、何十回、何百回、繰り返しているでしょうか。知っている皆さんは、耳ダコどころか、頭にこびりついていると思います。しかし、売り場に行くと、なぜか、目立っていないのです。どうも、この「目立つ」という言葉がくせ者のようであり、「自分は目立たせているのに」と思っている人が多そうです。

大切なことは、自分には目立っているが、お客様には目立っていないことに気がつき、自分に言い聞かせることなのです。穴の開くほど、本部からの「情報」を見て、提案通りにやっているのになぜ、と悩んでいても、お客様は、「情報」を見て買い物している人は誰もいません。当たり前のことなのに、このことが、実感できていないのです。お客様は、おそらく穴の開くほどチラシ広告を見て、他店と比較して、わざわざ店に足を運んでくれています。それでも気がつかない商品があるということは、やはり、重点商品が目立っていないのです（当然、お客様は重点商品などという言葉は知りません）。ある店で「今日の重点商品は○○です」と、店内放送していましたが、「おすすめ商品」という表現ならともかく、重点商品という言葉は使わないほうがよいでしょう。

では私たちはどのように確認したらよいでしょうか。「何メートル離れて」というように距離で話をしたほうが具体的です。私は、「陳列した人が、五メートル離れて気がついたら、合格」としています。第2章でチェックの方法を説明しました（八七頁参照）。本当はその売り場のことを知らない他部門の人のほうが先入観なしに見られるのでよいと思いますが、いつもチェックできるわけではないでしょう。

興味のある実験をした店があります。いつも来店されるロイヤルカスタマー（上得意客）に、「今週の重点は何だと思いますか」と、各売り場で探し当ててもらったら、正解率は半分だったそうです。これが実態でしょう。いつでも、お客様にとってわかるかどうかが、重点商品が目立つかどうかの評価基準です。ところが、「自分は一所懸命やっているのに、売れない」とか、「売れないのは、お客が財布のヒモを締めているから」などと、できない理由ばかり探そうとしていないでしょうか。五メートル離れて、商品を見るようにしてください。本当に、きれいだけど静かでおとなしい売り場がいかに多いかと感じるでしょう。きれいなだけの置き場を作っていることはないでしょうか。売れる、売る売り場を作りたいものです。

②主力商品をおろそかにしない

重点商品を売ろうとして、販売目標を立て、陳列量を増やし、フェイス数も拡げて、いろいろな仕掛けを加えるのは、とても良いことです。しかし、心配なことは、重点商品を重視し過ぎるあまり、主力商品をおろそかにすることです。主力商品とは、年間を通して、いつもコンスタントに売れる商品であり、もう少し定義らしく言えば、年間を通して常に(毎週)売上高構成比の高い商品ベスト5とか、ベスト10というようになります。つまり、店にとって、部門の数値に常に影響を与えている「メシの種」商品なのです。なのに、フェイス数や陳列量を減らし過ぎて、主力商品の売り上げを落としていることがよくあります。

そうは言っても店舗面積は限られていますので、何かを減らさなければ、何かは増えないのは確かです。しかし、重点商品の売り上げは上げたいし、主力商品の売り上げは落としたくないのです。ぜいたくな悩みかも知れませんが、そこまでやらなくては、売り上げは上がりませんし、そこまでやらなくては52週ＭＤの効果が薄まります。では、この悩みは、どのようにしたら解決するのでしょうか。重点商品が決まるまで(重点商品の選定基準)については、第2章を中心に繰り返しお話ししましたが、もう一度、確認してみてください。

実需マトリックスで各商品の毎週の売上高を集計して順位をつけていきますが、主力商品は売上高順位10位以内（重点商品候補）に顔を出すことがしばしばあります。つまり、重点商品が主力商品の中から選ばれることはよくあることなのです。この場合、売り場では主力商品のフェイス数や陳列量を増やすことが、重点商品の強化につながりますので、売り場で悩むことはないでしょう。

しかし、主力商品が当週の重点商品にならない場合が、当然起こり得ます。例えば、資料の「家庭用品部の重点商品と主力商品の位置づけについて」は、家庭用品の実需マトリックス例ですが、水まわり用品は、六月に入ってから（六月七日から始まる第12週以降）七月いっぱいまで（七月二六日から始まる第19週まで）、約八週間、売上高が増えていきます。五月に比べて、1.5～2.5倍の売上高になりますが、この期間、重点商品として位置づけられチラシ広告にも載る機会が多くなるでしょう。ところが、家庭用品部の主力商品であるラップ・ホイルの同一期間の順位は、第12週44位、13週は14位ですが、以下、35位、43位、20位、21位、41位、22位というように、10位以内の重点商品候補にも入っていないのです。

順位だけで見ていくと、ラップ・ホイルは、水まわり用品に比べて、売れていないように見えます。順位で見るのは、細かい数字の羅列より、わかりやすいし、判断がしやすい

家庭用品部の重点商品と主力商品の位置づけについて

週	開始日	キッチンペーパー		ラップ・ホイル		水まわり用品		炊事手袋	
		売上高	順位	売上高	順位	売上高	順位	売上高	順位
10	5/24	（千円）932	17	（千円）2,213	52	（千円）122	48	（千円）221	25
11	31	706	38	3,515	19	140	35	212	31
12	6/7	1,055	4	2,807	44	201	11	199	40
13	14	592	48	3,600	14	345	1	202	39
14	21	1,060	3	3,052	35	315	2	186	44
15	28	637	43	2,870	43	278	4	187	43
16	7/5	823	32	3,514	20	249	6	169	49
17	12	931	18	3,514	21	286	3	179	45
18	19	526	52	2,917	41	234	8	172	46
19	26	889	25	3,466	22	204	10	169	50
20	8/2	1,007	9	3,315	27	189	14	171	47
21	9	874	28	3,036	36	198	12	157	52
22	16	1,018	6	3,013	37	234	7	161	51
23	23	863	30	4,417	2	216	9	170	48

からしているのであって、売上高（絶対金額）を無視しているわけではありません。順位や売上高、構成比、場合によっては荒利益高などの数値を総合的に見て、重点商品を決めていくのです。第15週を比較すると、水まわり用品は、堂々、4位ですが、売上高は、二七八千円です。対する、ラップ・ホイルは、順位では43位と悪いですが、二、八七〇千円の売上高を上げています。つまり、ラップ・ホイルの売上高は、水まわり用品の10倍以上もあるのです。水まわり用品を当週の重点商品にするのはよいのですが、だからと言って、売れないからラップホイルの発注量を減らすと考えては困るのです。それであれば、その週、同じ43位のキッチン・ペーパーや炊事手袋などを調整すれば、よいのではないでしょうか。

また、早くから売り場で展開し過ぎることも、主力商品をおろそかにすることにつながります。例えば、「バレンタイン」のテーマで、二月一四日からさかのぼる四週間前に、売り場で展開をスタートする企業（店）が多いと思います。さらに、「競合店が早くやっているから、ウチでも」と、急ぐところもあるでしょう。しかし、四週間も前から売れるでしょうか。商品を陳列すれば、売れなくはないでしょうが、まだ、少しくらいです。見せてもよいのですが、あくまでお披露目程度であり、エンドやレジポケットでの展開にとどめておくべきであって、催事場や特設コーナー（何かの売り場を縮めて、カットして）

で展開することはないはずです。菓子であれば、受験生のおやつ需要で主力商品のポテトチップスなど、旬のいちご関連や新発売商品などに力を注ぐべきでしょう。催事場などでは、二月三日の節分豆などを優先すべきです。

このように限られた売場面積を有効に使わないと、「重点商品を中心にした52週MDをやっても、数字に結びつかない」と、判断されます。どんな技術でもそうですが、決めたことは守る・守り切る、徹底しないと技術は活きないのです。

③定番（IP）と非定番（PP、VP）のつながりを大切にする

IP、PP、VPの意味については、既によく知られるようになりました。しかし、どうもまだ誤解があるようですが、重点商品を拡販するには、エンドやテーブル、平台や平ケース、ステージや催事場などの非定番（PP、VP）を活用しなくてはと考えていないでしょうか。もちろん、それらは目立つ場所ですから、活用することは、大変、効果的です。一月に入ってランドセルや学習机を売るために、定番売り場ではなく、催事場や大型店では、エスカレーター回りや吹き抜け、ホールを使うことがあります。

確かに季節商品では、このような展開は目立ちますが、どうも、「重点商品はこのような場所で売るとよい」と、決めつけていないでしょうか。非定番の場所がないから、狭い

から、重点商品の展開は難しいと思っている人が多いようです。大切なことは、定番（ＩＰ）なのです。多くの店では、毎日、毎週、発注作業をしているはずです。多く発注したり、少なく発注したり、フェイス数を拡げたり、縮めたり、まさに定番内で、売る意思を商品の変化、お客様の変化を見ながら変えています。これが、重点商品を拡販する時の基本です。なのに、非定番ばかりに目を奪われ、定番をおろそかにしていませんか。定番をきちんとやって、それ以外に非定番の場所があれば、さらに頑張るという手順で進めてほしいのです。

しかし、非定番に力を入れすぎると、定番と非定番のつながりが弱くなり、買いにくい売り場が発生します。どういうことかと言うと、資料の「定番と非定番のつながりを大切にする例」を見てください。ドラッグストアの防虫剤のレイアウトですが、ⓐが良い例で、ⓑが悪い例になります。ⓐでは、防虫剤の定番（ＩＰ）は、線香と衣料洗剤の間にあり、その並びのエンド（ＰＰ・非定番）にも防虫剤があります。さらに、右の方の特設エンド（ＶＰ・非定番）にも防虫剤が関連商品のシートなどと一緒に、「春の防虫剤フェア」という重点テーマで展開されています。

ところが、ⓑは、防虫剤の定番の位置はⓐと同じで変わっていないのですが、非定番のＰＰの位置は、シャンプー・リンスやペーパーのエンドにあるのです。当初は、ⓐのよう

定番(IP)と非定番(PP．VP)のつながりを大切にする例(ドラッグストア)

ⓐ　良いつながりのレイアウト例

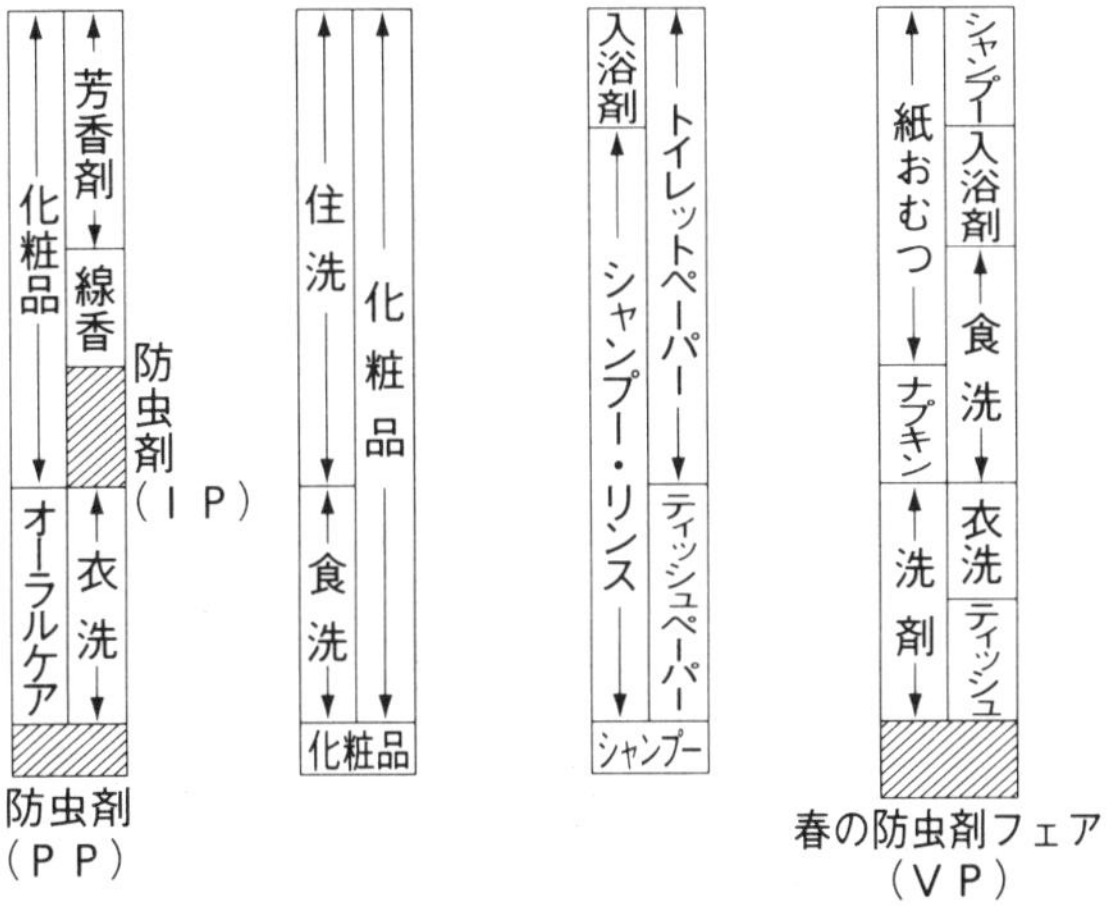

ⓑ　悪いつながりのレイアウト例

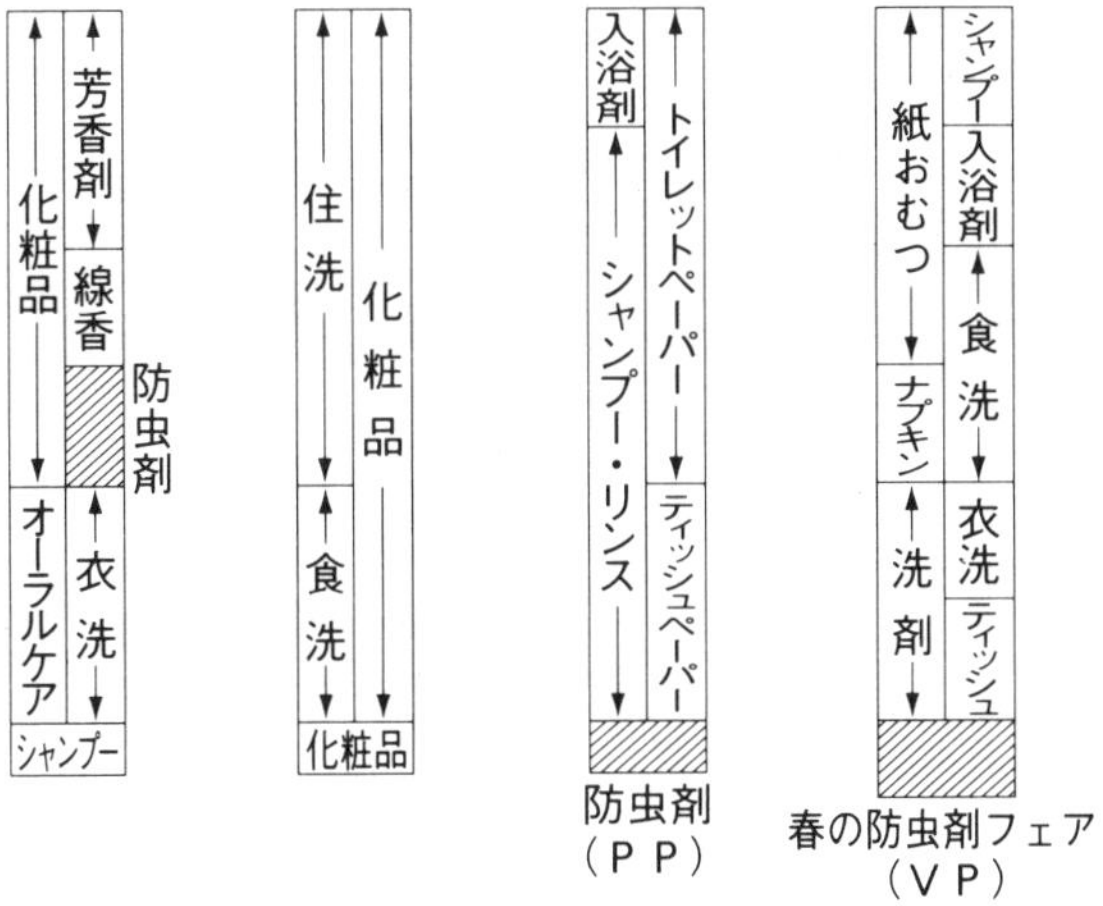

になっていたのでしょうが、チラシ広告商品の売れ残りや度重なる売り場変更でIPとPPのつながりがだんだんと悪くなってきたのでしょう。お客様は、目ざす商品のある売り場を探す時に、店内案内や売り場表示を見ると思いますが、エンドやエンドテーブル（ホームファッション）、エンドステージ（衣料など）などのPPを売り場表示代わりにしているのではないでしょうか。エンドの商品を見て、定番の場所を探す買い物行動をとっているように思います。

私は、ほんの少しレイアウトが変わっただけで、商品を探しているお客様にたずねられた経験があります。最初は、「そんなバカなことがあるのか」と半信半疑でしたが、動線調査を繰り返し行なっていると、お客様が言っていること、悩んでいることの方が正しいと思うようになりました。

ちょっと手を抜くと、売り場は乱れていくものです。どこの店でも、「お客様にとって、買いやすい売り場をつくる」といった標語をよく耳にしますが、以上のようなことをいつもチェックし続け守り続けることが、最善の策と考えます。

あとがき

この本は、私にとって、十冊目の単行本（一部、共著含む）になります。独立後「毎年一冊ずつ、本を出す」と心に決めていましたが、九冊目から丸五年空いてしまいました。正直なところ、毎年毎年、多くの仕事をいただき忙しかったことは事実です。また、切りのよい十冊目のプレッシャーがあったかもしれません。ここ数年、この企画をあたためてきて、既に章立てや目次まで作っておりました。

仕事の移動中やホテルの朝の時間、年末年始休みの期間を利用してまとめたのですが、ここでわかった教訓は、「忙しいからできないのではなく、やる気がないからできないのだ」ということでした。確かに時間があったら、かえってのんびりしてできなかったかも知れません。いつも、他の人に言っていることを、自分自身に改めて言い聞かせた次第です。「中途半端だと愚痴が出る。いい加減だと言い訳が出る。真剣だと知恵が出る」と。

できない理由探しは簡単ですが、これからは積極的にできる理由探しをしようと、再度、肝に銘じました。

この本が読者の皆さんの意識改革の一助につながれば幸いです。

著　者

【著者紹介】鈴木哲男（すずき　てつお）

1948年横浜生まれ。㈱リテイル・エンジニアリング・アソシエイツ（Ｒ《リ》Ｅ《エ》Ａ《ア》）代表取締役社長。1971年明治大学商学部卒業。㈱イトーヨーカドー本部ＲＥ（リテイル・エンジニアリング）部にて新店・改装店等の店舗企画を手がけ、紳士衣料専門店、アップスケールＧＭＳ、百貨店の設立に参画する等、売場企画、プランニング、ＶＭＤに携わる。この間、数多くのプロジェクトに参画し提案を行なう。1990年３月、同社を退社し、ＲＥＡを設立する。日本経営診断学会会員。現在、流通業を中心とした企業コンサルティングで活躍中。ポリシーは、お客の不満や売場の悩みを解消し、売り上げアップ、および利益貢献につながる実践指導とソフトプランニング（ビジネスプラン含む）である。

『ＶＰがわかる本』モード学園出版局（1991）
『店舗活性化マニュアル』商業界（1991・絶版）
『売場変革の処方箋』商業界（1993）
『生協のＳＭ（スーパーマーケット）』コープ出版（1994）
『ローコストの店づくり』共著・日本経済新聞（1995）
『もっと売れる店にする方法』コープ出版（1996）
『攻めの店舗「力」』商業界（1997）
『生協「力」強化マニュアル』コープ出版（1997）
『売場づくりの知識』日経文庫（1999）
などの著書がある。

52週マーチャンダイジング
――重点商品を中心にした営業力強化と組織風土改革――

［発行日］2004年５月20日　初版１刷
　　　　　2012年11月５日　初版18刷
［検印廃止］
［著　者］鈴木哲男
［発行者］青竹　豊
［発行所］コープ出版
〒150−8913　東京都渋谷区渋谷3-29-8　コーププラザ
電話03−5778−8050
www.coop-book.jp
［装丁・制作］東京全工房　［印刷］平河工業社
Printed in Japan

ISBN978-4-87332-210-0